C.Bertelsmann

MARTIN
SCHRÖDER

WANN SIND FRAUEN WIRKLICH ZUFRIEDEN ?

Überraschende Erkenntnisse zu Partnerschaft, Karriere, Kindern, Haushalt

C.Bertelsmann

Sollte diese Publikation Links auf Webseiten Dritter enthalten,
so übernehmen wir für deren Inhalte keine Haftung,
da wir uns diese nicht zu eigen machen, sondern lediglich
auf deren Stand zum Zeitpunkt der Erstveröffentlichung verweisen.

MIX
Papier | Fördert gute Waldnutzung
FSC® C083411
www.fsc.org

Klimaneutral*
Druckprodukt
ClimatePartner.com/14044-1912-1001

Penguin Random House Verlagsgruppe FSC® N001967

1. Auflage

in der Penguin Random House Verlagsgruppe GmbH,
Neumarkter Str. 28, 81673 München
Umschlaggestaltung: total italic / Thierry Wijnberg
Umschlagabbildung: Shutterstock/Mrs. Opossum
Satz: Leingärtner, Nabburg
Druck und Bindung: CPI books GmbH, Leck
Printed in Germany
ISBN 978-3-570-10464-4

www.cbertelsmann.de

Inhalt

1

Warum es Menschen meist besser geht, als wir vermuten

Lesen Sie sich die folgenden zwei Sätze einmal durch:
Mehr als 60 Prozent aller Ehepartner bleiben zusammen.
Fast 40 Prozent aller Ehen werden geschieden.

Schauen Sie jetzt nicht nach oben, sondern überlegen Sie: An welche der beiden Informationen erinnern Sie sich gerade?

Wenn Sie ticken wie die meisten Menschen, erinnern Sie sich spontan, dass fast 40 Prozent aller Ehen scheitern, statt dass 60 Prozent aller Ehepartner niemals die Scheidungspapiere ausfüllen. Doch beides ist dieselbe Information. Ist sie negativ verpackt, erinnern wir uns allerdings besser daran. Sich an negative Informationen besser zu erinnern, hört sich nach einem Fehler an. In der Wissenschaft ist dies als Negativity Bias bekannt.[1] Früher war diese Negativitätsverzerrung kein Fehler, sondern ein Feature. In grauer Vorzeit waren negative Informationen für unser Überleben schlicht wichtiger als positive. Missachtet man die Information: »Neben dir steht ein Tiger«, liegt man schnell unter der Erde. Missachtet man die Information: »Der Apfel ist lecker«, passiert nicht viel. Besser, man achtet auf das Negative.[2]

Was früher sinnvoll war, um in einer gefährlichen Welt zu überleben, macht uns heute oft blind. Wir haben noch nie so viel über jeden Flugzeugabsturz, jeden Krieg und jede Hungersnot erfahren. Das ist erst mal auch gut. Schließlich sollte Unglück nicht unbeachtet bleiben. Doch während spektakuläre negative Ereignisse etwas über reales Leid verraten, erzählt uns kaum jemand von den positiven Trends hinter diesen spektakulären Ausnahmen. Oder hätten Sie gewusst, dass Fliegen in den letzten 80 Jahren 2100-mal sicherer wurde?[3] Dass in den 1950er Jahren noch fast jeder zweite, heute dagegen nur noch jeder zehnte Mensch in extremer Armut lebt?[4] Dass die Wahrscheinlichkeit, in Kriegen zu sterben, sich in den letzten 70 Jahren um mehr als 90 Prozent verringert hat, so dass mehr Menschen mittlerweile an zuckerhaltigen Softdrinks sterben als an Kriegen?[5] Ja, Cola ist mittlerweile gefährlicher als Krieg. Doch wir sehen die Welt oft negativer, als sie ist, weil wir viel über spektakuläre Abweichungen von positiven Trends erfahren, jedoch kaum etwas über die viel wichtigeren positiven Trends dahinter, die gerade nicht die Ausnahme sind.

An derselben Verzerrung leiden wir, wenn wir über das Leben von Frauen nachdenken. Wir haben wahrscheinlich noch nie so viel über Diskriminierung, Mütter-Burn-out und Geschlechterquoten geredet. Und das ist gut so. Denn auch hier gilt: Leid sollte nicht unter den Tisch gekehrt werden. Doch wer kennt die andere Seite? Das sind die vielen neuen empirischen Studien, wonach Frauen bei Bewerbungen nicht mehr diskriminiert werden (Kapitel 3). Wem ist klar, dass Mütter so viel Freizeit haben wie Väter und damit auch genauso zufrieden sind (Kapitel 4)? Wer weiß, dass der Gender Pay Gap mittlerweile fast vollständig mit Lebensentscheidungen und Vorlieben von Männern und Frauen erklärbar ist statt mit Diskriminierung (Kapitel 3)? Weil wir kaum etwas davon erfahren, beurteilen wir das Leben von Frauen viel zu negativ. Um das zu ändern, habe ich die entsprechenden Studien und Daten zusammengetragen. Ich kann Ihnen versprechen: Gingen Sie bisher davon aus, dass Frauen ein trauriges Leben haben, werden Sie aus dem Staunen nicht herauskommen – wobei es Männern übrigens auch gut geht.

Und keine Sorge. Es ist nicht so, dass mit Ihnen etwas nicht stimmt, wenn Sie bisher das Gegenteil dachten. Das liegt neben unserem natürlichen Negativitäts-Bias an drei weiteren Verzerrungen, unter denen wir alle leiden. Denn erstens zeichnen Medien das Leben von Frauen negativer, als es dem Durchschnitt entspricht, nicht weil Medien ihre Arbeit nicht gut machen, sondern gerade weil sie ihre Arbeit machen, wie wir es von ihnen erwarten. Niemand will schließlich in der Tagesschau hören, wie ein Haus nicht abgebrannt, ein Flugzeug nicht abgestürzt und ein Land nicht angegriffen wurde. Genauso wenig interessieren wir uns dafür, dass Familien keinen Streit hatten, Frauen zufrieden mit ihrem Gehalt sind oder Eltern ihre Kinder lieben. Uns interessiert vielmehr, was schiefläuft. Und dieses Interesse befriedigen die Medien. Sie erzählen uns deswegen von dem einen Flugzeugabsturz und dem besonders aufsehenerregenden Familienstreit. So erfahren wir nichts von glücklichen Müttern, sondern nur von jenen, die tränenreich bereuen, jemals Kinder bekommen zu haben. Wir erfahren von Ausnahmen, aber nicht von der Regel. Denn die Regel ist langweilig.

Nachdem die Nachrichten uns von den negativen Ausnahmen erzählt haben, sorgt unser sogenannter Recall Bias dafür, dass wir die Realität nun anhand dieser negativen Nachrichten bewerten. Der Recall Bias, auch »Verfügbarkeitsheuristik« genannt, ist eine generelle menschliche Tendenz, etwas für wahrscheinlicher zu halten, desto leichter man sich daran erinnert. Auch das war einmal sinnvoll. Schließlich war bisher tatsächlich wahrscheinlicher, woran man sich leichter erinnern konnte.[6] Wer sich beispielsweise gut an den letzten kalten Winter erinnern kann, wird wahrscheinlich bald wieder einen kalten Winter erleben. Besser, man bereitet sich darauf vor. Wer sich hingegen an keinen einzigen kalten Winter erinnern kann, muss sich wahrscheinlich auch auf keinen vorbereiten. Doch dieser früher sinnvolle Denkmechanismus spielt uns mittlerweile Streiche. Haben Sie gerade einen Zombiefilm gesehen, argwöhnen Sie Untote hinter jeder Ecke. Und haben Sie eine Reportage über gestresste Frauen gesehen, halten Sie Frauen auch generell für gestresst. Wir bewerten die Welt eben nicht anhand statistischer Jahrbücher, sondern anhand einer Medienberichterstattung, die auf Probleme fokussiert ist. Daraufhin verallgemeinern wir diese negative Berichterstattung zum Zustand der Welt. Wir denken deswegen, das Leben von Frauen sei ganz furchtbar, obschon die meisten Frauen ihr Leben nicht als furchtbar empfinden.

Und es gibt noch einen Grund, weswegen wir das Leben von Frauen für schlechter halten, als es ist. Denn immer wieder fällt uns schmerzhaft auf, dass die Welt nicht unseren moralischen Ansprüchen genügt. Schließlich gibt es Armut, Gewalt und Ungleichheit. Doch wenn wir bemerken, dass die Welt schlechter ist, als wir es möchten, so vergessen wir, dass nicht nur die Welt schlecht, sondern auch unser Anspruch hoch sein kann. Werden Frauen schlechter bezahlt? Werden sie diskriminiert? Haben Eltern weniger Zeit für ihre Kinder? Die Frage ist nicht, ob all dies schlechter wird. Die neuesten Daten, die wir noch sehen werden, sind eindeutig: All dies wird messbar besser. Doch schneller, als die Realität sich verbessern kann, steigen unsere moralischen Ansprüche daran. Wir sehen deswegen auch dort mehr Ungerechtigkeit, wo es mittlerweile messbar weniger gibt. Forscher nennen dies »prävalenzinduzierten Konzeptwandel«. Dieses Wortungetüm bedeutet, dass wir unsere Bewertungen daran anpassen, was wir jeweils als normal ansehen. Fragt man Sie beispielsweise an einem 15 Grad warmen Januartag, ob es heute warm ist, antworten Sie: »Ja, heute ist es warm.« Denn wenn Sie im Winter gefragt werden, ist ihr Vergleich ein typischer Wintertag. Stellt man Ihnen jedoch genau dieselbe Frage an einem genauso warmen Julitag, empfinden Sie die gleichen 15 Grad als kalt. Denn Ihre Referenz ist nun kein Wintertag, sondern ein Sommertag. Wir richten unsere Bewertungen also immer an dem aus, was in einem bestimmten Umfeld als normal gilt.[7] Das ist erst mal sinnvoll. Doch dadurch empfinden wir in einer besser werdenden Welt immer mehr Probleme, wo früher niemand Probleme gesehen hat. Man kann das durchaus zivilisatorischen Fortschritt nennen. Doch deswegen vermuten wir auch, dass das Leben von Frauen problematischer wird, während es sich radikal verbessert. Die Münchener Professorin Barbara Vinken meinte beispielsweise um die Jahrtausendwende, in Deutschland sei »seit den Zwanzigerjahren in Sachen Gleichberechtigung nicht viel passiert«, und Sarah Speck, Professorin für Frauen- und Geschlechterforschung, findet, seit 1950 sei »fragwürdig [...] inwieweit überhaupt von Fortschritt oder Emanzipationsgewinnen gesprochen werden kann«.[8] Heute beträgt der Gender Pay Gap noch ungefähr 20 Prozent. Darüber regen wir uns vielleicht zu Recht auf. Doch in den 1950er Jahren regte sich kaum jemand über einen viermal so hohen Gender Pay Gap auf.[9] Diese zunehmende moralische Sensibilität ist ein Fortschritt. Doch dieser Fortschritt wird zum gefühlten Rückschritt, wenn wir unsere steigenden Ansprüche mit einer faktischen Verschlechterung der Welt verwechseln. Wir vermuten dann nämlich, dass die Welt schlechter wird, obwohl sie rasant besser wird.

Zuletzt bewerten wir das Leben von Frauen auch deswegen zu trübselig, weil ein »illiberaler Feminismus« Frauen als chronische Opfer präsentiert. Sie kennen vielleicht den Begriff »illiberale Demokratie«. Viktor Orbán, Ministerpräsident Ungarns, bezeichnet sein Land als illiberale Demokratie. Das trifft es recht gut. Illiberale Regierungen können sich nämlich nicht vorstellen, dass andere auch mal Recht haben könnten. Statt sich nach den Meinungen ihrer Bevölkerung zu richten, versuchen illiberale Regierungen ihrer Bevölkerung deswegen lieber vorzuschreiben, was sie zu denken hat.[10] Ebenso sind Teile des Feminismus und der Gender Studies illiberal geworden. Denn sie fragen Frauen nicht mehr, wann es ihnen gut geht und was sie selbst wollen, sondern präsentieren Frauen selbst dann noch als machtlose Opfer ihrer Lebensumstände, wenn diese sich gar nicht so fühlen.

Schon Mitte der 1970er Jahre meinte die *old school* Feministin Alice Schwarzer, Frauen seien »die Opfer der Opfer«.[11] Die feministische Aktivistin Catherine MacKinnon ging noch weiter. Sie meinte, dass »das substanzielle Prinzip, welches das Privatleben von Frauen strukturiert, Machtlosigkeit gegenüber Männern ist«.[12] Vielleicht können Sie sich außer Machtlosigkeit noch andere Prinzipien vorstellen, die das Privatleben von Frauen strukturieren; mir würden Freundschaft oder Liebe einfallen, nur so als Beispiele. Doch auch das aktuelle Handbuch Frauen- und Geschlechterforschung meint, die »Geschlechtszugehörigkeit eines Menschen« entscheide über dessen »Herrschaft und Unterworfensein«.[13] Und noch 2020 meinte die einflussreiche feministische Philosophin Sally Haslanger, Frauen seien schon aus Prinzip unterdrückt.[14]

Empfindet eine Frau (oder ein Mann) sich tatsächlich als unterworfen, machtlos oder beherrscht, muss man das selbstverständlich ernst nehmen. In milderen Fällen kann man Freunde und Psychologen, Paartherapien oder den Scheidungsantrag empfehlen, ansonsten den Polizeinotruf 110 oder das Hilfetelefon Gewalt gegen Frauen. Doch das Wesen des Illiberalismus ist ja gerade, sich nicht dafür zu interessieren, ob Frauen sich *tatsächlich* schlecht fühlen, sondern Frauen schon deswegen als unterworfen, machtlos und beherrscht anzusehen, weil sie Frauen sind. Ob die Frauen sich dabei selbst als Opfer ansehen, spielt keine Rolle. Ganz im Gegenteil: Wer sich nicht als Opfer sieht, wird sogar abgewertet. So meint die feministische Autorin Charlotte Raven: Wenn eine Frau glaube, es gehe ihr gut, verleugne sie in Wahrheit nur »ihren Schmerz und ihr Opferdasein«.[15] Mareike Nieberding schreibt: »Es ist fast ein bisschen egal, wie emanzipiert eine Frau sich fühlt. Faktisch ist sie es nicht.«[16] Die feministische Journalistin Teresa Bücker meint gar, sie »verachte« jene, die finden, dass »erwachsene Menschen sich nicht in eine Opferrolle begeben sollten«.[17] Frauen weiszumachen, unglückliche, machtlose und unterdrückte Opfer zu sein, selbst wenn sie das Gegenteil beteuern, ist, wie seiner Freundin einzureden, ihr Lieblingseis sei Mango, obschon sie beteuert, es sei aber doch Stracciatella. Kann man machen. Ist aber illiberal.

Das soll nicht in Abrede stellen, dass Frauen nicht immer bekommen, was sie verdienen. Manche haben fiese Partner; einige werden nicht befördert; andere trotz bester Qualifikationen nicht einmal zum Vorstellungsgespräch eingeladen. All das ist schlimm. Und genau deswegen sollten wir wissen, ob es seltener geworden oder immer noch die Regel ist. Dieser Versuch eines datengetriebenen Soziologen, die Welt zu messen, kann etwas verkühlt rüberkommen gegenüber der endlosen Beteuerung, die Welt solle doch besser werden. Also *for the record*: Die Welt sollte besser werden. Bin ich auch dafür. Finde ich sogar richtig gut. So, ist das erledigt. Doch bevor wir die Welt besser machen können, müssen wir doch erst einmal wissen, wie sie ist. Sonst gehen wir von falschen Voraussetzungen aus.

Falls Sie erst einmal kaum glauben können, dass es Frauen viel besser geht als vermutet, ist das übrigens umso besser. Sie sollen es ja auch nicht glauben, sondern an den Daten sehen. Diese dokumentieren auch, inwiefern es durchaus noch Benachteiligung gibt, Stichwort Partnerschaftsgewalt und Alleinerziehende. Doch die Daten zeigen ebenfalls, wie es oft selbst dort keine strukturellen Probleme mehr gibt, wo wir noch ganz fest an sie glauben. Vielleicht habe ich Unrecht. Und wenn Sie das am Ende des Buches immer noch denken, dann wenigstens aufgrund der neuesten Studien und Daten. Doch selbst wenn Sie mein Argument am Ende des Buches für falsch halten, bin ich mir recht sicher, dass Sie dann zumindest nachvollziehen können, wie man vernünftigerweise die Sichtweise vertreten kann, dass die Emanzipation im Wesentlichen abgeschlossen ist, da es Frauen und Männern gleich gut geht.

Das zweite Kapitel zeigt dazu mit zwei der weltweit größten Erhebungen, dem Sozio-oekonomischen Panel (SOEP) und dem World Values Survey, dass Frauen in Deutschland und der ganzen Welt mit ihrem Leben so zufrieden sind wie Männer. Doch in unterschiedlichen Ländern zeigt sich merkwürdigerweise, dass Väter zufriedener sind, wenn sie länger arbeiten, Mütter aber nicht. Frauen wird deswegen ein »falsches Bewusstsein« unterstellt, nämlich selbst nicht zu wissen, was gut für sie ist. Doch internationale Vergleich zeigen: Je freier Männer und Frauen werden, desto unterschiedlicher werden sie. Mehr Gleichberechtigung geht also mit weniger Gleichstellung einher. So studieren Frauen technische Fächer am seltensten dort, wo es am meisten Gleichberechtigung gibt, beispielsweise in Dänemark, Norwegen, Finnland und Schweden. Wo es dagegen am wenigsten Gleichberechtigung gibt, studieren Männer und Frauen am öftesten dasselbe, beispielsweise in Algerien oder der Türkei. Und für Deutschland zeigen die Daten: Frauen entscheiden sich nicht gegen technische Fächer, weil sie davon abgehalten werden, sondern weil sie messbar keine Lust darauf haben. Auch Karriere bezeichnen Frauen als genauso erreichbar, jedoch als weniger erstrebenswert. Frauen und Männer verfolgen also unterschiedliche Ziele. Und je freier sie darin sind, desto mehr unterscheidet sich ihr Leben. Man kann Männer und Frauen insofern entweder unterstützen, zu leben, wie sie möchten, das wäre Gleichberechtigung. Oder man kann dafür sorgen, dass sie gleich leben, das wäre Gleichstellung. Beides gleichzeitig geht jedoch nicht. Denn Männer und Frauen werden umso unterschiedlicher, je mehr Freiheit man ihnen gibt.

Das dritte Kapitel zeigt mit Daten des SOEP, was das für Deutschlands Arbeitsmarkt bedeutet. Schon junge Männer und Frauen haben unterschiedliche Wünsche. Und ihre späteren Karrieren entsprechen diesen früheren Wünschen. Frauen sind daraufhin mit ihren Jobs genauso zufrieden wie Männer; sie verdienen auch nicht weniger, weil sie Frauen sind, sondern nur, falls sie weniger karriereorientierte Einstellungen haben; Frauen arbeiten zudem in genauso prestigeträchtigen Jobs wie Männer. Bringen sie dieselbe messbare Leistung, sind sie tendenziell sogar bevorteilt. Frauen können ihre Wünsche also genauso in die Tat umsetzen wie Männer. Nicht was sie bekommen können, sondern was sie wollen, unterscheidet sich. Nach dem Arbeitsleben führt dies nicht dazu, dass Frauen finanziell unzufriedener sind, so dass sie insgesamt, so kann man die Ergebnisse zusammenfassen, mit ihrem Arbeitsleben recht zufrieden sind. Und das, obwohl Studien immer wieder versuchen, genau das Gegenteil herauszufinden.

Das vierte Kapitel zeigt mit Daten des Beziehungs- und Familienpanels pairfam, dass Frauen auch privat recht zufrieden sind. Wo die Gender Studies Recht haben: mit der Hausarbeit sind Frauen wirklich unzufriedener. Auch leisten sie mehr Fürsorgearbeit. Doch das wollen sie auch, wie Umfragedaten zeigen. Frauen haben zudem ebenso viel Freizeit wie Männer. Sie sind mit ihrem Lebensstandard genauso zufrieden und minimal zufriedener mit ihrem Beziehungs- und Familienleben. Das ist vielleicht kein Wunder. Schließlich geben sie in ihren Beziehungen öfter den Ton an als ihre männlichen Partner. Das Muster ist dasselbe wie im Arbeitsleben: Frauen bekommen, was sie wollen, genauso wie Männer. Doch Frauen wollen nicht dasselbe wie Männer, also bekommen sie auch etwas anderes. Und das erklärt ihr unterschiedliches Leben viel mehr als jedwede Benachteiligung. Auch als Single kommen Frauen besser klar. Sie sind insofern unabhängiger von Männern als umgekehrt.

Kapitel 5 zeigt, wieso wir Frauen oft als Opfer ansehen, obwohl sie sich in Wirklichkeit weder so fühlen noch es objektiv sind. Früher zeigte die Geschlechterforschung, wo Gleichberechtigung noch nicht erreicht ist. Dort konnte der Feminismus für gleiche Rechte kämpfen. Doch in seiner illiberalen Variante hört der Feminismus Frauen nicht mehr zu, sondern predigt ihnen, wie sie zu leben haben. Kaum zu glauben? Einer der größten Bluffs aller Zeiten bewies es. In Fachzeitschriften der Gender Studies veröffentlichten drei Scherzkekse Artikel, die lediglich radikale und vollkommen absurde Forderungen enthielten, beispielsweise Männer für die bisherige Unterdrückung von Frauen in Uniseminaren anzuketten, die männlich geprägte Astronomie mit einer feministisch-queer-indigenen Astrologie zu ergänzen oder Männer, die sich nicht anal befriedigen wollen, als transphob zu brandmarken. Anscheinend wurden die Artikel trotz ihres verrückten Inhalts veröffentlicht, weil sie Menschen vorschreiben, wie sie zu leben haben. Kapitel 5 ist interessant für Sie, wenn Sie verstehen wollen, wie eine Wissenschaftsrichtung voller schlauer Leute sich derart radikalisieren konnte, dass heute kaum noch jemand mitmachen will. Daraufhin schauen wir uns an, wie es besser gehen könnte.

Lebenschancen von Frauen und Männern haben auch eine politische Dimension. Ein Staat muss möglichst gleiche Chancen herstellen, unabhängig von Geschlecht, Herkunft oder sexueller Orientierung. Wenn die Politik jedoch von falschen Annahmen ausgeht, kann sie auch nicht die richtigen Maßnahmen ergreifen, um Diskriminierung zu bekämpfen. Wie kann man es besser machen? Das sechste Kapitel zeigt auf Basis der analysierten Daten, wie man Menschen ermöglichen kann zu leben, wie sie möchten, statt wie Gleichstellungsbeauftragte es für richtig halten. So sprechen die analysierten Daten für die beste öffentliche Kinderbetreuung der Welt, Familiensteuersplitting, mehr Elterngeld und mehr Elternrente. Sie legen auch nahe, Kinder möglichst geschlechtsneutral zu erziehen, Frauen durch vollkommen anonyme Bewerbungen alle Türen zu öffnen, Geringverdiener steuerlich zu entlasten und typische Frauenjobs im öffentlichen Dienst besser zu bezahlen, Alleinerziehenden zu helfen und den bereinigten Gender Pay Gap auf null zu bringen. Wofür die Daten jedoch nicht sprechen, ist, Frauen in dieselben Jobs wie Männer zu drücken oder umgekehrt. Selbst eine Quote könnte man allerdings unter bestimmten Bedingungen einführen. Aus Sicht eines unterstützenden statt illiberalen Feminismus müsste man jedoch den Männern und Frauen helfen, die es tatsächlich gibt, statt bestimmte Lebensmodelle zu fördern und andere zu unterdrücken, weil man selbst meint, genau zu wissen, wie Menschen leben sollten. Wenn Sie wissen möchten, wie solch ein unterstützender statt illiberaler Feminismus aussehen könnte, ist Kapitel 6 interessant für Sie.

Es gibt viele Möglichkeiten, dieses Buch falsch zu verstehen. Das siebte Kapitel schließt daher, indem es mit ein paar Einwänden umgeht. So argumentiere ich nicht, dass es keine Diskriminierung gibt. Auch Gewalt gegen Frauen gibt es. Und wenn es sie gibt, ist sie furchtbar. Ich zeige, warum alle Argumente des Buches genauso funktionieren, wenn Unterschiede zwischen Männern und Frauen klein oder rein kulturell statt biologisch sind. Ich zeige jedoch auch, dass die derzeitigen Annahmen im öffentlichen Diskurs nicht alle gleichzeitig stimmen können, weil sie sich widersprechen. Und ich lege dar, warum manche Kritik an den Gender Studies wirklich unangemessen ist. Zuletzt geht es darum, wieso ich Unrecht haben könnte und das in Ordnung ist.

Haben Sie als Frau schon einmal gedacht, dass Ihnen Ihr Leben viel besser vorkommt, als der moderne Feminismus predigt? Auf den folgenden Seiten können Sie nachlesen, woran das liegt. Haben Sie sich als Mann schon einmal gefragt, wieso manche Sie als Unterdrücker bezeichnen, obwohl Sie sich beim besten Willen nicht so fühlen? Die folgenden Seiten geben Ihnen Antworten. Dazu sollte man sich erst einmal vor Augen führen, dass es Männern und Frauen im Schnitt gleich gut geht, obwohl wir fast immer das Gegenteil annehmen.

2

Weltweit geht es Frauen so gut wie Männern. Sie wollen aber nicht dasselbe.

Du hast wohl nicht mehr alle Tassen im Schrank!

War der berechtigte Einwand meiner Freundin, als ich zaghaft die These in den Raum stellte, Frauen könnten heute möglicherweise leben, wie sie möchten – zumindest im selben Ausmaß wie Männer. Anscheinend hat sie Recht. Und ich nicht alle Tassen im Schrank. Schließlich lesen wir doch überall, es sei »längst keine wirkliche Gleichberechtigung hergestellt«.[18] Und es kann niemand in Abrede stellen, dass Frauen selbst in entwickelten Ländern weniger verdienen. Wie können sie dann emanzipiert oder gleichberechtigt sein?

Gehen wir einen Schritt zurück: Was bedeutet »emanzipiert« überhaupt? Würde es »gleich viel verdienend« bedeuten, wäre ich als Universitätsprofessor auch gegenüber einem Investmentbanker nicht emanzipiert. Stattdessen wird Emanzipation definiert als: »Gleichberechtigung anstrebend bzw. besitzend« und als sich »aus Kontrolle, Abhängigkeit, Beherrschung und Unterdrückung zu befreien«.[19] Emanzipiert ist man also, wenn man gleiche Rechte hat und nicht durch Abhängigkeit, Tradition oder Werte an dem Leben gehindert wird, das man leben möchte.[20] Deswegen war und sind Gleichberechtigung, Emanzipation, überhaupt alles, was die Frauenbewegung erstritten hat, so wichtig: gleiches Wahlrecht, sexuelle Selbstbestimmung, gleichberechtigter Zugang zu Ausbildung und Arbeitsmarkt.

Doch mittlerweile setzen nicht mehr alle Emanzipation mit gleichen Rechten gleich. Einige definieren sie als »Wandel auf der

Grundlage sozialer Gerechtigkeit, der unbegrenzte Möglichkeiten sowohl für Frauen als auch für Männer als menschliche Wesen eröffnet.«[21] In der Tat: Definiert man sie so, wird die Emanzipation nie abgeschlossen sein. Denn »unbegrenzte Möglichkeiten« sind eine per Definition unerreichbare Zielvorstellung. Meine »unbegrenzten Möglichkeiten« werden schon dadurch beschnitten, dass ich immer wieder Hunger und Durst bekomme, periodisch müde werde und regelmäßig auf Toilette muss.

Legt man jedoch die klassische Definition von Emanzipation an, nämlich nicht kontrolliert, abhängig, beherrscht und unterdrückt zu sein, sondern vielmehr Entscheidungen frei treffen zu können, um ein zufriedenes Leben zu erreichen, dann ist die Emanzipation zumindest in entwickelten Ländern tatsächlich messbar erreicht, obschon sich das Leben von Männern und Frauen noch unterscheidet. Glauben Sie nicht mir, sondern den Daten. Fangen wir mit Deutschland an.

In Deutschland sind Frauen so zufrieden wie Männer

Seit 1984 hat die größte Langzeitstudie der Welt, das sogenannte Sozio-oekonomische Panel, jedes Jahr tausenden repräsentativ ausgewählten Deutschen dieselbe Frage gestellt: »Wie zufrieden sind Sie gegenwärtig, alles in allem, mit Ihrem Leben?« Dabei bedeutet 0 »ganz und gar unzufrieden« und 10 »ganz und gar zufrieden«. Zufriedenheitswerte von 0 bis 10 hören sich erst mal abstrakt an.

Was also bedeuten sie? Der niederländische Zufriedenheitsforscher Ruut Veenhoven hat es folgendermaßen definiert: »Das subjektive Wohlbefinden des Einzelnen enthält wichtige Informationen über die Qualität des sozialen Systems, in dem er lebt. Wenn sich Menschen typischerweise schlecht fühlen, ist das soziale System offensichtlich nicht gut für die menschliche Existenz geeignet.«[22] Hohe Zufriedenheitswerte bedeuten somit, dass die Welt für Menschen lebenswert ist. Mit niedrigen Zufriedenheitswerten sind Menschen hingegen öfter krank, besorgt, gestresst, traurig und ärgerlich. Wer also vermeiden möchte, dass Menschen krank, besorgt, gestresst, traurig und ärgerlich sind, muss ihnen hohe Zufriedenheitswerte wünschen. So einfach ist es eigentlich.

Internationale Umfrageorganisationen wie Gallup definieren deswegen Werte zwischen 7 und 10 Punkten als »thriving«, also als erfolgreiches, florierendes, man kann auch einfach sagen: gutes Leben. Niedrigere Werte von 5 bis 7 gelten hingegen als »struggling« und somit als nur mäßiges, inkonsistentes Wohlbefinden, ein ledigliches »Zurechtkommen«. Menschen berichten bei diesen lediglich mittelhohen Werten von mehr Stress und Geldsorgen; sie sind auch fast doppelt so oft krank.[23] Die erst mal abstrakten Zahlen von 0 bis 10 gehen also mit fast allem einher, was wir als erstrebenswertes Leben ansehen. Schließlich ist niemand gerne krank, gestresst oder besorgt. Deswegen widmen sich mittlerweile einige der weltweit besten wissenschaftlichen Fachzeitschriften der Lebenszufriedenheitsforschung.

Doch jenseits nerdiger Wissenschaftlerzirkel hatte merkwürdigerweise noch niemand allgemein verständlich zusammengetragen, wann Menschen zufrieden sind. Deswegen berechnete ich es für mein letztes Buch und illustrierte es mit Grafiken, die jeder versteht. Vieles geht stark mit der eigenen Zufriedenheit einher. Beispielsweise sind westdeutsche, jüngere, größere, attraktivere, ausgeschlafenere, politisch eher mittig wählende, emotional stabilere und intelligentere Menschen viel zufriedener mit ihrem Leben als der Rest der Deutschen.[24]

Doch zwischen zwei Gruppen finden sich einfach keine Unterschiede: Ob Sie in Deutschland als Mann oder Frau geboren werden, ist für Ihre Lebenszufriedenheit schlichtweg egal. Und das liegt nicht daran, dass man sich an alles gewöhnt. Schauen Sie sich die Entwicklung der Zufriedenheit von Männern und Frauen seit 1984 in Deutschland selbst an.

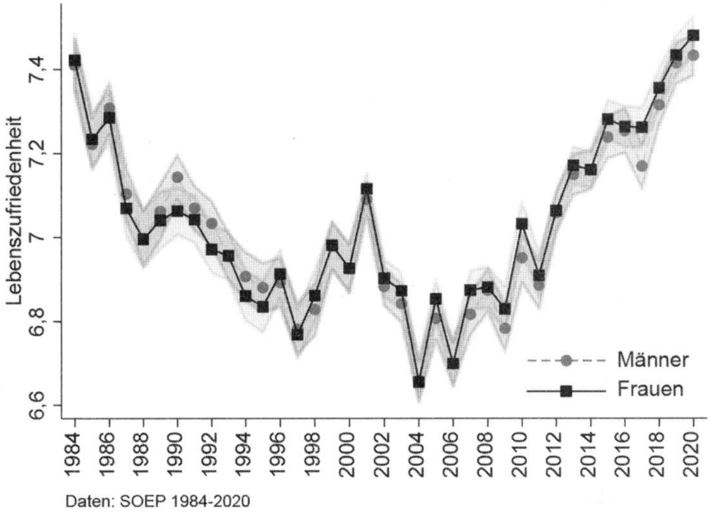

Abbildung 1: Lebenszufriedenheit von Frauen und Männern in Deutschland, Zeitverlauf

Die gestrichelte graue Linie mit grauen Kreisen zeigt die Zufriedenheitswerte von Männern. Die durchgezogene schwarze Linie mit schwarzen Vierecken die von Frauen. Sie können die Linien kaum unterscheiden? Kein Wunder. Denn die Zufriedenheit von Männern und Frauen ist in fast jedem Jahr identisch. Dagegen hat sich die Zufriedenheit aller Deutschen über die Zeit stark verändert. Die Zufriedenheit aller ging bis circa 2005 zurück und steigt seitdem wieder. Warnung: Jetzt kommen 20 Sekunden (größtenteils harmlose) Statistik. Jeder Wert hat ein sogenanntes Konfidenzintervall. Das ist die Bandbreite, innerhalb derer die Zahlen der vielen tausend Befragten mit hoher Wahrscheinlichkeit liegen. Schließlich sind nicht alle Männer und Frauen gleich zufrieden. Das Konfidenzintervall zeigt also – vereinfacht gesagt – die Schwankung der Lebenszufriedenheit innerhalb eines Geschlechts. Doch die Zufriedenheit von Männern und Frauen ist sich derart ähnlich, dass diese statistischen Konfidenzintervalle sich weitgehend überlappen, trotz einer riesigen Stichprobe von genau genommen 83 984 Menschen, die 663 842-mal befragt wurden.

Wenn man unbedingt will, könnte man versuchen herauszulesen, dass Frauen bis Mitte der 1990er Jahre etwas unzufriedener waren als Männer. Vielleicht, aber auch das ist spekulativ, weil Emanzipation und Gleichberechtigung damals noch nicht so weit waren. Doch wenn es seitdem überhaupt Unterschiede gibt, dann, dass Frauen seit Anfang der 2000er Jahre minimal zufriedener sind als Männer. Nicht die Unterschiede der beiden Kurven fallen jedoch ins Auge, sondern wie sie sich miteinander bewegen. In manchen Jahren sind also fast alle Deutschen zufriedener, in anderen fast alle unzufriedener. Doch das trifft eben genauso für Männer wie für Frauen zu. Und die Lebenszufriedenheitswerte von Männern und Frauen sind sich nicht ähnlich, weil beide gleich unzufrieden sind, sondern weil beide gleich zufrieden sind. So lag die Lebenszufriedenheit von Männern zuletzt bei 7,43, die von Frauen bei 7,48 der 10 möglichen Punkte.

Zwar vermuten einige, dass Frauen »die Care-Arbeit […] erschlagen hat, der Mental Load, die buchstäblich physikalisch unmöglich zu erfüllenden Rollenbilder und Erwartungen, die finanziellen Sorgen, der Gender-Pay-Gap, Eltern-Burn-out und Homeschooling«.[25] Doch hört man tatsächlich zu, ob Frauen mit ihrem Leben zufrieden sind, statt nur Behauptungen darüber aufzustellen, zeigt sich erstaunlicherweise das Gegenteil: Frauen geht es nicht schlecht. Und Männern auch nicht. Und das nicht nur, weil wenige sehr zufrieden sind, sondern weil kaum jemand unzufrieden ist. Wären einige sehr zufrieden und andere sehr unzufrieden, wären die statistischen Konfidenzintervalle größer. Stattdessen gaben sich zuletzt fast 80 Prozent aller Männer ebenso wie aller Frauen 7 oder mehr Lebenszufriedenheitspunkte. Demgegenüber verorteten sich nur 12,7 Prozent der Frauen und 12 Prozent der Männer in der unteren Hälfte der Skala, bei 0–5 Punkten. Wir werden deswegen noch darüber reden, ob es einer speziellen Untergruppe von Frauen doch schlechter geht als Männern. Dass es Frauen in Deutschland jedoch insgesamt schlecht geht, kann man aufgrund der Daten ebenso ausschließen wie dass es ihnen schlechter geht als Männern. Denn vielmehr geht es sowohl Frauen als auch Männern messbar recht gut.

Das kann nicht daran liegen, dass Menschen sich an alles gewöhnen oder selbst dann noch äußern, zufrieden zu sein, wenn sie es nicht sind. Denn wie Sie sehen, sind die Deutschen in manchen Jahren durchaus unzufriedener. Das Tal der Tränen der deutschen Lebenszufriedenheit war 2004. Als Grund wird oft die damals hohe Arbeitslosigkeit genannt. Seither geht es den Deutschen offenbar immer besser, zuletzt sogar erstmals wieder so gut wie seit Mitte der 1980er Jahre nicht mehr, seit es also durchgehende Messungen gibt. Das ist eigentlich eine super Nachricht. Doch was ist mit dem Rest der Welt? Weltweit können Frauen unmöglich so zufrieden sein wie Männer. Oder doch?

Auch weltweit sind Frauen so zufrieden wie Männer

Weltweite Zufriedenheit erfasst der World Values Survey, eine weitere megalomanische Umfrage. Denn der WVS hat seit 1981 über 420 000 Menschen aus 105 Ländern gefragt: »Alles in allem, wie zufrieden sind Sie heutzutage mit Ihrem Leben als Ganzes?« Die Antwort 1 bedeutet »völlig unzufrieden«, eine 10 ist »völlig zufrieden«. Die Umfrage repräsentiert einen Großteil der Weltbevölkerung und innerhalb eines Landes dessen jeweilige Bevölkerung.

Sind Frauen also weltweit unzufriedener? Oder ist das Leben für sie genauso lebenswert wie für Männer? Schaut man sich die letzten Daten des World Values Survey an, haben Frauen im Schnitt eine Lebenszufriedenheit von 6,82 und Männer von 6,75. Damit sind Frauen zwar etwa 0,07 Punkte zufriedener. Doch das ist auf einer Skala von 1–10 nicht besonders viel.

Im Schnitt geht es Frauen und Männern also weltweit ungefähr gleich gut. Dahinter verbergen sich allerdings große Unterschiede zwischen einzelnen Ländern. In manchen Ländern ist das Leben nämlich für alle super, in anderen jedoch für beide furchtbar. Frauen geht es also nicht überall gut. Doch wo es Frauen schlecht geht, geht es Männern ebenso schlecht. Schauen Sie sich die durchschnittlichen Zufriedenheitswerte selbst an.

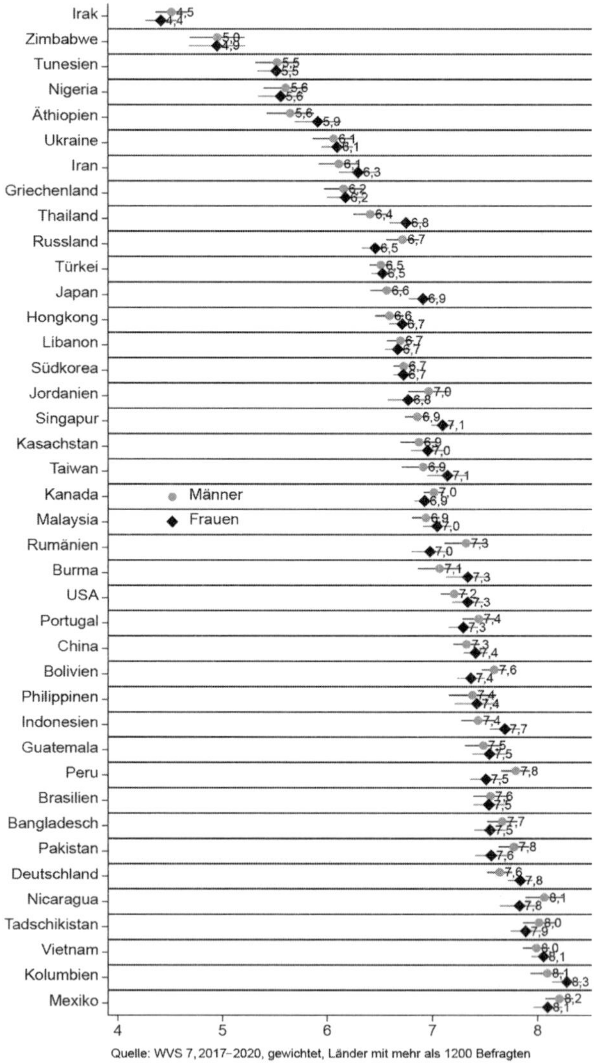

Abbildung 2: Lebenszufriedenheit von Frauen und Männern weltweit

Sorry für das Zahlengewusel. Doch hier probieren wir ja auch, die weltweite Zufriedenheit von Menschen mit einer einzigen Abbildung zu verstehen. Sie sehen als schwarze Rauten immer die Lebenszufriedenheitswerte von Frauen. Die grauen Kreise zeigen die jeweilige Männerzufriedenheit. Sie sind wahrscheinlich nicht gerade überrascht, dass Iraker mit ihrem Leben am unzufriedensten sind. Der Irak ist schließlich nicht gerade als Paradies menschlicher Entfaltung bekannt. Wer also meint, dass irakische Frauen ein schlimmes Leben haben, hat Recht: Sie haben tatsächlich nur 4,4 von 10 möglichen Lebenszufriedenheitspunkten, ein Negativrekord. Menschen geht es also beileibe nicht immer gut. Lange hat man der Literatur zur Lebenszufriedenheit vorgeworfen, wenig auszusagen, weil Menschen sich an alles gewöhnen und deswegen auch mit allem zufrieden sein können. Doch das stimmt nicht. Man gewöhnt sich schließlich nicht an das Leben im Irak. Es ist und bleibt miserabel. Doch fast genauso schlecht, wie es irakischen Frauen geht, geht es irakischen Männern: Sie haben ebenfalls nur 4,5 Lebenszufriedenheitspunkte. Auch simbabwischen, tunesischen, nigerianischen und äthiopischen Frauen geht es schlecht. Doch genauso schlecht geht es Männern in diesen Ländern.

Dagegen bewerten mexikanische Männer ihr Leben mit 8,2 Punkten: Weltrekord. Mexikanische Frauen geben sich allerdings genauso 8,1 Punkte. Deutschland liegt ebenfalls weit vorne. Männer zwischen der Nordsee und den Alpen bewerten ihr Leben mit 7,6, deutsche Frauen sogar mit 7,8 Punkten. Die Werte sind etwas höher als im SOEP, weil die Skala hier von 1–10 statt von 0–10 geht.

Falls Sie schon immer wissen wollten, welche Völker zufrieden und welche unzufrieden sind, schauen Sie sich die Werte in Ruhe an. Vielleicht bestätigen sie Ihre Vermutungen. Südamerikanern wird ein sonniges Gemüt nachgesagt. Und tatsächlich: viele südamerikanische Länder sind unter den weltweit zufriedensten. Wichtiger für die Argumentation dieses Buches ist allerdings, dass Frauen fast nirgendwo signifikant zufriedener oder unzufriedener als Männer sind. Genau genommen sind Frauen in Bolivien, Peru, Rumänien und Russland etwas unzufriedener, jedoch in Deutschland, Indonesien, Japan, Singapur, Thailand etwas zufriedener als Männer. Ansonsten gibt es in allen Ländern mit guten Daten einfach keinen signifikanten Unterschied.

In manchen Ländern geht es Frauen also schlecht. Doch dort geht es Männern genauso schlecht. In anderen Ländern geht es Männern gut. Und dort geht es Frauen genauso gut. Dass Männer ein besseres Leben haben als Frauen oder umgekehrt, kommt hingegen kaum vor. Das sieht man auch daran, dass 14 Prozent der eigenen mehr oder minder hohen Lebenszufriedenheit sich dadurch erklären, in welchem Land man lebt. Doch wie viel der eigenen Zufriedenheit erklärt sich durch das eigene Geschlecht? Lediglich 0,01 Prozent. Nur ein Zehntausendstel der eigenen mehr oder weniger hohen Lebenszufriedenheit hängt also davon ab, ob man als Mann oder Frau geboren wird. Es ist, mit anderen Worten, für Ihre Lebenszufriedenheit fast vollkommen egal, ob Sie als Mann oder Frau auf die Welt kommen. In welches Land Sie jedoch hineingeboren werden, ist ziemlich relevant für Ihre Chance, ein zufriedenes Leben zu führen.

Die Daten zeigen also, dass Menschen nicht automatisch und überall zufrieden sind. Im Gegenteil: Wo das Leben schlecht ist, sind Menschen äußerst unzufrieden. Übrigens lautet die Grundregel hinter hoher und niedriger Zufriedenheit, dass nicht alle armen Länder eine unzufriedene Bevölkerung haben. Doch alle reichen Länder haben eine zufriedene Bevölkerung. Im Ländervergleich garantiert also Armut nicht Unzufriedenheit. Reichtum garantiert jedoch Zufriedenheit.[26]

Während aber das eigene Land einen enormen Einfluss auf die eigene Zufriedenheit hat, ist es fast gleichgültig, ob ich *innerhalb eines Landes* als Mann oder Frau geboren werde. Denn innerhalb eines Landes geht es Frauen und Männern fast immer gleich gut – oder gleich schlecht. Es ergibt insofern keinen Sinn, auf das schlimme Leben von Frauen im Irak, Simbabwe, Tunesien, Nigeria, Äthiopien oder in der Ukraine hinzuweisen. Denn ja, Frauen geht es dort schlecht. Doch ebenso schlecht geht es Männern dort. Man könnte sich also genauso gut beschweren, dass es in diesen Ländern Linkshändern, Radfahrern oder Teetrinkern schlecht geht. Das würde stimmen. Man würde auch viele Beispiele dafür finden. Doch es greift eine bestimmte Gruppe als Opfer heraus, obwohl das Leben aller anderen im selben Land genauso miserabel ist. Nicht Frauen, sondern fast alle Menschen in schlechten Ländern haben ein schlechtes Leben. Und nicht Männer, sondern fast alle Menschen in guten Ländern haben ein gutes Leben.

Demgegenüber schreibt beispielsweise die wegweisende Geschlechterforscherin Maria Mies: »Das uns Verbindende sind die auf der ganzen Welt vorhandenen Erfahrungen von Frauen mit Unterdrückung, Sexismus und Ausbeutung«, überall seien Frauen durch »den Opfer- und Objektstatus unterdrückter, gedemütigter, ausgebeuteter Wesen« gekennzeichnet.[27] Nimmt man diese Aussagen ernst, ist man eine Frau erst so richtig, wenn man auch ein schlechtes Leben hat. Doch das Problem daran ist: Frauen finden ihr Leben meist gar nicht schlecht, zumindest nicht schlechter als Männer. Nicht nur meine Ergebnisse dazu sind eindeutig. Eine Untersuchung mit über 1,6 Millionen Befragten aus 166 Ländern zeigt ebenfalls, dass Frauen sogar minimal zufriedener sind.[28]

Aber man kann doch nicht bezweifeln, dass Frauen unter furchtbaren Grausamkeiten leiden: Beschneidung! Vergewaltigung! Femizid! All das ist doch real! Natürlich ist es das. Und wir können nur hoffen und dafür arbeiten, dass sich das ändert. Doch wo Frauen Schreckliches widerfährt, geschieht es Männern ebenso. Zudem darf man Zufriedenheit nicht mit Freiheit verwechseln. Der World Values Survey zeigt nämlich auch, dass Frauen sich beispielsweise in Ägypten, Russland, dem Irak, Jordanien, Äthiopien oder Pakistan weniger frei fühlen als Männer. Erst in entwickelten Ländern wie Deutschland fühlen Männer und Frauen sich gleich frei (7,1 von 10 Punkten). Und in Bezug auf Freiheit stimmt tatsächlich, dass eine generelle

Verschlechterung besonders eine Verschlechterung für Frauen bedeutet. Je weniger Freiheit es in einem Land generell gibt, desto weniger frei sind dort insbesondere Frauen. Dagegen gibt es in sowieso schon freien Ländern keinen Unterschied zwischen der Freiheit von Männern und Frauen. Während sich also in generell unfreien Ländern besonders die Frauen unfrei fühlen, sind in freien Ländern Männer und Frauen gleich frei. Das belegt nebenbei die These des Sozialisten Charles Fourier, der schon 1808 vermutete, den Entwicklungsgrad einer Gesellschaft an der Freiheit von Frauen ablesen zu können. Er hat Recht: Die Freiheit von Frauen geht mit dem Entwicklungsgrad einer Gesellschaft einher.[29]

Zwar sind Frauen also genauso zufrieden wie Männer. Doch gleich frei sind sie nur in entwickelten Gesellschaften. Deswegen: Wer in Ländern wie Afghanistan Gleichberechtigung fordert, verfolgt ein wichtiges Ziel. Und selbst in entwickelten Ländern muss man aufpassen, dass Frauenrechte nicht abhandenkommen. Schließlich können Frauen heute beispielsweise in den USA weniger über eine Abtreibung entscheiden als früher. Es gibt keine Garantie für Frauenrechte und auch nicht dafür, dass alles immer besser wird. Oft muss man dafür kämpfen. Doch wer meint, in entwickelten Ländern seien Frauen immer noch unfreier als Männer, der hat die Daten gegen sich und kann insofern auch nicht mit dem Zuspruch von Frauen rechnen. Denn die fühlen sich mittlerweile genauso frei.

Die Behauptung, Frauen seien selbst in entwickelten Ländern weniger frei, widerspricht nicht nur den subjektiven Gefühlen der Frauen, sondern ebenso objektiven Indizes. So zeigt der Women, Business and the Law Index der Weltbank, dass Frauen in den entwickelten OECD-Ländern 95 Prozent der Rechte von Männern haben. In den Ländern des mittleren Ostens und Nordafrikas sieht es dagegen recht düster aus. Für Deutschland zeigt der Index, dass Frauen über alle Bereiche hinweg (Mobilität, Arbeitsplatz, Bezahlung, Selbstständigkeit, Heirat, Vermögen und Renten) 97,5 Prozent der

Rechte von Männern haben. Warum nicht 100 Prozent? Weil der Staat nicht 100 Prozent der Mutterschaftszeit und des Mutterschutzes zahlt, sondern die Krankenkassen einen Zuschuss zahlen, zu dem auch die Arbeitgeber beitragen, so dass für Frauen ein Nachteil entstehen könnte.[30] Das ist es laut Weltbank, was Deutschland noch bis zur vollkommenen Gleichberechtigung fehlt. Allerdings sah das bis vor kurzem noch anders aus. Laut dem Index waren 1971 lediglich 63 Prozent der Gleichberechtigung erreicht, selbst im Jahr 2000 waren es nur 77 Prozent. Die quasi vollkommene Gleichberechtigung ist deswegen erst seit kurzem erreicht. Entsprechend hätte man dieses Buch vor 20 Jahren noch nicht schreiben können.

Das heißt jedoch umgekehrt, dass es in entwickelten Ländern wie Deutschland keinen Sinn mehr macht, Frauen weiterhin einen gesonderten Opferstatus einzuräumen. Weder fühlen sie sich so, noch rechtfertigen objektive Indikatoren es. Man darf dabei nur nicht vergessen, dass es sich immer um Durchschnitte handelt. Jeder kennt Unzufriedenheit, Benachteiligung und Unfreiheit. Ich bin allerdings nicht Psychoanalytiker, sondern Statistiker und Soziologe. Ich kann also nicht beurteilen, wann und warum Einzelne sich gut oder schlecht fühlen. Ich kann nur berechnen, ob Frauen durchschnittlich leben können, wie sie möchten. Dass Einzelne Opfer werden, bestreite ich also selbstverständlich nicht. Dass allerdings Frauen systematisch häufiger unter diesen Opfern sind, das bestreite ich durchaus. Denn es steht nun mal im Widerspruch zu den Daten. Will man also verstehen, wie gut das Leben eines Menschen ist, so ist dessen Geschlecht eine weitgehend nutzlose Information. Denn Frauen geht es im Schnitt weder schlechter noch nennenswert besser als Männern. Während sich allerdings die durchschnittliche Zufriedenheit der beiden kaum unterscheidet, unterscheidet sich durchaus, womit Männer und Frauen zufrieden sind.

Weltweit sind Väter mit längeren Arbeitszeiten zufriedener, Mütter nicht

Vor ein paar Jahren stieß ich auf ein merkwürdiges Ergebnis: Daten des SOEP zeigten, dass länger arbeitende Väter zufriedener sind. Die Zufriedenheit von Müttern stieg dagegen nicht, wenn sie länger arbeiteten.[31] Ich veröffentlichte die Studie in einer der beiden großen deutschen soziologischen Fachzeitschriften. Als Journalisten davon erfuhren, wollten sie immer eine Erklärung von mir, weswegen Väter mit längeren Arbeitszeiten zufriedener sind, Mütter allerdings nicht. Doch ich konnte das nicht wirklich beantworten und wollte auch nicht. Denn als empirischer Sozialforscher kann ich zwar einen Zusammenhang berechnen. Doch alles darüber hinaus wird schnell zur subjektiven Interpretation.

Eine Frage ließ mich daraufhin allerdings nicht los. Und ich wusste, dass empirische Forschung sie beantworten kann: War das Ergebnis eine deutsche Besonderheit? Waren also gerade deutsche Männer seltsam erzogen, so dass sie mit längerer Arbeitszeit zufriedener wurden? Oder würde man das Ergebnis weltweit finden? Ich beschaffte Daten aus allen Ländern mit ähnlich hochwertigen Befragungen. Das sind weltweit nur wenige. Denn kaum jemand hat eine so gute Umfrage wie Deutschland mit dem SOEP. Für Länder mit ausreichender Datenqualität berechnete ich die Zufriedenheit von Eltern, kinderlosen Männer und Frauen je nach wöchentlichen Arbeitsstunden.[32]

Das Ergebnis war schon wieder merkwürdig. Denn nicht nur in Deutschland, sondern auch in so unterschiedlichen Ländern wie den USA, Australien, dem Vereinigten Königreich, der Schweiz, Russland und Südkorea sind Väter viel zufriedener, wenn sie länger arbeiten. Mütter dagegen werden bei längerer Arbeitszeit nicht oder kaum zufriedener. Kinderlose Männer und kinderlose Frauen sind dazwischen; sie profitieren nicht ganz so sehr von längerer Arbeitszeit wie Väter, doch immer noch mehr als Mütter. Und dann wurde es noch verrückter. Denn ich berechnete ebenfalls, wie zufrieden Menschen je nach Arbeitszeit ihrer Partner sind. Und dabei zeigte sich: Frauen sind weltweit zufriedener, wenn ihre Partner länger arbeiten! Nicht nur fühlen sich also Väter und kinderlose Männer besser, wenn sie länger arbeiten; auch ihren Frauen geht es besser, wenn ihre Partner länger aus dem Haus sind. Männer und besonders Väter scheinen also zufriedener, wenn sie *selbst* länger arbeiten. Dagegen geht es Frauen und besonders Müttern besser, wenn *ihre Partner* länger arbeiten.

Das erschien mir zu merkwürdig, um es für sich stehen zu lassen. Ich rechnete also alle Erklärungen hoch und runter: Vielleicht führt jede Arbeitsstunde für Väter nur deswegen zu mehr Zufriedenheit, weil sie mehr verdienen? Doch selbst in Haushalten, in denen Mütter mehr verdienen als Väter, sind eher Väter statt Mütter zufriedener, wenn sie länger arbeiten. Und das, obwohl es in diesen Haushalten wirtschaftlich sinnvoller wäre, dass die Frau länger arbeitet, schließlich bringt jede ihrer Arbeitsstunden dem Haushalt mehr Einkommen als eine Arbeitsstunde des Mannes. Denkbar ist auch, dass kurze Arbeitszeiten die Laune von Männern lediglich drücken, weil arbeitslose Männer besonders unzufrieden sind. Also führte ich alle Berechnungen mit jenen durch, die mehr oder weniger arbeiten statt gar nicht. Doch auch kürzer arbeitende Männer, beispielsweise Teilzeitarbeitende, waren unzufriedener. Und wieder traf dies vor allem auf Väter zu. Dagegen waren teilzeitarbeitende Frauen kaum unzufriedener und teilzeitarbeitende Mütter überhaupt nicht. Vielleicht sind männliche Workaholics eine spezielle Menschengruppe, die so oder so zufriedener ist, ohne dass dies direkt an ihrer Arbeitszeit liegt? Doch sogenannte Fixed-Effects-Regressionen zeigten, dass sogar derselbe Mann in den Jahren zufriedener wird, in denen er länger arbeitet, und unzufriedener wird, wenn seine Arbeitszeit sinkt. Auch im Leben derselben Person gilt also: Reduziert ein Mann seine Arbeitszeit, wird er unzufriedener; erhöht er seine Arbeitszeit, steigt seine Zufriedenheit. Vielleicht ging es Müttern mit einer längeren Arbeitszeit nicht besser, weil sie schlechtere Jobs hatten? Ich führte also alle Berechnungen mit Menschen im selben Job durch. Wieder blieben die Ergebnisse gleich. Vielleicht war alles nur Überbleibsel einer Vergangenheit, die wir längst überwunden hatten? Doch selbst die aktuellsten Daten zeigten dasselbe bekannte Muster. Egal, wie man es drehte und wendete: Vätern schien es besser zu gehen, wenn sie länger arbeiteten – Müttern weniger.

Ich wusste, mit diesem Ergebnis würde ich mir nicht nur Freunde machen. Also geheim halten? Meine Literaturrecherche zeigte jedoch, dass wenn ich falsch lag, auch andere empirische Untersuchungen falsch liegen mussten. Denn zwar hatte vor mir noch niemand berechnet, mit wie vielen Arbeitsstunden Menschen am zufriedensten sind. Doch meine Ergebnisse deckten sich mit einer Literatur, die dokumentierte, dass die zufriedensten Paare aus einem vollzeitarbeitenden Mann und einer kürzer arbeitenden Frau bestehen.[33] Während populäre Bücher also davor warnen, sich in »Teilzeitfallen […] zu manövrieren«, und Zeitungen schreiben, dass nur die »Kümmerfalle noch tückischer ist als die Teilzeitfalle«[34], zeigten Daten und wissenschaftliche Studien ganz im Gegenteil, dass Frauen in dieser vermeintlichen Falle recht zufrieden waren.

Denkbar war allerdings, dass Frauen zuhause nur zufrieden sind, weil sie erzogen wurden, das falsche Leben richtig zu finden. Dann hätten die Ergebnisse deutlicher dort auftreten müssen, wo Menschen stärker glaubten, dass Frauen nach Hause gehören. Doch auch das war nicht der Fall. Stattdessen fanden sich die Ergebnisse genauso in Ländern mit der Einstellung, dass Männer und Frauen gleich viel arbeiten sollten, wie in Ländern mit der gegenteiligen Meinung. Nebenbei: Wo die Meinung verbreiteter war, dass Frauen genauso arbeiten sollen wie Männer, ging es im Schnitt allen besser. Auch andere Forschung zeigt dies.[35] Wo also keine großen Unterschiede zwischen Männern und Frauen gemacht werden, sind alle zufriedener. Doch dies geht *nicht* damit einher, dass Männer und Frauen durch das gleiche Leben zufrieden werden. Stattdessen zeigte sich unabhängig von deren Einstellungen, dass Männer und Frauen in verschiedenen Ländern durch ein unterschiedliches Leben zufrieden wurden.

All das heißt nicht, dass Männer und Frauen von Natur aus unterschiedlich sein müssen (siehe dazu Kapitel 7). Ob das so ist, dazu kann ich als empirischer Sozialforscher nichts sagen. Es ist auch irrelevant. Denn ob Menschen aufgrund ihrer Erziehung, ihrer Natur oder einem Zusammenspiel der beiden so sind, wie sie sind, ändert nichts daran, dass sie nun mal so sind. Entsprechend verraten meine Ergebnisse nichts darüber, wie die Welt sein könnte, wenn Menschen ganz anders wären. Ich schreibe eben keine Utopien, sondern kann nur etwas darüber sagen, womit Menschen in der Realität zufrieden sind, statt womit sie zufrieden wären, wenn die Welt eine ganz andere wäre.

Doch eines ist interessant: Die Zufriedenheit *alleinerziehender* Männer und Frauen ist relativ ähnlich von Arbeitszeiten beeinflusst. Das legt nahe, dass nicht Väter das Arbeitsgen und Mütter das Kümmergen haben, sondern Väter zufriedener sind, wenn sie *in ihrer Partnerschaft* die Rolle einnehmen können, die man ihnen traditionellerweise zuschreibt, nämlich lange zu arbeiten und Geld zu verdienen. Interviews aus qualitativen Forschungsprojekten bestätigen das. Dort äußern Väter, »die beste Fürsorge, die sie ihrem Kind geben können, sei die der Mutter«. Andere Väter äußern eine starke Verantwortung für ihr Kind, die für sie darin besteht, möglichst viel zu verdienen.[36] Man kann das ärgerlich finden. Aber man muss mit den Menschen leben, die es gibt. Wir können uns schließlich keine anderen basteln. Und solange Menschen mit ihrem Leben zufrieden sind und damit niemanden schädigen, sehe ich dazu auch keinen Grund.

Zwar hört man aus der Politik immer wieder die Forderung, dass »Eltern Erwerbsarbeit und unbezahlte Sorgearbeit kombinieren«.[37] Zudem fordern einige Soziologinnen, dass Männer »ihre Erwerbsarbeit reduzieren und damit endlich einen aktiven Schritt auf die Frauen zumachen. Ziel ist eine etwa 32-Stunden-Woche für alle.«[38] Doch laut deutscher und weltweiter Zufriedenheitsdaten würde es dadurch weder Männern noch Frauen besser gehen. Entsprechend passt eine gleiche Arbeitszeitaufteilung auch nicht zu den Wünschen der meisten Deutschen. Zuletzt präferierten nur 22 Prozent der Eltern beiderseitige Teilzeit. 36 Prozent finden es ideal, dass der Mann Vollzeit und die Frau Teilzeit arbeitet, was auch das tatsächlich am häufigsten gewählte Modell ist.[39]

Das heißt nicht, dass Veränderung unmöglich ist. So zeigen die Berechnungen ebenfalls, dass besonders westdeutsche Väter mit längerer Arbeitszeit zufriedener sind. Ostdeutsche Mütter profitieren hingegen anders als westdeutsche zumindest ein bisschen von längerer Arbeitszeit. Vielleicht wird Westdeutschland irgendwann wie Ostdeutschland? Vielleicht sind auch Mütter irgendwann zufriedener, wenn sie länger arbeiten? Das kann sein. Ich weiß es so wenig wie Sie. Denn als empirischer Sozialforscher kann ich nur reale Daten analysieren, statt mit einer magischen Glaskugel die Zukunft vorherzusagen. Wie geht nun aber der Feminismus damit um, dass Männer und Frauen nicht immer dann besonders zufrieden sind, wenn sie besonders gleich leben, man könnte auch sagen: wenn sie besonders gleichgestellt leben? Mit einem genialen Trick: der Unterstellung eines falschen Bewusstseins.

Die Unterstellung vom falschen Bewusstsein

Der Feminismus kämpft gegen die Benachteiligung von Frauen. Er kämpft für deren Wohlergehen. Doch was macht man, wenn diese Ziele erreicht sind? Feministinnen könnten sich auf die Schulter klopfen und sagen: »Super, wir sind hier wohl fertig. Passen wir auf, dass Frauenrechte weiterhin gewahrt bleiben, es Frauen weiterhin gut geht, und probieren wir, auch in anderen Ländern Gleichberechtigung herbeizuführen; in Tansania, Burkina Faso und Armenien gibt es noch viel zu tun« (alles Länder, in denen Frauen sich messbar unfrei fühlen).

Doch das passiert nicht. Denn es gibt einen Trick, um selbst dort, wo Frauen sich frei fühlen, weiterhin zu argumentieren, dass sie es nicht sind. Der Trick ist ganz einfach: Man unterstellt Frauen, für ihre eigene Unterdrückung blind zu sein. Schon Simone de Beauvoir[40], sozusagen die Großmutter des modernen Feminismus, schrieb 1949, Frauen würden sich eher ihrem eigenen Sklavendasein blind hingeben, als ihre eigene Befreiung zu erkämpfen. Circa ein Vierteljahrhundert später argwöhnte die in Deutschland besonders bekannte Alice Schwarzer, »Emanzipation« bedeute lediglich, dass »aus Sklavinnen freie Sklavinnen wurden«.[41] Das aktuelle Handbuch der Gender- und Frauenstudien schreibt: »Geschlecht ist ein Machtsystem, [das] auch von den Unterdrückten konstruiert und aufrechterhalten wird, [wobei] viele seiner grundlegenden Annahmen und allgegenwärtigen Prozesse unsichtbar sind.«[42]

Einige meinen sogar, Frauen hätten es sich in der Männerherrschaft derart kuschelig eingerichtet, dass sie ihre eigene Unterordnung herbeisehnen. So meint die Ikone des heutigen Genderfeminismus Judith Butler, erst »die eigene Unterordnung zu erwünschen, bedeutet weiterleben zu können«.[43] Dieses Argument ist weniger absurd, als es sich vielleicht erst mal anhört. Denn tatsächlich können Beherrschte ihre eigene Unterdrückung für so selbstverständlich halten, dass sie es sich gar nichts mehr anders vorstellen können. So richteten sich antike Sklavenaufstände nicht gegen das Konzept der Sklaverei an sich. Stattdessen revoltierten Sklaven, um unter besseren Bedingungen versklavt zu werden.[44] Genauso könnten Frauen sich heute so sehr an ihre eigene Unterdrückung gewöhnt haben, dass sie sich ein anderes Leben gar nicht mehr vorstellen können.

Das Problem an dieser Theorie ist: Man kann sie kaum testen. Denn wenn Frauen ihre Unterdrückung selbst nicht bemerken, wie soll man sie dann empirisch nachweisen? Ähnlich wie an eine Religion kann man an die Theorie weiblicher Unterdrückung deswegen glauben oder nicht. Doch anders als eine wissenschaftliche Theorie kann man sie nicht wissenschaftlich überprüfen. Deswegen gelten nicht-testbare Theorien nach gängigem Lehrbuchwissen als schlechte Theorien: Sie sind eher Religion als Wissenschaft.[45]

Man kann jedoch nachvollziehen, ob die Unterstellung eines falschen Bewusstseins damals funktioniert hat. Vor etwa 50 Jahren glaubten marxistische Soziologen nämlich an die Ausbeutung der Arbeiter, ähnlich wie Feministinnen heute an die Ausbeutung der Frauen glauben. Doch damalige Interviews zeigten, dass Arbeiter in entwickelten Ländern vielmehr recht zufrieden waren; sie fanden ihre Arbeit weniger anstrengend als früher, hatten mehr Freizeit als ihre Eltern und konnten sich mehr leisten als Arbeiter auf der kommunistischen Seite des Eisernen Vorhangs. Dass es Arbeitern im Kapitalismus gut ging, widerlegte jedoch die Theorie des Marxismus. Und an die glaubten Soziologen damals ganz fest. So fest, dass sie nicht die Theorie an die Realität anpassten, sondern die Realität an ihre Theorie.[46]

Damals argumentierten Soziologen, dass die Arbeiter nur deswegen zufrieden wirkten, weil sie ihre eigene Ausbeutung nicht erkannten, eben weil sie ein falsches Bewusstsein hatten.[47] Theodor Adorno argwöhnte, eine allumfassende Kulturindustrie führe zur »Identifikation der Massen mit den Normen und Verhältnissen«.[48] Es war also die fiese Kultur, die die Arbeiter manipulierte, so dass sie blind für ihre eigene Ausbeutung wurden. Max Horkheimer und Adorno schrieben über die Arbeiter: »[D]ie kapitalistische Produktion hält sie mit Leib und Seele so eingeschlossen, dass sie dem, was ihnen geboten wird, widerstandlos verfallen. […] Unbeirrbar bestehen sie auf der Ideologie, durch die man sie versklavt.«[49] Herbert Marcuse ließ 1969 ähnlich verlauten, der Kapitalismus erzeuge »Bedürfnisse, Befriedigungen und Werte, die die Knechtschaft der menschlichen Existenz reproduzieren«.[50] Wer dergestalt argumentierte, Arbeiter seien nur zufrieden, weil sie ihre eigene Unterdrückung nicht erkennen, konnte alle Meinungen der Arbeiter ignorieren. Denn nicht die geblendeten Arbeiter selbst, sondern nur die hellsichtigen Soziologen konnten nach der Lehre des falschen Bewusstseins noch durchschauen, was eigentlich richtig für die Arbeiter ist.

Heute finden viele Soziologen es hanebüchen, sich aufgrund einer

Theorie anzumaßen, besser zu wissen, was gut für Menschen ist, als diese Menschen selbst.[51] Doch Sie ahnen vielleicht, wer genau dies mittlerweile macht. So ist auch der feministischen Social-Media-Influencerin und Buchautorin Alexandra Zykunov aufgefallen, dass Frauen teils recht zufrieden sind. Sie kontert jedoch diese für ihre Theorie lästige Zufriedenheit vieler Frauen mit dem Verweis, dass man als Frau »nicht so gleichberechtigt lebt, wie man stets von sich dachte«. Schließlich seien unsere Entscheidungen »nie unsere individuellen Entscheidungen. Wir alle sind Opfer eines System, eines historisch gewachsenen und auf alle öffentlichen Bereiche Einfluss nehmenden, patriarchalen Systems.«[52]

Früher beutete der Kapitalismus Menschen aus und machte sie blind für ihre eigene Ausbeutung. Heute hat das sogenannte Patriarchat diese praktische Zwei-in-eins-Funktion. Entsprechend meint die feministische Theoretikerin Catharine MacKinnon: »Männer erschaffen die Welt aus ihrem eigenen Blickwinkel, den dann alle für die Wahrheit halten.«[53] Die Frankfurter Genderprofessorin Sarah Speck spricht von einem ominösen »Verdeckungszusammenhang«, der es Frauen unmöglich mache, die Ungerechtigkeit ihres eigenen Lebens zu bemerken.[54] Die kapitalismuskritische Feministin Nancy Fraser[55] findet gar, dass die »symbolische Gewalt der Mainstreamkultur unser Denken kolonialisiert«.

So wie damals die von höherer Einsicht gesegneten Sozialphilosophen Adorno, Horkheimer und Marcuse behaupteten, nur sie könnten das Unglück der Arbeiterklasse erkennen, so meint heute auch die Literaturprofessorin Michelle M. Lazar[56], die Unterdrückung von Frauen zeige sich erst »aus Sicht der kritischen Theoretisierung«. Denn Frauen selbst würden leider alles »aus Perspektive der Geschlechterstruktur« beurteilen, die ihnen »nicht als Herrschaft erscheint; stattdessen scheint sie weitgehend einvernehmlich«. Die Trierer Professorin Franziska Schößler[57] fordert deswegen eine »feministische Literaturdidaktik«. Sollte diese bei Schülerinnen oder Schülern auf »Ressentiments« stoßen, müsse man dies mit »geringer Lebenserfahrung« erklären; aus diesem Grund seien die Schüler »überfordert, Geschlechterbeziehungen kritisch zu untersuchen oder gar frauenpolitische Forderungen zu übernehmen«. Wer also Frauen nicht als Opfer ansieht, hat nur noch nicht genug feministische Theorien gelesen, und wer mit diesen nicht übereinstimmt, ist wohl nur überfordert.

Die weltweit anerkannte International Encyclopedia of the Social & Behavioral Sciences[58] beklagt an solchen Argumenten »einen fast unvermeidlichen Autoritarismus: Der externe Beobachter entscheidet [...]. Die Probanden selbst haben in dieser Angelegenheit leider nur sehr wenig zu sagen.« Man kann diese Herangehensweise autoritär nennen, wie die International Encyclopedia es tut. Man kann sie etwas milder illiberal nennen, wie ich es tue. Das Problem bleibt dasselbe: Statt Menschen zuzuhören, ob sie sich auch wirklich als Opfer fühlen, redet man es ihnen vielmehr ein. Und falls sie es einem nicht glauben wollen, wertet man sie ab.

Was das für Blüten treibt, erfuhr ich selbst einmal in einem Antidiskriminierungsseminar. Ein schwuler Freund und ich waren die beiden einzigen Teilnehmer. Die zwei Lehrbeauftragten erklärten, Homosexuelle seien immer und per se benachteiligt, Heterosexuelle nie. Das fand ich super. Denn ich dachte, die beiden kannten große Metastudien (das sind Studien über Studien, wir werden noch ein paar davon kennenlernen), welche empirisch dokumentieren, dass Homosexuelle statistisch signifikant häufiger diskriminiert werden. Solche Studien hatte ich schon lange gesucht. Also fragte ich, welche Untersuchungen sie meinen. Doch die Antidiskriminierungsbeauftragten kannten gar keine. Sie antworteten, es werde schon irgendwelche Statistiken der Antidiskriminierungsstelle des Bundes geben. Die müsse man aber nicht kennen. Denn dass nur Homosexuelle diskriminiert werden können, nie jedoch Heterosexuelle, ergebe sich aus einer Theorie, der Theorie struktureller Diskriminierung (zu der wir noch kommen). Und diese Theorie müsse man nicht belegen. Denn sie sei nun mal richtig. Woher sie denn wüssten, dass die Theorie struktureller Diskriminierung stimmt, fragte ich. Ihre Antwort: Das sagt die Theorie struktureller Diskriminierung. Vielleicht sehen Sie das Problem. Dieses wiegt übrigens umso schwerer, da reale empirische Metastudien ein gemischtes Bild zeigen (schwule Männer verdienen weniger, lesbische Frauen tendenziell mehr als ihre heterosexuellen Pendants).[59]

Auch mein Bekannter fand die Logik nicht makellos. Er habe beobachtet, dass Homosexuelle durchaus auch mal Vorteile haben. Wie sei das möglich, wenn die Theorie struktureller Diskriminierung es ausschließt? Eine Antidiskriminierungsbeauftragte antwortete, so denke er nur, weil er als Heterosexueller das Leid Homosexueller nicht nachvollziehen könne. Deswegen solle er zu diesem Thema besser schweigen. Mein Freund outete sich, selbst homosexuell zu sein, und meinte, deswegen schon Vorteile gehabt zu haben. Die Antidiskriminierungsbeauftragte erwiderte, dann könne er eben seine eigene Benachteiligung nicht erkennen. Dazu brauche er mehr Antidiskriminierungstraining. Wir sagten beide nichts mehr.

Natürlich ist das lediglich sogenannte anekdotische Evidenz. Sie zeigt nur an einem Beispiel, wie man abweichende Meinungen nicht mehr ernst nehmen muss, wenn die eigene Sichtweise besagt, dass die eigene Sichtweise richtig ist. Doch vielleicht wissen die Gender Studies es wirklich besser?

Ausschließen kann man das nicht. Vielleicht verstehen wir wirklich alle nicht, wie wir von dunklen Einflüssen beherrscht werden, und deswegen durchschauen wir nicht, was uns widerfährt? Bislang fußen entwickelte Gesellschaften jedoch darauf, die Entscheidungen erwachsener Menschen ernst zu nehmen, statt sie durch ihnen selbst unbekannte Einflüsse zu erklären. So kann man einen Physiker nicht zwingen, sich für Pädagogik einzuschreiben, indem man unterstellt, nur sein falsches Bewusstsein hindere ihn daran, sein Interesse für Pädagogik einzugestehen. Und eine Französischliebhaberin kann man nicht zu Maschinenbau zwingen mit dem Argument, lediglich die sinisteren Einflüsterungen des Patriarchats erklärten ihre Liebe zur französischen Sprache.

Vermutet man allerdings, dass unser gesamtes Denken und Fühlen gesellschaftlich bedingt ist, also »sozial konstruiert«, so machen all diese Argumente durchaus Sinn. Denn dann könnten tatsächlich alle ein falsches Bewusstsein haben, welches man jetzt zu einem »richtigen Bewusstsein« umbauen muss. Als empirischer Sozialforscher kann man es wie gesagt nicht testen. Allerdings sprechen auch wissenschaftshistorische Gründe dagegen, dass Frauen »gar keine Wahl« haben, weil sie »seit Generationen gebrainwashed« wurden, wie einige vermuten.[60]

Das erste Gegenargument kommt aus der Entwicklung soziologischer Theorien. Denn dass Menschen lediglich sklavengleich ausleben, was die Gesellschaft ihnen einpflanzte, ist längst keine Standardannahme der Soziologie mehr. Bereits 1961 nannte Dennis Wrong dies eine »übersozialisierte Konzeption menschlichen Handelns« und damit eine »extrem einseitige Sichtweise«.[61] Der Soziologe Harold Garfinkel wandte ein, Menschen seien keine »kulturelle[n] Trottel«, die eine Kultur nur stumpf ausleben.[62] Und Mark Granovetter kritisierte 1985, die Idee erinnere ihn an den Film *Invasion of the Body Snatchers*, in dem Aliens Menschenkörper übernehmen. Mit der Idee, dass Menschen nicht nur internalisierte Normen zombiemäßig ausleben, begründete Mark Granovetter nebenbei sogar die moderne Wirtschaftssoziologie.[63] Damit begann mein wissenschaftliches Spezialgebiet mit einer Sichtweise, die den Gender Studies widerspricht, indem es Menschen viel mehr Kontrolle über ihr Leben zugesteht.

Der zweite Grund, weswegen das Menschenbild der modernen Gender Studies schwierig ist, zeigt sich im Vergleich zu anderen Wissenschaftsrichtungen. Denn normalerweise müssen Theorien sich an der Realität bewähren, statt dass die Realität nur noch durch die Linse einer Theorie wahrgenommen werden darf. Die Gender Studies haben sich durch ihr entgegengesetztes Vorgehen an die sogenannte kritische Theorie gekettet. Diese erklärt alles mit Machtkämpfen, bei denen Frauen die Unterdrückten sind. Doch das ignoriert beispielsweise die Rational-Choice-Theorie oder die funktionalistische Theorie.[64]

Sich an eine Theorie zu binden, hat allerdings auch Vorteile. So äußern die beiden vielleicht wichtigsten deutschen Genderprofessorinnen, Sabine Hark und Paula-Irene Villa, es sei »der feministischen und geschlechterkritischen Theorie gelungen, Gender zu einem kritischen Werkzeug umzuformen, das heißt in einen Begriff zu transformieren, der keine Aussage darüber macht, ›was‹ sexuelle Differenz ist, sondern die Artikulation von Machtverhältnissen – und deren Infragestellung – ermöglicht«.[65] Auf Deutsch: Wir wissen auch nicht, wie Männer und Frauen sich unterscheiden. Aber auf jeden Fall werden Frauen von Männern unterdrückt.

Drittens zeigte sich eben auch geschichtlich, dass die Unterstellung eines falschen Bewusstseins in die Sackgasse führt. Denn nicht die angeblich kapitalistisch ausgebeuteten Massen im Westen warfen irgendwann ihr falsches Bewusstsein ab und erkannten ihre Unterdrückung und Ausbeutung. Stattdessen wollten die Bevölkerungen sozialistischer Ländern auch endlich ausgebeutet und unterdrückt werden, schließlich strebten sie den Kapitalismus an, der ihnen als Teufelszeug präsentiert wurde. Das hätte nach der Ideologie des falschen Bewusstseins nie passieren dürfen. Denn wenigstens die von der kapitalistischen Kulturindustrie nicht beeinflussten Arbeiter hinter dem Eisernen Vorhang hätten doch die Ausbeutung des Kapitalismus erkennen müssen. Das Gegenteil geschah. Daher der schlechte Witz:

»Was ist schlimmer, als vom Kapitalismus ausgebeutet zu werden?«

»Nicht vom Kapitalismus ausgebeutet zu werden.«

Ein falsches Bewusstsein zu unterstellen, war also geschichtlich insofern unfruchtbar, als das Gegenteil dessen geschah, was die Theorie vorhersagte. Trotzdem sind die Gender Studies heute dort, wo sie illiberal geworden sind, gezwungen zu unterstellen, dass Frauen weiterhin ausgebeutet und unterdrückt werden, selbst wenn sie sich nicht so fühlen. Doch wenn die Wünsche von Frauen und Männern wirklich derart gesellschaftlich beeinflusst sind, müssten Männer und Frauen sich zumindest ähnlicher werden, je weniger sie auf eine bestimmte Geschlechterrolle festgelegt werden. Verrückterweise zeigen international vergleichende Daten jedoch das Gegenteil.

Je gleichberechtigter, desto unterschiedlicher

Nicaragua hat es nicht so gut. Der Präsident: autoritär; gewaltsame Tode: etwa zehnmal wahrscheinlicher als in Deutschland. Im Global Gender Gap Index Ranking des World Economic Forum belegt Nicaragua allerdings den fünften Platz. Auch Ruanda liegt mit dem neunten Platz noch vor Deutschland.

Bevor Sie jedoch die nicaraguanische Botschaft wegen eines humanitären Visums für Ihre Tochter anrufen, lesen Sie vielleicht noch, wie solche Rankings entstehen. Sie beruhen nämlich nicht auf Gleichberechtigung, sondern auf Gleichstellung. Sie prämieren also nicht gleiche Rechte, sondern dass Männer und Frauen gleich leben. Für bestimmte Zielsetzungen ist das sinnvoll. Beispielsweise kann man argumentieren, die Hälfte aller Parlamentarier eines Landes sollte weiblich sein, wenn die Hälfte der Bevölkerung eines Landes weiblich ist.

Doch der internationale Vergleich zeigt einen kuriosen Grund, weswegen unfreiere Länder gleichgestelltere Länder sind. Wenn Männer und Frauen gleichere Rechte haben, wird ihr Leben nämlich unterschiedlicher, sie werden also weniger gleichgestellt. Gleichstellung und Gleichberechtigung widersprechen sich somit. Dies ist in der Forschung als »gender equality paradox« bekannt. Der dahinterliegende Befund wurde unzählige Male repliziert. Aber Schritt für Schritt. Die Forschung zeigt erst einmal, dass Männer und Frauen sich unterscheiden. Beispielsweise haben die Ökonomen Armin Falk und Johannes Hermle[66] mit einer weltweiten Umfrage berechnet, dass Frauen weniger egoistisch sind, stärker vertrauen, Freundlichkeit eher erwidern, Unfreundlichkeit seltener bestrafen und Risiken eher vermeiden als Männer. Überblicksartikel über die Forschungsliteratur zeigen, dass Frauen weltweit zwar etwas neurotischer sind, jedoch auch freundlicher, weniger machtversessen, wohlwollender, mehr an Menschen statt an Dingen interessiert und seltener psychopathisch als Männer. Falls Sie nun denken, dass Frauen dann wohl die besseren Menschen sind, kann man nur antworten: Das ist angesichts der Daten gar nicht so falsch.[67] Frauen haben sozusagen tatsächlich bessere Charaktereigenschaften.

Unterscheidet man nur einzelne Faktoren, beispielsweise einzelne Einstellungen, sind die typischen Unterschiede zwischen Männern und Frauen meist nicht besonders groß. Aber es kommt auf das Land an. Bündelt man die vielen unterschiedlichen Einstellungen zu Charakterunterschieden wie den sogenannten Big-Five-Persönlichkeitseigenschaften, so unterscheiden sich Männer und Frauen zwischen 0,4 (in China) und 1 Standardabweichung (in den Niederlanden). Eine Standardabweichung über 1 bedeutet, der Unterschied zwischen Männern und Frauen ist größer als zwischen zwei typischen Individuen. Eine Standardabweichung von 0,8 zwischen Männern und Frauen bedeutet also, die durchschnittlichen Unterschiede zwischen Männern und Frauen betragen 80 Prozent der Unterschiede zweier typischer Menschen.

Doch der wichtigste Punkt ist: Diese Unterschiede zwischen Männern und Frauen sind generell umso größer, je gleichberechtigter ein Land ist. In besonders entwickelten Ländern unterscheiden sich Männer und Frauen also charakterlich ungefähr so sehr wie zwei zufällig aus der Bevölkerung herausgepickte Menschen. Dagegen beträgt der durchschnittliche Unterschied zwischen Männern und Frauen in weniger entwickelten Ländern nur etwa 40 Prozent dieser Unterschiede. Weil sich Männer und Frauen in gleichberechtigteren Ländern stärker unterscheiden, kann man genau genommen knapp die Hälfte der mehr oder minder großen Unterschiede zwischen den Geschlechtern damit erklären, wie gleichberechtigt ein Land ist.[68] Doch wieso werden Männer und Frauen unterschiedlicher, wenn sie gleichberechtigter sind?

Falk und Hermle nennen als plausibelste Erklärung, dass Menschen sich in einem freieren und wohlhabenderen Land freier entfalten können. Und das scheint für Männer und Frauen nicht auf dasselbe hinauszulaufen, wie nicht nur Falk und Hermle zeigen.[69] So unterscheiden sich 45 397 Facebook-Interessen von Männern und Frauen ebenfalls dann stärker, wenn es mehr Gleichberechtigung gibt. Frauen begeistern sich beispielsweise überall eher für Biologie, Männer mehr für Technik. Doch diese Interessenunterschiede sind größer, wenn Menschen ihren Interessen freier nachgehen können.[70] Auch die Moralvorstellungen von Männern und Frauen werden mit mehr Gleichberechtigung unterschiedlicher. Männer finden Schutz vor Schaden und Unantastbarkeit des eigenen Körpers tendenziell unwichtiger als Frauen und diese Unterschiede sind größer, je mehr Freiheit es gibt.[71] Ein Überblicksartikel hält den Forschungsstand deswegen mit den Worten fest: »Wenn Männer und Frauen die ähnlichsten Geschlechterrollen haben, die ähnlichste Geschlechterrollensozialisation erfahren haben und die größte gesellschaftspolitische Geschlechtergleichheit erleben, sind die geschlechtsspezifischen Unterschiede in der Persönlichkeit fast ausnahmslos am größten.«[72]

Dass Männer und Frauen in gleichberechtigten Ländern unterschiedlicher sind, geht nicht nur mit unterschiedlicheren Einstellungen einher, sondern diese Einstellungen gehen wiederum mit unterschiedlicheren Lebenswegen einher. Hier kommt also das nächste empirische Rätsel: In besonders gleichberechtigten Ländern, denken Sie an Finnland, Norwegen und Schweden, studieren Frauen am seltensten die sogenannten MINT-Fächer (Mathematik, Informatik, Naturwissenschaft und Technik). Am häufigsten studieren Frauen diese Fächer dagegen in Algerien, Tunesien, Albanien, den Vereinigten Arabischen Emiraten, Vietnam und der Türkei. In diesen Ländern, in denen Frauen am wenigsten Gleichberechtigung haben, ist das Ideal der Gleichstellung insofern am stärksten verwirklicht. Die unterschiedlichsten Ausbildungen suchen sich Männer und

Frauen dagegen gerade dort, wo es am meisten Gleichberechtigung gibt.

Doch vielleicht studieren Frauen manche Fächer seltener, weil sie in bestimmten Ländern schlechter darin sind? Nein. Denn Schülerinnen sind im Durchschnitt in allen Fächern besser, auch in MINT. In Sprachen sind männliche Schüler jedoch viel schlechter. In den MINT-Fächern sind sie zumindest annähernd so gut wie die Mädchen. Männliche Schüler wählen also, worin sie den kleineren Nachteil haben. Frauen können hingegen alles, entscheiden sich jedoch öfter für typische Frauenfächer, sobald sie die Freiheit dazu haben.[73]

In den Sozialwissenschaften gibt es kaum allgemeingültige Regeln. Doch eine solche ist, dass Frauen in jedem Land der Welt stärker an Berufen interessiert sind, die mit Menschen zu tun haben, beispielsweise soziale Arbeit, Medizin oder Pädagogik, wohingegen Männer sich überall stärker für Berufe interessieren, die mit Sachen statt Menschen zu tun haben, beispielsweise Physik, Elektrotechnik oder Bauingenieurwesen. Insgesamt sind Männer 4,3-mal stärker an sachbezogenen Berufen interessiert. Dagegen suchen Frauen 3-mal öfter menschenbezogene Berufe. Und noch famoser: An diesen Interessenunterschieden hat sich in den letzten 100 Jahren kaum etwas geändert. Seitdem werden sie weitgehend unverändert immer wieder gefunden.[74] Doch während Unterschiede zwischen Jungen und Mädchen überall und jederzeit bestehen, sind sie dort besonders stark, wo es mehr Gleichberechtigung gibt, Menschen ihre Interessen also auch tatsächlich ausleben können.

Maria Charles und Karen Bradley zeigten zudem, dass Frauen in armen Ländern Mathe, Ingenieurwissenschaften, Naturwissenschaften und technische Fächer aufgeben, sobald sie der gröbsten Armut entkommen sind. In reichen Ländern hingegen erklärt nicht materielle Notwendigkeit, sondern das eigene Interesse die eigene Ausbildung.[75] Frauen können also alles, was Männer können. Sie wollen aber nicht alles, was Männer wollen. Und je reicher und gleichberechtigter ein Land ist, desto mehr machen Frauen nicht nur, was sie können, sondern auch, was sie wollen.[76] Man kann das durchaus gut finden. Wenn Sie mich nach meiner persönlichen Meinung fragen, finde ich es natürlich positiv, dass Menschen leben können, wie sie möchten. Doch anscheinend führt dies auch dazu, dass Schweden, Dänemark, Norwegen und Finnland nur etwa 25 Prozent weibliche MINT-Absolventinnen haben, wohingegen Algerien, Tunesien, die Türkei und die Vereinigten Arabischen Emirate über 35 Prozent haben.[77]

Die Gender Studies betonen gerne, wie wichtig ihnen Diversität ist. Doch wenn Diversität bedeutet, dass Frauen anders leben wollen als Männer, finden sie Diversität auf einmal nicht mehr gut. So kritisieren die Soziologinnen Maria Charles und Karen Bradley es als »selbstdarstellerische Ideologie«, dass Frauen sich nicht für dasselbe interessieren wie Männer. Zur Abhilfe schlagen sie »Einschränkungen bei der Wahl des Lehrplans« vor. Dies sei zwar »undemokratisch«. Doch das müsse man gegen »die Möglichkeit abwägen, dass die nur scheinbar freie Wahl von Mädchen und Jungen durch Annahmen darüber geprägt ist, was sie mögen und was sie gut können«. Wenn Frauen also machen, was sie selbst möchten, schlagen Genderforscherinnen »undemokratische« Mittel vor, damit sie sich endlich verhalten, wie Genderforscherinnen es für richtig halten.[78] Dabei haben diese Genderforscherinnen übrigens selbst fast nie jene technischen Fächer studiert, die sie anderen Frauen nahelegen, sondern fast immer genau die kultur- und sozialwissenschaftlichen Fächer, von denen sie andere Frauen abbringen möchten. Im Namen der Gleichstellung fordern Genderforscherinnen also, dass andere Frauen Karrieren einschlagen, die sie für sich selbst lieber nicht in Betracht ziehen möchten. Doch dafür müsste man Frauen ausreden, was sie interessiert. Denn nicht nur weltweit, sondern auch in Deutschland erklärt sich die Berufswahl von Frauen vor allem durch ihre eigenen Interessen und Wünsche.

Frauen entscheiden sich nicht gegen technische Fächer, weil man sie davon abhält

Wir haben gesehen, dass Frauen sich für andere Karrierewege entscheiden als Männer, sobald sie die Freiheit dazu haben. Doch gehen Frauen auch in Deutschland vor allem ihren Interessen nach? Oder werden sie noch durch Rollenbilder eingeengt? Die Schulbuchautorin Maren Distel meint, dass »Zutrauen in die eigenen Fähigkeiten entscheidender bei der Studien- und Berufswahl ist als das Interesse für das jeweilige Fach. Eine selbstwirksamkeitssteigernde Didaktik kann also insbesondere dazu beitragen, mehr Mädchen und Frauen zu ermutigen, sich an Berufe im Bereich Mathematik, Informatik, Naturwissenschaft und Technik (kurz MINT) heran zu trauen.«[79] Das hört sich nett an. Doch lesen Sie es noch mal in Ruhe durch und achten Sie wirklich auf den Inhalt. Nimmt man solche Aussagen ernst, wäre weitgehend egal, ob Frauen sich für etwas interessieren. Ihnen wird vielmehr unterstellt, MINT-Fächer nicht zu studieren, weil sie sich nicht trauen, so dass man ihnen beibringen muss, ihre eigene Unsicherheit zu überwinden. Wer demnach nicht Ingenieurwissenschaften studiert, hat nur noch nicht oft genug gehört, es eigentlich zu können. Entsprechend erklären Feministinnen den Umstand, dass Frauen in Deutschland manchmal anders leben als Männer, durch »fehlende[n] Support aus dem eigenen Umfeld«.[80] Ein positives Frauenbild ist das nicht. Denn es beschreibt Frauen als Fähnchen im Wind, die keine eigenen Entscheidungen treffen. Meike Lobo kritisiert deswegen, »unter dem Deckmäntelchen der Chancengleichheit wird weiblicher Identität und Individualität ein männliches Lebensmodell übergestülpt«.[81] Aber stimmt die Annahme denn wenigstens? Trauen Frauen sich tatsächlich nicht und müssen deswegen ermutigt werden, ein bisschen mehr zu werden wie Männer?

Fabian Ochsenfeld verrät es uns. Denn er hat das Deutsche Nationale Bildungspanel ausgewertet. Dabei zeigt sich, was man in einem gleichberechtigten Land erwarten würde: Um Gleichstellung bei der

Studienwahl zu erreichen, müsste man 40 Prozent aller Männer und Frauen auf andere Fächer umverteilen. Denn auch in Deutschland beginnen junge Männer eher sachbezogene, Frauen eher menschenbezogene Studiengänge. So sind für Frauen nach BWL die beliebtesten Studiengänge Rechtswissenschaft, Psychologie, Humanmedizin und Germanistik; bei Männern sind es nach BWL Maschinenbau, Informatik, Elektrotechnik und Wirtschaftsingenieurwesen.[82] Bei Ausbildungen zeigt sich dasselbe: Männer suchen sachbezogene, Frauen menschenbezogene Berufe. So lautet die Rangliste der acht beliebtesten Ausbildungsberufe für Frauen: Kauffrau für Büromanagement, medizinische Fachangestellte, zahnmedizinische Fachangestellte, Industriekauffrau, Kauffrau im Einzelhandel, Verkäuferin, Verwaltungsfachangestellte und Friseurin; bei Männern: Kraftfahrzeugmechatroniker, Elektroniker, Industriemechaniker, Fachinformatiker, Anlagenmechaniker für Sanitär-, Heizungs- und Klimatechnik, Mechatroniker, Kaufmann im Einzelhandel, Elektroniker für Betriebstechnik.[83] Bestehen diese Unterschiede wirklich, weil Frauen sich Technisches nicht zutrauen oder nicht genug Unterstützung aus ihrem Umfeld bekommen?

Ochsenfelds Untersuchung zeigt, dass nicht mangelndes Zutrauen in die eigenen Fähigkeiten oder soziale Beeinflussung, sondern individuelle Interessen 37 Prozent der Varianz der unterschiedlichen Fächerwahl erklären. Dagegen erklärt Beeinflussung durch das soziale Umfeld weniger als fünf Prozent der Ausbildungswahl. Die Sorge, in »geschlechteruntypischen« Fächern diskriminiert zu werden, erklärt nicht einmal 1 Prozent.[84] Es ist also nicht so, dass Frauen sich bestimmte Fächer nicht zutrauen oder ihnen Frauenfächer eingeredet werden. Stattdessen machen sie vor allem einfach das, was sie interessiert.

Umgekehrt heißt das: Wer will, dass Männer und Frauen dasselbe machen, braucht sie nicht zu ermutigen. Mutig sind sie schon selbst. Um Männer und Frauen in dieselben Ausbildungen zu bringen, müsste man vielmehr eines tun: Ihnen ihre eigenen Wünschen aberziehen.

Und genau das schlägt beispielsweise auch der Wirtschaftswissenschaftler Basit Zafar vor. Er empfiehlt, die »Präferenzen weiblicher Studierender für Mathe und Naturwissenschaft zu verändern«.[85] Ob es wünschenswert ist, Pädagogikstudentinnen über den fiesen Einfluss des Patriarchats aufzuklären, bis sie einsehen, in Wirklichkeit eine geheime Liebe für Mathe zu haben, ist eine Sache. Aber klappt es denn? Kann man durch Aufklärung Präferenzen ändern?

Forscher haben auch das versucht. Unter 510 Berliner Schülerinnen und Schülern der 11. und 12. Klasse fanden sie das mittlerweile altbekannte Muster: Jungen interessierten sich für lukrativere technische Berufe, Mädchen für Berufe mit mehr Menschenkontakt. Vielleicht brauchten die Schülerinnen und Schüler lediglich mehr Aufklärung, um gleichgestelltere Entscheidungen zu treffen? Das Forscherteam wollte es wissen und startete deswegen ein Experiment. Man erläuterte den Schülerinnen und Schülern die Berufsperspektiven ihrer jeweiligen Interessen. Doch nachdem sie erfuhren, wie viel sie damit verdienen konnten, stürzten die Jungen sich noch stärker auf technische Berufe. Die Mädchen veränderten ihre Pläne jedoch nicht; sie blieben bei den sozialen Berufen. Augenscheinlich brachten nicht mangelnde Informationen sie dazu, sich mit Menschen beschäftigen zu wollen, sondern – vielleicht ahnen Sie es bereits: ihre eigenen Interessen.[86] Die gut gemeinte Aufklärung bewirkte insofern das Gegenteil dessen, was die Forscherinnen und Forscher wollten, wie sie selbst verwundert feststellten. Denn nachdem die Schüler genauer wussten, wie sie ihre Wünsche realisieren können, entschieden Jungen sich noch öfter für typische Männerfächer, während sich bei den Mädchen nichts veränderte. Der Versuch, Männer und Frauen mit Aufklärung gleichzustellen, führte also zu unterschiedlicheren Karrierewegen und damit zu weniger statt zu mehr Gleichstellung.

Insofern findet man in Berliner Schulklassen dasselbe Muster wie im Vergleich Tunesiens mit Schweden: Männer und Frauen werden unterschiedlicher, wenn sie mehr Freiheit dazu haben. Entsprechend ist mehr Gleichstellung nur mit mehr Illiberalismus erreichbar. Denn je mehr Freiheit Menschen haben, desto mehr Zwang wird nötig, um ihr Leben doch wieder in ähnliche Bahnen zu lenken, nicht nur im Bildungssystem, sondern auch im Beruf.

Frauen finden Karriere genauso machbar, aber weniger erstrebenswert

Eine gut gemachte empirische Untersuchung des DIW Berlin kam vor kurzem zu dem Schluss, dass »die Chancen auf eine hohe Führungsposition für Frauen schlechter als für Männer« sind. Doch die Untersuchung verglich lediglich, ob Frauen genauso häufig auf Chefposten landen wie Männer. Sie unterstellte, dass das *Interesse* an Führungsposition zwischen Männern und Frauen gleich sein muss. Entsprechend erklärte sie jede Abweichung von einer Gleichverteilung mit mangelnden Chancen.[87]

Doch wie sehen Frauen dies selbst? Finden sie, dass sie weniger Chancen haben? Sehen sie Karriere als weniger erreichbar an? Die Forscherinnen Francesca Gino, Caroline Wilmuth und Alison Brooks interviewten einen Abschlussjahrgang, der sich mit dem Master of Business Administration für wirtschaftliche Führungspositionen qualifizierte. Während die Männer mit ihrem Abschluss vor allem zwei Ziele verfolgten, nämlich Einfluss und hochrangige Positionen, nannten die Frauen diversere Ziele. Vielleicht nur, weil sie sich von Anfang an weniger Chancen ausrechneten? Die Daten zeigten aber, dass Frauen die Ziele der Männer für genauso erreichbar hielten. Selbst als die Forscherinnen ihnen Beförderungen als besonders leicht erreichbar präsentierten, lehnten die Frauen allerdings eher ab. Würden Frauen von etwas abgehalten, müsste sich das genaue Gegenteil zeigen: Männliche Karriereziele müssten dann Frauen als genauso erstrebenswert erscheinen, jedoch als weniger erreichbar. Die Frauen nannten allerdings nicht mangelnde Erreichbarkeit, sondern geringeres Interesse als Grund für ihre anderen Karriereziele.

Vielleicht trauten die Frauen sich nicht zu sagen, was sie wirklich wollten; möglicherweise wurden sie erzogen, sozial angepasster zu antworten? Die Forscherinnen testeten es. Doch die Frauen antworteten nicht generell sozial erwünschter. Was sie wollten, sagten sie genauso wie die Männer. Sie wollten nur nicht dasselbe. Der Titel der Untersuchung fasst das Ergebnis zusammen: Frauen sehen Führungspositionen als genauso erreichbar, aber als weniger erstrebenswert an.[88] Dies zeigen auch Umfragen in Deutschland. So bezeichnen nur 7 Prozent der Frauen einen Vorstandsposten als erstrebenswert, gegenüber 24 Prozent der Männer. Auf der anderen Seite bezeichnen 46 Prozent der Frauen ein ausgeglichenes Verhältnis von Arbeit und Freizeit als wichtig, gegenüber nur 34 Prozent der Männer.[89]

Wegen solch unterschiedlicher Präferenzen fordern Soziologinnen wie Erin Cech, Männer in Kinderentwicklungskurse und Frauen in Automechanikerkurse zu stecken. Wenn Männer nur mehr über Kinderentwicklung erführen, würden sie demnach automatisch öfter zu Kindergärtnern. Und wenn Frauen mehr über die Geheimnisse der Automechanik erfahren könnten, würden sie sich endlich für die Ausbildung als Mechatroniker bewerben. So die Annahme.[90] Doch man kann Menschen zwar probieren abzutrainieren, was sie bisher interessierte. Man lässt sie dann allerdings nicht mehr leben, wie sie es selbst für richtig halten, sondern probiert ihnen auch abzutrainieren, was sie bisher für lebenswert hielten, weil man meint, selbst besser zu wissen, was das richtige Leben für andere ist. Das ist jedoch erstens, Sie ahnen es, illiberal. Zweitens wird es umso schwieriger, je gleichberechtigter ein Land ist. Denn je mehr Gleichberechtigung es gibt, desto unterschiedlicher werden Einstellungen, Wünsche und Karrierewege und desto mehr müsste man Männern und Frauen also wieder abtrainieren, um sie doch in die gleichen Karrieren zu bringen und insofern Gleichstellung zu erreichen. Demgegenüber habe ich einen radikalen Vorschlag: Wie wäre es, Männern und Frauen erst mal zuzuhören, was sie selbst wollen, und zu messen, ob sie damit auch zufrieden sind? Denn das fördert Erstaunliches zutage. Fangen wir mit dem Arbeitsmarkt an. Sind Frauen und Männer dort ähnlich zufrieden, und wenn nicht, was sollte sich ihrer Meinung nach ändern?

3

Frauen und Männern geht es auf dem Arbeitsmarkt gleich gut

In der Wissenschaft gibt es sogenannte *smoking gun*-Studien. Was haben wissenschaftliche Studien mit rauchenden Colts zu tun? Stellen Sie sich vor, Sie öffnen die Tür zu einem Raum. Dort steht ein Mann mit einem rauchenden Colt in der Hand. Er blickt Sie verdutzt an. Sie sind auch verdutzt. Denn vor dem Mann mit dem Colt liegt ein röchelnder Mensch mit einem blutenden Einschussloch in der Brust. Sie können recht sicher sein, was gerade passiert ist, eben aufgrund des noch rauchenden Colts, der *smoking gun*. Ähnlich ist es mit *smoking gun*-Studien. Deren Ergebnisse scheinen so klar, dass es danach fast müßig wirkt, über ein Thema überhaupt noch zu diskutieren.

Dass sie eine solche *smoking gun*-Studie produzieren würden, konnte das internationale Forscherteam nicht wissen, als es 2016 anfing, 21 318 Bewerbungen in Deutschland, den Niederlanden, Spanien, dem Vereinigten Königreich, Norwegen und den USA zu verschicken.[91] Die Forscherinnen und Forscher verschickten immer mehrere Bewerbungen identischer Qualität auf denselben Job. Denn eigentlich wollten sie herausfinden, ob Ausländer bei gleicher Qualifikation diskriminiert werden. Doch überraschenderweise bemerkten sie etwas anderes: Männer wurden seltener zu Vorstellungsgesprächen eingeladen, nicht nur in den Niederlanden, Spanien und dem Vereinigten Königreich, sondern auch in Deutschland. Hier bekamen Frauen 90 Prozent mehr Rückrufe auf Bewerbungen als Verkäuferin;

als Rezeptionistin wurden sie 37 Prozent öfter zurückgerufen, als Lohnbuchhalterin 77 Prozent öfter, als Softwareentwicklerin 21 Prozent öfter, als Köchin 13 Prozent seltener und als Vertriebsmitarbeiterin wurden sie ebenso 11 Prozent seltener zurückgerufen. Die letzten vier Unterschiede waren jedoch statistisch nicht signifikant. Rechnet man alles zusammen, erhielten Männer in Deutschland ungefähr 9 Prozent weniger Rückrufe auf Bewerbungen, die so gut waren wie die von Frauen.

Regine Gildemeister, die Veteranin der deutschen Geschlechterforschung, meint, es gebe »für Männer in Frauenberufen erhebliche Vorteile, die ihnen Aufstiegschancen sichern, Frauen in Männerberufen dagegen stoßen auf vielfache Barrieren«.[92] Als Forscherinnen sich die Mühe machten, dies empirisch zu untersuchen, zeigten die Daten das Gegenteil: Arbeitgeber bevorzugen Frauen in frauendominierten Berufen, wohingegen sie Männer nie signifikant bevorzugen. Der Artikel fasst die Ergebnisse deswegen zu der Einsicht zusammen, dass negative Geschlechterstereotype über Frauen in »Einstellungsverfahren [...] überhaupt keine Bedeutung mehr haben.«[93] Auch ein Überblick über die weitere Forschungsliteratur dokumentiert, dass zwar beispielsweise Ausländer oder Behinderte durchaus noch diskriminiert werden, Frauen jedoch nicht mehr benachteiligt sind gegenüber identisch qualifizierten Männern.[94]

Wer also noch meint, Frauen hätten es generell schwerer, widerspricht damit nicht nur der umfangreichsten einzelnen Studie, sondern auch dem Großteil der empirischen Literatur. Die Beweislast hat sich insofern gedreht. Pauschal zu behaupten, Frauen würden bei Bewerbungen benachteiligt, mag vor ein paar Jahrzehnten noch in Ordnung gewesen sein. Denn damals kann es tatsächlich der Normalfall gewesen sein, so dass man im Zweifelsfall gar nicht mehr nachmessen musste. Doch das Jahr 2020 ist nicht 2010, nicht 2000 und nicht 1990. Es wäre ja auch merkwürdig, wenn sich in den letzten Jahrzehnten nichts getan hätte. Das heißt nicht, dass einzelne Frauen nicht in einzelnen Bereichen noch diskriminiert werden könnten. Es heißt jedoch, dass es ungerechtfertigt ist, pauschal davon auszugehen. Doch wenn die alte Theorie, dass Frauen diskriminiert werden, nicht mehr funktioniert, was funktioniert als Erklärung für die unterschiedlichen Karrierewege von Frauen dann stattdessen? Lernen Sie Catherine Hakim kennen.

Präferenztheorie: Was Frauen und Männer wollen, erklärt, wie sie arbeiten

Catherine Hakim lernte ich auf einer nerdigen Wissenschaftskonferenz kennen. Falls Sie einen Einblick in die Absurdität wissenschaftlicher Forschung bekommen wollen: Ich hatte die Idee, mit dem *intra class correlation coefficient* von Multilevelregressionen, nachdem Individualdaten nicht-hierarchisch in Jahren, Ländern und Länderjahren geclustert sind, die Varianzverteilung von Kapitalismusvarianten und Wohlfahrtsstaatsregimen auf transnationale, nationale, temporale und im besten Fall noch regionale und sektorale Clusteringlevel zu messen. Manchmal kann ich selbst nicht glauben, mit was für bizarren Themen Wissenschaftler sich befassen. Doch dann fällt mir auf, dass ich dabei sogar mitmache. Jedenfalls hat Catherine Hakim meine Idee in Grund und Boden kritisiert. Also habe ich sie gefragt, ob sie mit mir mittagessen gehen will, so dass wir ihre Kritik nicht zwischen Tür und Angel besprechen müssen. Eine Stunde lang hat sie mir haarklein erklärt, was ich alles falsch mache. Selten habe ich in so kurzer Zeit so viel gelernt.

Catherine Hakim hat ihren eigenen Kopf. Den braucht sie auch. Denn sie bemerkte, wie die Gender Studies bisher nur darlegen, »welche Geschlechterrollen und situativen Zwänge Frauen einschränken – welches Verhalten von Frauen also erwartet wird und sie einengt, aber nie, was Frauen eigentlich *wollen*«.[95] Dabei stimmt Hakim durchaus zu, dass es früher richtig war, das Leben von Frauen aus widrigen Umständen zu erklären, sie also auch als Opfer anzusehen. Doch aus fünf Gründen leben Frauen mittlerweile, wie sie möchten, statt, wie sie müssen.

Erstens sind Kinder aufgrund moderner Empfängnisverhütung heute öfter eine bewusste Entscheidung. Zweitens sind Frauen auf Arbeitsmärkten rechtlich gleichgestellt. Drittens ist körperliche Industriearbeit fast ausgestorben; schließlich benötigt der Dienstleistungssektor öfter Hirn statt Muskeln. Viertens sind Teilzeitanstellungen und flexible Arbeitszeiten etabliert. Fünftens sind Gesellschaften toleranter, nicht nur, aber auch gegenüber arbeitenden Frauen. Jede dieser Veränderungen ermöglicht Frauen ein selbstbestimmteres Leben. Doch während Frauen sich weiterentwickelt haben, ist die feministische Theorie stehengeblieben. Denn sie erklärt das Leben von Frauen wie eh und je durch Zwang und Beschränkungen.[96] Doch wenn Hakim Recht hat und sich das Leben von Frauen heute kaum noch durch Beschränkungen, sondern durch Wünsche erklärt, so stellt sich noch mehr die Frage: Was wollen Frauen?

Mit Umfragedaten zeigt Hakim, dass etwa 20 Prozent aller Frauen karrierefokussiert sind. Sie verzichten auf Familie, sofern diese ihrer Karriere im Wege steht. Auf der anderen Seite des Motivationsspektrums sind etwa 20 Prozent Frauen familienzentriert. Für Geld arbeiten sie nur, wenn es nicht anders geht. Studieren sie, so eher Schöngeistiges ohne große Verdienstmöglichkeiten. Die Universität ist für sie vor allem ein Heiratsmarkt, um einen netten, gut verdienenden Versorger zu finden. Und dann sind da noch die 60 Prozent adaptiven Frauen. Sie stehen zwischen karriere- und familienzentrierten Frauen, weil sie beides kombinieren wollen.[97] 20 Prozent der Frauen sind also karrierezentriert, 60 Prozent adaptiv und 20 Prozent familienzentriert.

Und Männer? Hakims Umfragedaten zeigen, dass etwa 20 Prozent karrierezentrierten Frauen ungefähr 60 Prozent karrierezentrierte Männer gegenüberstehen. Der Anteil familienzentrierter Männer liegt dagegen bei eher 10 Prozent, teils findet man ihn in Umfragen kaum oder gar nicht. Dazwischen stehen wieder die adaptiven Männer. Doch es sind, anders als bei den Frauen, nicht 60, sondern eher 30 Prozent. Grafisch ausgedrückt sehen die Anteile so aus:

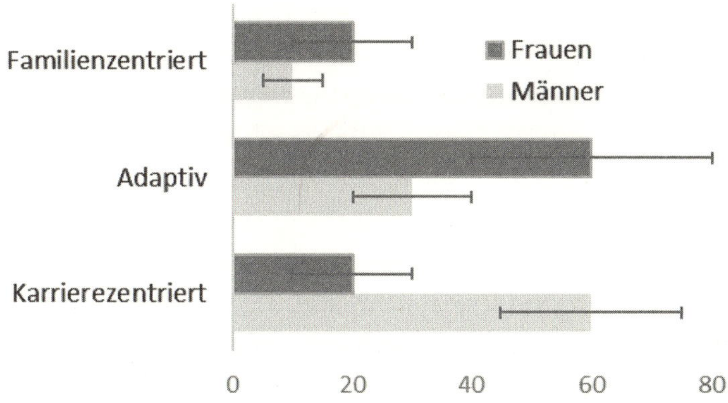

Abbildung 3: Verteilung familienzentrierter, adaptiver und karrierezentrierter Männer und Frauen

Die breiten Balken zeigen, ein wie hoher Anteil aller Männer und Frauen jeweils einer Kategorie zuzuordnen sind.[98] Die dünnen schwarzen Balken zeigen die sogenannten Standardabweichungen davon, da der Anteil von Männern und Frauen in jeder Kategorie je nach Land etwas variiert. Laut diesen Verteilungen ist es Unfug zu behaupten, dass es keine karriereorientierten Frauen gibt. Ebenso wie es Unfug wäre zu behaupten, dass nicht auch Männer sich um ihre Familie kümmern oder sie mit ihrer Karriere vereinbaren wollen. Doch die Gruppen sind nicht gleich verteilt. Stattdessen bestehen die Karrierezentrierten zu etwa drei Vierteln aus Männern und nur zu einem Viertel aus Frauen. Drei von vier Menschen, die unbedingt Karriere machen wollen, wären demnach Männer. Wenn drei Viertel aller Topstellen mit Männern besetzt werden, spiegelt dies also nicht notwendigerweise Diskriminierung wider. Vielmehr können dahinter unterschiedliche Wünsche stecken oder – wie Hakim es nennen würde – unterschiedliche Präferenzen für unterschiedliche Lebensmodelle.

Das heißt nicht, dass Präferenzen in Stein gemeißelt sind. Denn erschwert man es familienzentrierten Frauen, ihren Wünschen nachzugehen, und tut stattdessen alles, um sie in die Erwerbsarbeit zu bringen, passen einige ihr Lebensmodell tatsächlich an. Dadurch kann man die Gruppe der familienzentrierten Frauen von etwa 20 auf 10 Prozent senken. Gleichstellungspolitik funktioniert also bis zu einem gewissen Punkt durchaus. Während die Gruppe der familienzentrierten Frauen sich dadurch in etwa halbiert, steigt die Gruppe der arbeitszentrierten Frauen auf bis zu 30 Prozent. Tut man dagegen alles, um das Leben als Hausfrau zu fördern, können die familienzentrierten Frauen auf etwa 30 Prozent anwachsen, während arbeitszentrierte Frauen nur noch 10 Prozent ausmachen. Die Gruppengrößen schwanken deswegen je nach Politik und gesellschaftlichen Normen um bis zu 20 Prozentpunkte.

Auch in der Präferenztheorie hängen die Wünsche von Frauen und Männern also von Kultur und Institutionen ab. Doch Hakim grenzt sich von den Gender Studies ab, indem sie argumentiert: »Kulturelle Einflüsse sind genau das: Einflüsse, nicht erzwingende Strukturen.« Stellen Sie es sich wie Gegenwind vor. Ein Spaziergang mit Rückenwind ist einfacher. Doch das heißt nicht, dass Menschen immer nur in Windrichtung spazieren gehen.[99]

Die typische 20-60-20-Verteilung zwischen Familien-, adaptiven und Karrierefrauen findet Hakim mit kleinen Schwankungen in allen Bildungsschichten, sozialen Klassen, Einkommensgruppen und modernen Gesellschaften. Aktuelle Umfragen in Deutschland zeigen, dass Hakims Eingruppierung auch hier noch gut zutrifft, vielleicht heute sogar mehr als früher. Denn obwohl »die berufliche Tätigkeit für Frauen in den letzten 20 Jahren erheblich an Bedeutung gewonnen hat, ändert dies an der Priorisierung berufstätiger Mütter nichts. Berufstätige Mütter tendieren heute eher noch eindeutiger dazu, der Familie im Konfliktfall Vorrang einzuräumen.«[100] Es gibt also immer noch eine stabile Gruppe an Frauen, die ihre Familie über ihre Karriere stellt. Und da dies aus Präferenzen statt Zwängen entsteht, vermutet Hakim, dass mehr Freiheit die 20-60-20-Aufteilung immer sichtbarer macht, statt immer mehr Frauen in Erwerbsarbeit zu bringen.[101] Das 20-60-20-Muster setzt sich also nicht trotz, sondern wegen Emanzipation und Gleichberechtigung durch. Während somit einige Soziologinnen meinen, Frauen strebten Erfolg verzweifelt an, ohne ihn zu bekommen[102], erklärt Hakim unterschiedliche Karrieren von Männern und Frauen nicht mit unterschiedlichen Möglichkeiten, sondern unterschiedlichen Wünschen.

Doch vielleicht streben Frauen nur deswegen seltener Karrieren an, weil sie schon früh merken, weniger Chancen zu haben? Um das auseinanderzuhalten, untersuchte Hakim die Wünsche 14- bis 24-jähriger Frauen und verglich sie mit deren Arbeitsmarktsituation 20 Jahre später. Dabei zeigte sich, dass die *früheren* Wünsche der Frauen ihre *spätere* Arbeitsmarktsituation erklären.[103]

Stimmt diese Theorie, werden Frauen im Mittel nicht so karriereorientiert sein wie Männer. Das kann man durchaus beklagen. Schon Simone de Beauvoir[104] schlug deswegen vor, »Heirat als ›Karrieremöglichkeit‹ für Frauen zu verbieten«. Auch heute finden Hakims feministische Kritiker, dass wenn Frauen etwas anderes wollen als Männer, »offenbarte Präferenzen – wie sie sich in tatsächlichem Handeln und sozialen Rollen zeigen – kein Leitfaden für die Politik sein dürfen«.[105] Wollen Frauen also nicht leben, wie diese Kritiker es für richtig halten, so schlagen sie vor, dass Politik einfach nicht auf das eingeht, was Frauen selbst möchten, sondern sie vielmehr umerzieht. Wenn ich das so wiedergebe, hört es sich immer recht extrem an. Aber ich zitiere nur, was sich in den Texten tatsächlich findet.

Doch haben die Gender Studies denn wenigstens Recht? Ihre Argumentation macht ja durchaus Sinn, wenn man wirklich sehen könnte, dass Frauen und Männer falsch – und das würde in diesem Fall heißen: unterschiedlich – erzogen wurden. Schauen wir also mal nach, ob Mädchen wirklich erzogen werden, eine Familie anzustreben, und Jungen die große Karriere nahegelegt wird.

Unterschiedliche Erziehung erklärt nicht, was Männer und Frauen wollen

Wer findet, Politik sollte Menschen wie oben beschrieben umerziehen, unterstellt, dass deren Handeln von ihrer falschen Erziehung abhängt. So erklärt Teresa Bücker die geringere Karriereorientierung von Frauen durch »verinnerlichte Unterdrückung«.[106] Doch werden weibliche Karrierewünsche durch Erziehung wirklich unterdrückt?

Das Sozio-oekonomische Panel hat Eltern gebeten, Erziehungsziele von 1 »überhaupt nicht wichtig« bis 5 »sehr wichtig« zu bewerten. Glücklicherweise wurden Eltern nicht direkt gefragt, ob sie Mädchen und Jungen unterschiedlich erziehen. Denn dann könnten Antworten durch sozialen Druck verfälscht sein. Stattdessen können wir vergleichen, ob Eltern von Mädchen anders antworten als von Jungen.

Feministinnen vermuten, dass Jungen »immer noch nicht dahingehend erzogen werden, sich zu kümmern«.[107] Doch das Erziehungsziel, auf andere Rücksicht zu nehmen, bewerten Eltern von Jungen mit 4,58 von 5 möglichen Punkten, haargenau so hoch wie Eltern von Mädchen. Sich gegen Widerstände durchsetzen? Man könnte vermuten, kleine Jungen werden eher dazu erzogen. Doch Eltern von Mädchen bewerten dieses Erziehungsziel mit 4,54 Punkten minimal höher als Eltern von Jungen (4,52, Unterschied insignifikant). Sich gut mit anderen verstehen? Glaubt man feministischen Vorhersagen, müsste dies eher Mädchen beigebracht werden. Doch deren Eltern bewerten das Erziehungsziel mit einer Wichtigkeit von 4,56 Punkten haargenau so hoch wie die Eltern von Jungen. Darauf achten, dass andere einen mögen, und liebenswert zu sein? Wird für Jungen mit 3,99 sogar als minimal wichtiger bewertet als für Mädchen (3,96), obwohl man vermuten könnte, dass liebenswert zu sein eher den Mädchen beigebracht wird. Werden Jungen zu Draufgängern erzogen? Auch nicht. Denn Risiken zu vermeiden, wird für sie als genauso wichtiges Erziehungsziel genannt wie für Mädchen. Das oft gehörte Argument, Mädchen werden erzogen zu gefallen, während Jungen beigebracht wird, sich durchzusetzen, findet sich einfach nicht in den Daten.

Umso merkwürdiger, dass Jungen und Mädchen sich schon mit 2 bis 4 Jahren deutlich unterscheiden. Die SOEP-Interviews der Eltern dokumentieren, wie Jungen in diesem Alter trotz gleicher Erziehung signifikant öfter auf Klettergerüste und hohe Spielgeräte klettern; Mädchen sprechen öfter über ihre Gefühle. Im Alter von 5 bis 11 haben die Mädchen zwar genauso viel Selbstvertrauen, sind aber signifikant rücksichtsvoller, ruhiger, teilen mehr, haben weniger Wutanfälle, sind seltener Einzelgängerinnen, hilfsbereiter, streiten sich weniger und denken öfter nach, bevor sie handeln. Andere Untersuchungen bestätigen diese Unterschiede.[108]

Doch vielleicht können Eltern ihre eigenen Kinder nicht einschätzen? Deshalb hat das SOEP auch 17-jährige Jungen und Mädchen befragt. Diese finden selbst nicht, unterschiedlich erzogen worden zu sein. Beide Geschlechter meinen beispielsweise gleichermaßen, ihren Eltern sei Leistung wichtig gewesen. Trotzdem sehen schon 17-jährige Mädchen ein hohes Einkommen und berufliche Aufstiegsmöglichkeiten als unwichtiger an. Dafür finden sie Kontakt mit anderen Menschen wichtiger, ebenso wie Sinnvolles für die Gesellschaft zu tun und anderen zu helfen. Und immer wieder bestätigen Untersuchungen nicht nur diese Unterschiede, sondern auch, dass die frühen Wünsche spätere Berufe erklären.[109]

Doch vielleicht können sich die Jugendlichen selbst nicht einschätzen? Vielleicht kann niemand belastbare Aussagen über sich selbst treffen? Genau weiß man es nie. Catherine Hakim meint trotzdem, dass niemand besser über das Leben junger Menschen entscheiden kann als diese selbst. Weil man nicht beweisen kann, dass das eine oder das andere richtig ist, handelt es sich um eine Glaubensfrage. Hakim nannte ihre Präferenztheorie deswegen eine »Häresie an der feministischen Lehre«, eine Gotteslästerung also.[110] Denn die Gender Studies glauben an die Theorie des »unbeschriebenen Blattes«. Demnach haben Kinder ein unbeschriebenes Bewusstsein, in das man mit Erziehung einschreibt, was man will. Infolgedessen haben schon die kleinsten Erziehungsfehler gravierende Folgen. So fordert das Handbuch der Geschlechter- und Frauenforschung, dass »man aufhört, Kinder nach Geschlecht zu vergleichen«.[111] Alleine Mädchen mitzuteilen, sie hätten etwas Mädchenmäßiges gemacht oder seien kein Junge, würde sie also schon auf den falschen Pfad bringen. Das Revolutionäre an Hakims These ist, dass sie gegenüber der Lehre des illiberalen Feminismus die alternative Sichtweise ermöglicht, dass Frauen nicht nur Fähnchen im Wind sind, sondern eigene Wünsche haben und diese auch umsetzen, statt lediglich falsch erzogen worden zu sein. All das funktioniert jedoch nur, wenn Frauen und Männer mit ihren Entscheidungen später auch zufrieden sind. Schauen wir uns also an, ob es beiden Geschlechtern im späteren Berufsleben gleich gut geht.

Frauen sind mit ihren Jobs so zufrieden wie Männer, verfolgen aber andere Ziele

Kapitel 2 hat gezeigt, dass Frauen mit ihrem Leben so zufrieden sind wie Männer. Doch möglicherweise sind Frauen nicht in ihrem gesamten Leben benachteiligt, sondern speziell im Job. Diese Annahme hat eine lange Tradition. Schon Simone de Beauvoir[112] bezeichnete Frauenjobs als »eine Art Sklaverei«. Immer noch beklagen Feministinnen, dass »die meisten von uns in Sackgassenjobs landen«.[113] Stimmt das, müssten Frauen unzufrieden mit ihren Jobs sein. Spekulieren wir nicht, messen wir es. Das SOEP fragt Menschen seit 1984, wie zufrieden sie mit ihrer Arbeit sind, von 0 »ganz und gar unzufrieden« bis 10 »ganz und gar zufrieden«. Hier sehen Sie die Jobzufriedenheit von Männern und Frauen seit 1984.

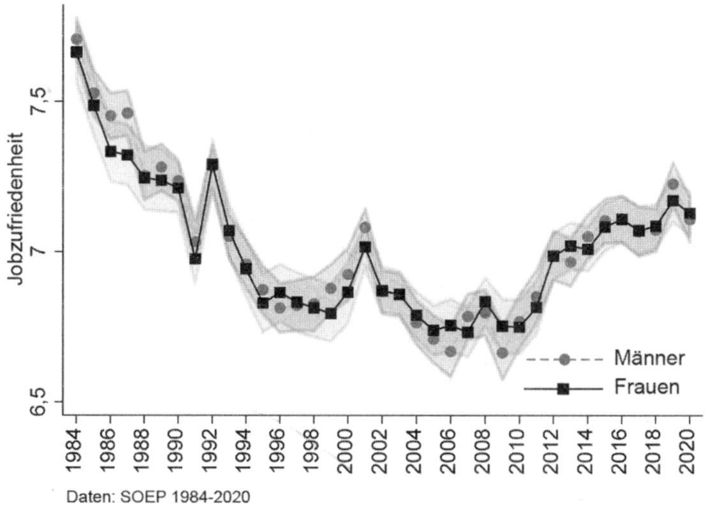

Abbildung 4: Jobzufriedenheit von Frauen und Männern im Zeitverlauf

Die schlechte Nachricht zuerst: Die Deutschen waren Mitte der 1980er Jahre, als durchgehende Messungen begannen, schon mal zufriedener mit ihren Jobs. Seit Anfang der 1980er sank die Jobzufriedenheit immer weiter bis 2010. Seitdem werden die Deutschen langsam wieder zufriedener mit ihren Jobs.

Doch während die Jobzufriedenheit der Deutschen insgesamt große Veränderungen durchgemacht hat, hat etwas anderes sich kaum verändert: der Unterschied zwischen Männern und Frauen. Denn in fast jedem Jahr sind Männer und Frauen mit ihren Jobs genau gleich zufrieden. Sucht man mit der Lupe, könnte man argumentieren, dass Frauen ungefähr bis zur Jahrtausendwende mit ihren Jobs minimal unzufriedener waren. Heute ist allerdings kein Unterschied mehr erkennbar. Die männliche Jobzufriedenheit lag zuletzt 2020 bei 7,11, die weibliche bei 7,13. Der Unterschied ist so klein, dass er trotz einer Stichprobe von über 15 000 Menschen statistisch nicht signifikant ist. Und auch der sogenannte r^2-Wert zeigt, dass sich 0,00 Prozent der Varianz der Jobzufriedenheit durch das

Geschlecht erklären. Anders gesagt: Ob ich ein Mann oder eine Frau bin, hat überhaupt keinen Einfluss darauf, wie zufrieden ich mit meinem Job bin, weil Frauen mit ihren Jobs ebenso zufrieden sind wie Männer, beide haben schließlich Zufriedenheitswerte jenseits von 7 Punkten. Doch wieder zeigt sich: während Männer und Frauen gleich zufrieden sind, unterscheidet sich, womit sie zufrieden sind.

Denn weitere Untersuchungen zeigen, dass Männer mit steigendem beruflichen Status zufriedener werden. Am zufriedensten sind Männer in Führungspositionen, am unzufriedensten männliche Arbeitslose. Bei Frauen ist es anders. Arbeitslose Frauen sind zwar ebenfalls am unzufriedensten. Doch Hausfrauen, Managerinnen und Frauen in wenig prestigeträchtigen Jobs sind alle gleichermaßen zufrieden.[114] Insgesamt werden Männer durch berufliche Aufstiege doppelt so zufrieden wie Frauen.[115] Männer, die Karriere machen, werden also viel zufriedener, Frauen nicht im gleichen Maß.

Vielleicht weil Frauen unter widrigeren Bedingungen arbeiten? Vielleicht opfern sie sich in gesellschaftlich relevanten Pflegejobs auf, während Männer in angenehmeren Berufen das Geld einheimsen? Das SOEP hat Menschen gefragt, ob sie sich beruflich aufopfern. Zuletzt antworteten Männer auf einer Skala von 1 »stimme gar nicht zu« bis 4 »stimme voll zu« mit einem Wert von 2,14 und Frauen mit 2,13 – kein signifikanter Unterschied. Sowohl Männer als auch Frauen finden also »eher nicht«, dass sie sich für ihre Jobs aufopfern. Wenn Medien und Kapitalismuskritikerinnen meinen, dass Frauen sich beruflich verausgaben, gibt es also wieder eine Gruppe, die das nicht bestätigt: die Frauen selbst.

Doch an einer Stelle nehmen Frauen tatsächlich mehr Ungerechtigkeit wahr. Sie sind nämlich tatsächlich etwas unzufriedener mit ihrem Einkommen. Die Lücke schließt sich allerdings. Je mehr Zeit vergeht, desto mehr sind Männer und Frauen mit ihrem Einkommen gleich zufrieden. Zuletzt bewerteten Männer ihre Einkommenszufriedenheit allerdings immer noch mit 6,55, Frauen mit nur 6,24 von 10 Punkten, also mit 0,31 Punkten weniger. Und das liegt nicht daran, dass Frauen für denselben Verdienst undankbarer sind, sondern daran, dass sie tatsächlich weniger verdienen. Denn vergleiche ich nur Männer und Frauen mit gleichem Verdienst, verschwindet auch der Zufriedenheitsunterschied. Frauen geben sich also glücklicherweise nicht mit weniger zufrieden. Stattdessen sind sie unzufriedener, wenn sie tatsächlich weniger verdienen. Dies geht damit einher, dass Frauen eine 19 Prozent höhere Chance haben, sich mehr Sorgen über ihre Altersversorgung zu machen.[116] Das ist das Bild, das die Geschlechterforschung oft zeichnet. Und an dieser Stelle ist es richtig.

Die andere Hälfte der Wahrheit ist aber, dass Frauen sogar etwas zufriedener mit ihrem generellen Lebensstandard sind. Vielleicht weil sie selbst weniger verdienen, jedoch öfter vom Gehalt ihres Partners leben. Zudem sind weniger Einkommen und weniger Zufriedenheit nicht schon für sich genommen ein Problem. Stellen Sie sich vor, eine Friseurin verdient weniger als ein Dachdecker und ist damit auch unzufriedener. Trotzdem kann die unterschiedliche Bezahlung gerechtfertigt sein. Schließlich hat der Dachdecker einen gefährlicheren Job. Das ist keine graue Theorie. Denn 95 Prozent aller tödlichen Arbeitsunfälle widerfahren Männern. Lediglich in jedem 20. tödlichen Arbeitsunfall sind also Frauen das Opfer.[117]

Dass manche mehr verdienen, wird erst zur Ungerechtigkeit, wenn man außer Acht lässt, dass Menschen eine höhere Bezahlung opfern können, um sicherere, sozialere oder generell angenehmere Jobs zu bekommen. Dies wird jedoch selten in Rechnung gestellt. Stattdessen wird vermutet, dass Männer alles einfacher bekommen, weil »Frauen per se seltener befördert werden«.[118]

Doch sehen das auch die Frauen so? Deren eigene Antworten im SOEP zeigen, dass sie sich beruflich ebenso anerkannt fühlen und genau so hohe Aufstiegschancen für sich sehen wie Männer. Sie empfinden ihre berufliche Tätigkeit zudem mit 7,15 von 10 Punkten als etwas wertvoller und nützlicher, als Männer es mit 7,03 Punkten tun. Frauen sehen insofern mehr Sinn in ihren Jobs, als Männer es tun. Auch haben sie eine 11 Prozent höhere Chance als Männer, Freude an ihrer Arbeit zu empfinden, und empfinden ihr Einkommen als genauso gerecht.

Obwohl Frauen also tatsächlich etwas unzufriedener mit ihrem persönlichen Einkommen sind, sind sie sogar minimal zufriedener mit ihrem Lebensstandard, fühlen sich beruflich genauso anerkannt, nehmen keine stärkeren Aufstiegsbarrieren wahr, sehen in ihrer Tätigkeit mehr Sinn, empfinden mehr Freude daran und finden ihr Einkommen genauso gerecht, wie Männer es tun. Wer für »gerechtere« Frauenlöhne kämpft, muss also damit klarkommen, dass Frauen selbst ihre Löhne gar nicht ungerecht finden. Man will dann für eine Gruppe kämpfen, weil man ihr ein Problem unterstellt, das sie selbst gar nicht bestätigen kann.

Wie ist erklärbar, dass Frauen insgesamt beruflich recht zufrieden sind, speziell mit ihrem Verdienst jedoch weniger? Es hört sich stereotyp an, doch eine Antwort ist, dass Frauen Karriere tatsächlich weniger wichtig ist. Diese Erklärung ist in den Gender Studies verboten. So meint Jutta Allmendinger: »Es gibt sie, die hoch qualifizierten Frauen, und man findet sie. Sie verweigern sich keiner Führungsaufgabe.«[119] Ich kann nur hoffen, dass sie sich einigen Führungsaufgaben durchaus verweigern. Ich wäre beispielsweise gänzlich ungeeignet für die durchaus als Führungsaufgabe einzustufende Leitung des deutschen Rennrodelteams. Manchmal ist Verweigerung also gar nicht so schlecht. Doch was sagen die Daten wirklich? Verweigern sich Frauen tatsächlich keiner Führungsaufgabe? Streben sie beruflichen Erfolg so sehr an wie Männer?

Tatsächlich haben Frauen eine 44 Prozent niedrigere Chance als Männer, beruflichen Erfolg überhaupt für wichtig zu halten. Andere empirische Studien zeigen ebenfalls, dass Frauen weniger ambitionierte Karriereziele haben, sich Führungsaufgaben also durchaus eher verweigern.[120] Vielleicht nur, weil sie sich von Anfang an weniger

Chancen ausrechnen? Das kann nicht die Antwort sein. Denn selbst Frauen, die bereits denselben beruflichen Erfolg hatten wie Männer, bezeichnen diesen als 26 Prozent weniger wichtig.[121] Sogar Frauen, die Erfolg bereits hatten, fanden ihn also weiterhin unwichtiger. Zudem sind Frauen auch seltener bereit, etwas dafür aufzugeben.

Gemäß der SOEP-Daten waren zuletzt 22 Prozent der Frauen beruflich zu keinerlei Risiko bereit; sie stuften ihre berufliche Risikobereitschaft nämlich mit 0 von 10 Punkten ein. Unter Männern waren immerhin auch 15 Prozent in keinster Weise bereit, ein berufliches Risiko einzugehen. Unter allen Kategorien mit geringer beruflicher Risikobereitschaft sind Frauen überrepräsentiert. Dagegen sind Männer in allen Kategorien mit hoher Risikobereitschaft überrepräsentiert. Insgesamt haben Frauen deswegen eine 37 Prozent geringere Chance auf mehr berufliche Risikobereitschaft.

Wenn Frauen von Anfang an weniger Möglichkeiten auf dem Arbeitsmarkt für sich sehen, wäre es logisch, dass sie kein Risiko eingehen wollen. Wer will schon ein Risiko eingehen, wenn die Chancen von Anfang an gegen einen stehen? Doch fragt man Frauen, welche Chance sie für sich sehen, jederzeit eine geeignete Stelle zu finden, beurteilen sie diese Chance genauso hoch wie Männer. Frauen sind also ebenso zuversichtlich, jederzeit einen geeigneten Job zu finden. Das war vor dem Jahrtausendwechsel noch anders. Damals, in den Neunzigerjahren, rechneten Frauen sich noch 22 Prozent schlechtere Berufschancen aus. In den 1980er Jahren waren es sogar 76 Prozent. Diese Zeiten sind nun aber vorbei. Heute sehen Frauen ihre Arbeitsmarktchancen ebenso positiv wie Männer.

Es stimmt also, dass Frauen noch immer weniger verdienen. Doch das deckt sich nicht damit, dass sie weniger Chancen für sich sehen. Es geht vielmehr damit einher, dass sie weniger Risiken eingehen wollen und Erfolg selbst dann für unwichtiger halten, wenn sie ihn schon haben. Während wahrgenommene Benachteiligung also nicht damit einhergeht, dass Frauen weniger verdienen, kann ein anderer Faktor es fast vollkommen erklären: ihre Einstellungen.

Frauen verdienen nicht weniger, weil sie Frauen sind, sondern wenn sie es für wichtig halten, dass Mütter sich um Kinder kümmern

Im Jahr 2020 verdienten Frauen laut SOEP pro Arbeitsstunde 18 Prozent weniger. Haben Frauen also bis Anfang März unentgeltlich gearbeitet, wie die Medien berichteten? Das Problem dieser Argumentation ist, dass Menschen Einkommen nicht als einziges Ziel im Leben ansehen. Wird mir ein Arbeitsvertrag angeboten, überlege ich nicht nur, wie viel ich damit verdiene, sondern auch, wie sehr ich das Geld überhaupt brauche, die Arbeit mit meinem Gewissen vereinbaren kann, Lust darauf habe, den Arbeitgeber sympathisch finde, nette Kollegen habe und so weiter.

Deswegen zeigt ein geringerer Verdienst noch nicht, dass man zu niedrig bezahlt wird. Ein niedrigeres Einkommen kann auch daran liegen, dass man andere Prioritäten als Geld hat, beispielsweise Selbsterfüllung. Darum *kann* es ungerecht sein, dass Frauen weniger verdienen, es *muss* aber nicht ungerecht sein. Würden Männer beispielsweise öfter Yogastudios aufmachen, würden sie auch weniger verdienen. Denn tatsächlich erklären sich aus der unterschiedlichen Berufswahl ungefähr zwei Drittel des geringeren Verdienstes von Frauen. Man kann das Ganze auch so formulieren: Dass Männer mehr verdienen, kann bedeuten, dass sie einfach öfter machen, womit man mehr verdient. Und dass Frauen beruflicher Erfolg im Mittel weniger wichtig ist, zeigt sich nicht nur in den obigen Umfragen, sondern auch in weiteren Studien.[122] Dass wiederum jene weniger Karriere machen, die weniger daran interessiert sind, ist keine Ungerechtigkeit, sondern kann vielmehr auch bedeuten, dass Menschen leben, wie es ihren Interessen entspricht.

Aussagekräftiger und problematischer ist deswegen, dass Frauen laut der SOEP-Daten selbst dann noch 6–9 Prozent weniger verdienen, wenn sie im selben Alter denselben Job mit derselben Berufserfahrung und Ausbildung machen wie ein männlicher Kollege. Stellt man zusätzlich in Rechnung, dass Kinder die Einkommen von Frauen stärker senken als von Männern, kommt man immer noch auf 5 Prozent Lohnunterschied. Malte Lübker von der gewerkschaftlichen Hans-Böckler-Stiftung meint: »Diese Zahl ist statistisch nicht zu erklären – sie spiegelt Diskriminierung von Frauen wider.«[123] Doch auch diese Argumentation hat ein Problem. Sie erklärt nämlich Unterschiede mit Diskriminierung, obschon dahinter genauso Einstellungen stehen könnten, die mit Produktivität einhergehen. So kann Männern im selben Job, mit derselben Ausbildung und Berufserfahrung Gehalt wichtiger sein, weswegen sie beispielsweise mehr Überstunden machen oder mehr Risiken eingehen. Insofern zeigt auch der bereinigte Gender Pay Gap nicht die Diskriminierung von Frauen, sondern nur, dass Frauen weniger verdienen und man nicht weiß, warum. Der geringere Verdienst kann an Diskriminierung liegen, aber genauso gut andere Gründe haben. Man weiß es nicht, eben weil sich die 6–9 Prozent (noch) nicht erklären lassen.

Es gibt jedoch eine Einstellung, die diesen verbleibenden Lohnunterschied durchaus erklärt. Welche ist das? Das SOEP hat Menschen die Aussage präsentiert: »Ein Kind unter 6 Jahren wird darunter leiden, wenn seine Mutter arbeitet.« Antworten konnten die Befragten auf einer Skala von 1 »stimme überhaupt nicht« bis 7 »stimme voll zu«. Sehen Sie selbst, wie viel Männer und Frauen pro Stunde verdienen, je nachdem, wie stark sie zustimmen, dass junge Kinder leiden, wenn Mütter arbeiten.

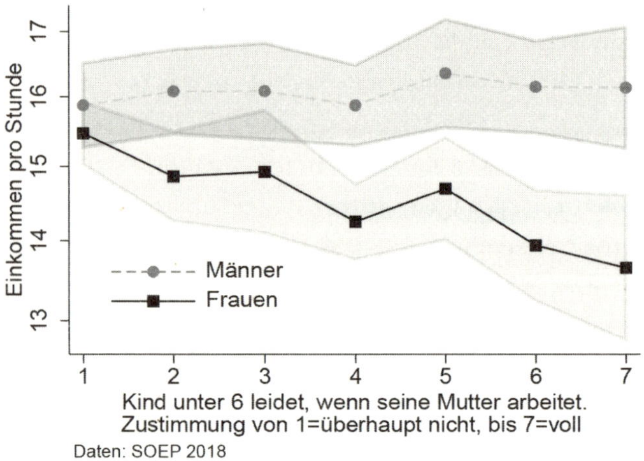

Abbildung 5: Stundeneinkommen je nach Einstellung zu Mutterschaft

Männer verdienen circa 16 Euro pro Stunde, egal ob sie finden, dass Mütter sich um Kinder kümmern sollten oder nicht. Bei Frauen ist es anders. Halten sie es für unwichtig, dass Mütter sich um junge Kinder kümmern, verdienen sie genauso viel wie gleichaltrige Männer im selben Beruf, mit derselben Ausbildung, Arbeitserfahrung und demselben Familienstatus. Erst Frauen, die finden, es sei besser für kleine Kinder, dass Mütter sich um sie kümmern, verdienen weniger als Männer in derselben Situation. Der Effekt zeigt sich sogar bei Kinderlosen. Frauen haben also nicht zuerst eine Familie und daraufhin spielen ihre Familieneinstellungen eine Rolle. Vielmehr verdienen selbst kinderlose Frauen weniger, wenn sie es wichtig finden, dass Mütter sich um kleine Kinder kümmern. Nicht Frau zu sein, sondern es als Frau für wichtig zu halten, sich um andere zu kümmern, geht also mit einem niedrigeren Verdienst einher. Umgekehrt verdienen Frauen genauso viel wie Männer, wenn sie finden, dass Mütter kleiner Kinder ruhig arbeiten gehen können.

Einige schreiben, mehr zu verdienen sei »ein Problem, das Frauen allein aber gar nicht werden lösen können und sich dann abrackern, während das Patriarchat sich lächelnd die Hände reibt«.[124] Das Gegenteil stimmt. Nach diesen Daten verdienen Frauen nicht weniger, weil irgendjemand sie diskriminiert oder sich gar lachend die Hände reibt. Stattdessen verdienen Frauen nur dann weniger, wenn sie selbst meinen, Mütter sollten sich um Kinder kümmern. Frauen mit bestimmten Einstellungen verdienen also weniger, Frauen mit anderen Einstellungen genauso viel Männer. Der vermeintliche Geschlechterunterschied in der Bezahlung ist also gar kein Geschlechterunterschied. Es ist vielmehr ein Unterschied zwischen Frauen, die finden, dass Mütter sich um Kinder kümmern sollten, und den anderen Frauen, die genauso viel verdienen wie Männer.

Dass nicht Frauen an sich benachteiligt werden, zeigt sich auch daran, dass lesbische Frauen mehr als heterosexuelle Frauen verdienen und schwule Männer weniger als heterosexuelle Männer.[125] Nicht Mann- oder Frausein und die damit einhergehende Behandlung durch die Gesellschaft erklären also den eigenen Verdienst, sondern die eigene Orientierung und vermutlich das daraus hervorgehende Verhalten. Auch Ökonomen denken mittlerweile, dass nicht mehr gesellschaftliche Diskriminierung, sondern die eigenen Fähigkeiten und Arbeitserfahrungen Lohnunterschiede erklären.[126] In der Soziologie ist das inzwischen sogar Lehrbuchwissen.[127]

Doch dieser einerseits in der empirischen Wissenschaft weitgehend akzeptierte Umstand bedeutet andererseits, dass alle arbeitgeberseitigen Versuche, gleiche Löhne herzustellen, weitgehend nutzlos sind. Denn Frauen verdienen nicht weniger, weil ihr Arbeitgeber sie diskriminiert, sondern wenn – und nur wenn – sie Einstellungen haben, die einem hohen Verdienst abträglich sind, schließlich verdienen Frauen mit karrierekompatiblen Einstellungen so viel wie Männer, was sie aber nicht tun dürften, wenn alle Frauen aufgrund ihres Geschlechts diskriminiert würden. Zudem verdienen Frauen zwar weniger, landen jedoch in so guten Jobs wie Männer.

Die Freiburger Gender-Studies-Professorin Nina Degele[128] gibt die Auffassung wieder: »In jeder gesellschaftlichen Hierarchie nehmen Frauen die untersten Ränge ein.« Die Literaturprofessorin Michelle M. Lazar[129] meint gar, Männer und Frauen stünden in »einem hierarchischen Verhältnis von Herrschaft und Unterordnung«. Nimmt man diese Aussagen ernst, wären Frauen den Männern also immer untergeordnet. Der Astrophysiker Carl Sagan hat den schönen Satz geprägt: »Außergewöhnliche Behauptungen erfordern außergewöhnliche Beweise.« Welche außergewöhnlichen Beweise werden also für diese Aussagen geliefert? Die erstaunliche Antwortet lautet: keine. Dass Frauen immer, man könnte auch sagen: strukturell, untergeordnet sind, ist insofern einfach nur eine Meinung, die immer wieder als Tatsache formuliert wird.

Testen wir die Theorie also. Messen wir, ob Frauen tatsächlich »die untersten Ränge einnehmen«. Der erste Eindruck spricht dafür. Schließlich ist nur etwa jeder fünfte DAX-Vorstand weiblich. Doch ist dieses Muster generalisierbar? Das messen die »Treiman-« und »MPS-Prestige Skala«, die nach international festgelegten Kriterien das Berufsprestige bewerten. Vergleicht man die Werte der Berufe von Männern und Frauen, zeigt sich: kein Unterschied. Es ist kaum zu glauben. Aber zuletzt hatten Frauen genauso prestigeträchtige Berufe wie Männer.

Wie kann das sein? Der Grund ist, dass Schlagzeilen zwar zeigen, dass Männer die besonders prestigeträchtigen Jobs bekommen. Keine Schlagzeilen gibt es allerdings darüber, dass Männer ebenso die besonders unbeliebten Jobs machen. So wurde 2020 kein einziges DAX-Unternehmen von einer Frau geleitet. Doch ebenso war nur einer von einhundert Maurern eine Frau. Und nur etwa jeder zwanzigste Maler, Lackierer und Berufskraftfahrer war weiblich.[130] Männer sind also sowohl in den besonders prestigeträchtigen als auch in den weniger angesehenen Berufen. Ihr durchschnittliches Berufsprestige unterscheidet sich deswegen nicht von dem der Frauen. Statistisch gesprochen hat das Berufsprestige der Männer eine höhere Standardabweichung. Während Frauenjobs eher in der Mitte der Prestigeskala sind, befinden sich Männerjobs häufiger oben oder unten. Im Durchschnitt hat dadurch kein Geschlecht die besseren Jobs. Bei den Männern ist nur die Spreizung etwas größer, ihre Jobs sind besonders angesehen oder kaum angesehen.

Immer wieder hört man, Frauen würden am »Patriarchat« leiden. Selten wird jedoch definiert, was das genau heißen soll. Das ist praktisch. Denn so kann man dauernd »das Patriarchat« beklagen, ohne jemals darauf festgenagelt zu werden, was man denn damit genau meint. Entsprechend kann man die Behauptung kaum testen. Einige definieren »Patriarchat« jedoch als Gesellschaft, in der Männer systematisch mehr Status haben als Frauen.[131] Nimmt man diese Definition ernst, müsste man antworten: Messbar gibt es in Deutschland kein Patriarchat. Denn Frauen sind mittlerweile in Jobs mit genauso hohem Status wie Männer.

Warum gibt es trotzdem in einzelnen Berufen mit viel Prestige weniger Frauen? Zumindest für einen Bereich habe ich es selbst erforscht. Ich wollte nämlich wissen, warum es in den Gesellschaftswissenschaften kaum Professorinnen gibt, obwohl es dort so viele schlaue Frauen gibt. Das Ergebnis ist erstaunlich.

Frauen bekommen seltener Professuren, weil sie seltener publizieren

»Frauen sind bei gleicher Eignung, Befähigung und fachlicher Leistung bevorzugt zu befördern«, sagt das Gesetz. Wer zwei gleich gute Bewerbungen auf dem Schreibtisch hat, muss also die Frau nehmen. Dafür sorgen Frauen- und Gleichstellungsbeauftragte. Denn wurden die Zielvorgaben des Frauen- und Gleichstellungsplanes nicht erfüllt, »bedarf bis zu ihrer Erfüllung jede weitere Einstellung oder Beförderung eines Mannes in einem Bereich, in dem Frauen unterrepräsentiert sind, der Zustimmung der Stelle, die dem Frauen- und

Gleichstellungsplan zugestimmt hat«.[132] In der Praxis bedeutet dies: Ohne Zustimmung der Gleichstellungsbeauftragten kann man keinen Mann einstellen. Das ist für mich als Arbeitgeber – anders als für die betroffenen Männer – meist egal. Denn es gibt ja tatsächlich fast immer eine Frau, die so gut ist wie männliche Bewerber.

Im Zweifelsfall nimmt einem der Gleichstellungsdruck also die Entscheidung ab. Wenn irgend möglich, stellt man einfach keine Männer mehr ein. Ich bin allerdings auch kein gutes Beispiel. Denn während ich immer wieder sehe, wie Kolleginnen und Kollegen mit der Unibürokratie kämpfen müssen, falls sie das Pech haben, einen Mann einstellen zu wollen, gehe ich fast immer den Weg des geringsten Verwaltungswiderstands, um in Ruhe meine Forschung machen zu können. Was bleibt, ist gelegentlich ein schlechtes Gewissen, weil man männlichen Bewerbern Chancen versagt. Umgekehrt bedeuten all diese Regeln aber auch, dass man Frauen nicht *nur* aufgrund ihres Geschlechts einstellen darf. Man muss schon auch darlegen können, dass sie so gut wie der zweitbeste Bewerber sind. Doch wie misst man das? Wie wollen Sie beispielsweise messen, ob eine Polizistin oder Amtsärztin besser ist als ihr männlicher Kollege?

In der Wissenschaft kann man Leistung messen, mit einem auf den ersten Blick bizarren, schlussendlich aber recht objektiven System. Denn was Wissenschaft leisten soll, ist einigermaßen klar: Wissenschaft soll Wissen schaffen, steckt ja schon im Namen. Und ob eine Person Wissen schafft, ist nach objektiven Kriterien messbar. Man kann schließlich nicht nur die Anzahl, sondern auch die Qualität wissenschaftlicher Publikationen zählen. Es geht recht einfach: Hat ein Wissenschaftler wenig publiziert oder bezieht sich niemand auf diese Publikationen, hat diese Person anscheinend nicht besonders viel zur Wissenschaft beigetragen. Denn kommt man nie zu Forschungsergebnissen oder lediglich zu solchen, die niemanden interessieren, stellt sich durchaus die Frage, warum irgendwer das mit Steuergeldern finanzieren sollte. Kleiner Tipp übrigens: Wenn sich jemand beschwert, ungerechtfertigterweise noch keine Professur zu haben, schauen Sie sich dessen Google-Scholar-Profil an. Wurde die betreffende Person seltener als 1000-mal zitiert, ist sie tendenziell (noch) nicht produktiv genug gewesen. Aber das ist nur eine grobe Daumenregel. Um zitiert zu werden, muss man nicht einmal veröffentlichen, was andere gut finden oder für richtig halten. Ganz im Gegenteil: Finden andere, dass man Unrecht hat, müssen sie einen auch erst mal zitieren, um es zu widerlegen. Es ist wie in der Kunst. Man muss nicht machen, was andere schön finden. Wenn die eigene Arbeit allerdings schlicht und einfach niemanden interessiert, hat man eventuell seinen Job verfehlt.

Anders als in der Kunst gibt es in der Wissenschaft jedoch auch eine systematische Qualitätssicherung. Alle Forschenden wollen ihre Forschungsergebnisse nämlich in die angesehensten Fachzeitschriften bringen. Die Qualität einer Fachzeitschrift bemisst sich wiederum danach, wie oft Artikel daraus zitiert werden. Das ist der sogenannte *impact factor*. In den Zeitschriften mit dem höchsten *impact factor* toben die wichtigsten Debatten. Denn dort werden Forschungsergebnisse nicht nur veröffentlicht, sondern auch von anderen widerlegt oder weiterentwickelt. Doch gerade weil alle in die besten Zeitschriften wollen, lehnen diese über 90 Prozent der eingereichten Artikel ab, was die Spreu vom Weizen trennt, um ein abgenutztes Sprichwort zu gebrauchen. Wer also Publikationen in Fachzeitschriften mit hohem *impact factor* dokumentieren kann, publiziert nicht nur viel, sondern publiziert auch, was andere für relevant halten. Er oder sie ist messbar produktiver als andere.

Doch wie wird sichergestellt, dass die Fachzeitschriften selbst nicht diskriminieren? Durch ein sogenanntes doppelt blindes Begutachtungsverfahren. Die Gutachter eines Artikels erfahren nämlich nicht, wer der Autor ist, und der Autor erfährt nicht, wer seinen Artikel begutachtet. Alles ist komplett anonymisiert. Selbst wenn man wollte, könnte man also nicht diskriminieren, weil einem die Daten fehlen: Man weiß schlicht nicht, wer hinter einem Artikel steckt. Stattdessen kann man als Gutachter nur versuchen einzuschätzen, ob

Forschungsergebnisse so relevant und valide sind, dass sie veröffentlicht werden sollten. Und wie gesagt: je besser die Fachzeitschrift, desto höher der Anspruch. Highlights meines nerdigen Wissenschaftlerlebens waren deswegen, als Fachzeitschriften wie European Sociological Review, Research Policy oder Social Forces Artikel von mir akzeptierten. Der eine träumt von den Malediven, der andere vom European Sociological Review. Wissenschaftler, Sie haben es bereits gemerkt, sind eine merkwürdige Spezies. Aber immerhin bin ich nicht der Einzige. In einer klassischen Formulierung nannte der Soziologe Robert Merton begutachtete Veröffentlichungen »zertifiziertes Wissen«.[133] Denn sie bringen die Wissenschaft voran.

Doch gerade weil Fachzeitschriftenartikel derart klar zeigen, wer am produktivsten ist, machen sie Bewerbungen in der Wissenschaft brutal leistungsbasiert. Man sieht sofort, wer mehr und besseres Wissen hervorgebracht hat. Ein befreundeter Professor verriet mir, dass seine Uni lediglich die Artikel der Bewerberinnen und Bewerber zählt, diese mit dem *impact factor* der Journals multipliziert und dann durch die Jahre teilt, die man seit der Doktorarbeit Zeit hatte. Wer die höchste Punktzahl erreicht, wird zum »Vorsingen« eingeladen, so heißen Vorstellungsgespräche in der Wissenschaft. Man kann sich schon fragen, ob man es mit der Zählerei auch übertreiben kann. Auf der anderen Seite verhindert genau diese Erbsenzählerei, was im deutschen Wissenschaftssystem lange Zeit üblich war: einzustellen, wer einem sympathisch ist und im besten Fall weniger veröffentlicht hat als man selbst, damit man sich weiterhin als König der eigenen Uni fühlen kann.

Aber zurück zu Männern und Frauen. Ich habe Ihnen all dies schließlich nur erzählt, damit Sie sehen, inwiefern es ein System gibt, um wissenschaftliche Produktivität zu messen. Doch wird auch wirklich Professor, wer am produktivsten ist? Oder wer die meisten sozialen Kontakte in der Wissenschaft hat, an einer Uni mit tollem Namen war oder das richtige Geschlecht hat?

Um das herauszufinden, beschäftigten wir für mehrere hunderttausende Euro studentische Hilfskräfte. Die Ärmsten mussten die Lebenslaufs- und Publikationsdaten aller an deutschen Unis forschenden männlichen und weiblichen Politikwissenschaftler, Soziologen und Psychologen in eine Datenbank eingeben. Da Wissenschaftler nicht nur ihre Publikationen, sondern auch bisherige Karriereschritte, Preise und fast alles weitere Relevante auf ihren Webseiten veröffentlichen, kann man mit diesen Daten messen, was zu einer Professur führt. Immer noch sind die wenigsten Professuren mit Frauen besetzt. Und überall kann man nachlesen, dass es zwar »genügend Frauen gibt, die bereit sind, Führungspositionen zu übernehmen«[134], jedoch »Akademikerinnen in westlichen Ländern [...] Geschlechterasymmetrien, männliche Dominanz und Formen der männlichen Hegemonie erleben«, welche sie an einer Karriere hindern.[135] Also gingen wir davon aus, dass Frauen es bei gleicher Leistung schwerer haben.

Doch wieder zeigten die Daten etwas anderes. Publikationen führten zwar wie erwartet recht zuverlässig zu einer Professur. Doch Frauen mit denselben Publikationen und Lebensverläufen kamen nicht seltener auf Professuren, sondern häufiger. In der Soziologie hatten Frauen eine etwa 40 Prozent höhere Chance, auf eine Professur berufen zu werden, als identisch qualifizierte Männer. In der Politikwissenschaft und Psychologie hatten sie es jeweils etwa 20 bis 10 Prozent leichter, womit die Effekte dort weniger statistisch signifikant waren.

Der Frauenvorteil unterschied sich somit von Fach zu Fach. Doch schwerer hatten Frauen es nirgendwo, solange sie dieselbe Leistung an den Tag legten. Uns drängte sich natürlich die Frage auf, warum trotzdem mehr Männer Professuren bekommen. Die Daten zeigten, dass Männer den Makel des falschen Geschlechts mit Leistung überkompensierten. So hatten Männer, die auf eine Soziologieprofessur berufen wurden, etwa 1,8-mal so viele Fachzeitschriftenartikel und 1,4-mal so viele Bücher veröffentlicht wie Frauen.[136] Männer müssen also fast doppelt so viele Fachzeitschriftenartikel und fast anderthalb mal so viele Bücher publizieren wie Frauen, um in der Soziologie eine Professur zu bekommen.

Doch warum publizieren Frauen so viel weniger? Warum erwarben sie weniger von der Währung, die sie zuverlässiger als Männer auf gutbezahlte und sichere Stellen brachte? Wir vermuteten, dass Frauen sich stärker um Kinder kümmern, während Väter munter weiter publizieren. Dann hätten Mütter einen spezifischen Nachteil, den man mit Fördermaßnahmen ausgleichen müsste; schließlich will man die produktivsten Wissenschaftlerinnen einstellen, nicht die ohne familiäre Verpflichtungen. Denkbar war auch, dass Frauen weniger Ressourcen haben, um zu publizieren, beispielsweise an weniger gute Unis kamen, keine Drittmittel erhielten oder seltener auf wissenschaftliche Mitarbeiterstellen berufen wurden. Doch selbst Frauen mit demselben Familienstatus auf derselben Karrierestufe und derselben Ressourcenausstattung veröffentlichten weniger als identische Männer.[137] Warum? Wir können es nicht erklären, genauso wenig wie andere wissenschaftliche Untersuchungen, die allesamt an einer Erklärung dieses berühmt-berüchtigten »Gender Publication Gap« scheiterten.

Was allerdings feststeht, und so hart es sich auch anhört, wird der Befund doch immer wieder repliziert: Frauen legen unabhängig von den ihnen zur Verfügung stehenden Ressourcen weniger messbare Leistung an den Tag. Wenn sie jedoch dieselbe Leistung erbringen, haben sie es einfacher. Das muss nicht schlecht sein. Denn vielleicht sollte man nicht noch die allerletzte Nachkommastelle des *impact factors* aller Publikationen zählen. Vielleicht ist es wichtiger, Studentinnen mehr weibliche Rollenvorbilder zu bieten und deshalb öfter Frauen einzustellen, statt immer nur diejenigen mit den meisten und besten Publikationen. Doch darüber hat es nie eine Debatte gegeben. Man kann es so oder so sehen, Gerechtigkeitssichtweisen sind nun mal subjektiv. Schlecht ist nur, wenn die eigene Meinung auf der – zumindest im von uns untersuchten Bereich – messbar falschen Vorstellung beruht, Frauen hätten es schwerer. Denn wo wir es nachmessen konnten, zeigte sich eher das Gegenteil. Wir können uns natürlich jedes Mal geirrt haben. Deswegen haben wir alle Daten und den Programmiercode hinter unseren Berechnungen online verfügbar gemacht. So kann jeder nachsehen, ob wir Fehler gemacht haben.

Sollten wir uns geirrt haben, hätten sich aber viele andere genauso geirrt. Denn mittlerweile zeigt sich in ganz unterschiedlichen Bereichen, dass Frauen es einfacher haben. Schon berichtet hatte ich von der Untersuchung, die mit über 20 000 Bewerbungen auf 6 normale Berufe in 6 Ländern zeigte, wie Frauen eher zum Bewerbungsgespräch eingeladen werden.[138] In der Politik ist es ähnlich: Früher bekamen Politikerinnen weniger Stimmen als Politiker. Eine aktuelle Metaanalyse zeigt, dass weibliche Politiker mittlerweile 2 Prozent mehr Stimmen bekommen als männliche, übrigens nicht nur von weiblichen Wählern (3 Prozent), sondern auch von männlichen (1 Prozent). Menschen stimmen mittlerweile also eher für Politikerinnen als für Politiker.[139] Und während wir nur in den Gesellschaftswissenschaften forschten, scheint es bei fiktiven Bewerbungen an anderen Fakultäten ebenso auszusehen. Dort wurden Frauen bei gleichen Qualifikationen sogar ungefähr doppelt so oft für eine Professur vorgeschlagen. Neuere Untersuchungen kommen deswegen zu dem Schluss, dass nach »Jahrzehnten offener und verdeckter Diskriminierung« mittlerweile »eine überraschend freundliche Atmosphäre für weibliche Bewerber in den MINT-Disziplinen besteht, und zwar von beiden Geschlechtern, in den Natur- und Sozialwissenschaften, in mathematikintensiven und nicht-mathematischen Fächern sowie in Bereichen, in denen Frauen bereits gut vertreten (Psychologie, Biologie) oder bisher schlecht vertreten sind (Wirtschaftswissenschaften, Ingenieurwesen)«. Doch die Schattenseite ist, dass dadurch »Männer benachteiligt sind, wenn sie mit gleich gut qualifizierten Frauen konkurrieren«.[140] Neue Forschungsergebnisse aus verschiedenen Bereiche laufen also darauf hinaus, dass Frauen es in der Vergangenheit durchaus schwerer hatten – und aus dieser Vergangenheit kommen möglicherweise noch unsere Erwartungen über die Benachteiligung von Frauen. Doch glaubt man den neuesten empirischen Studien, sind heute eher Männer benachteiligt, so dass sie den Makel des falschen Geschlechts mit besonders viel Leistung überkompensieren müssen, ähnlich wie damals Frauen.

Doch obwohl Männer es demnach bei gleicher Qualifikation mittlerweile schwerer haben, zahlt beispielsweise das sogenannte Professorinnenprogramm einer Universität immer noch bis zu 825 000 Euro, wenn sie eine Professur mit einer Frau besetzt. Hat die Universität das Pech, einen Mann einstellen zu wollen, geht sie jedoch leer aus.[141] Insofern muss ein Mann fast eine Million Euro Forschungsmittel einwerben, um für eine Uni finanziell ähnlich attraktiv zu sein wie eine durch das Professorinnenprogramm geförderte Frau. Schon vorher können Frauen ihnen vorbehaltene »Stipendien zur Förderung von Chancengleichheit« bekommen, falls sie nach ihrer Doktorarbeit keine Stelle finden. Das unterstützt per Definition jene Frauen, die auf dem akademischen Arbeitsmarkt nicht bestehen können, während Männer auf dem regulären akademischen Arbeitsmarkt überleben müssen. An meiner Uni beendete eine Forscherin eine Doktorarbeit zur Benachteiligung von Frauen mit einem Stipendium, das Männer prinzipiell ausschloss. So absurd es im Einzelfall auch sein mag, so kann es doch trotzdem sinnvoll sein, Frauen zu fördern, statt immer nur die auf dem Papier bestqualifizierte Person einzustellen. Was jedoch nicht geht, ist, dann gleichzeitig zu argumentieren, dass Frauen es trotz gleicher Qualifikation schwerer haben. Denn da widersprechen nun einmal die Daten.

Und trotzdem stimmt es: Die gut bezahlten Stellen gehen immer noch seltener an Frauen, die deswegen im Laufe ihres Arbeitslebens weniger verdienen. Das führt zur letzten Frage: Verarmen Frauen im Alter, weil sie während ihres Arbeitslebens weniger verdienen?

Frauen fühlen sich im Alter nicht verarmt

Wo endet alles? Die Antwort wird nicht ganz so existenziell, wie die Frage sich anhört. Es geht schließlich nur um das Ende des Arbeitslebens. Denn immer wieder hört man, dass »ganze Müttergenerationen einem Burn-out entgegenlaufen und dafür am Ende ihres Lebens lediglich von der Altersarmut mit offenen Armen empfangen werden«.[142] Frauen bekommen also angeblich die Rechnung für ihr verkorkstes Arbeitsleben mit der Rente. Denn dann verarmen sie, falls sie dumm genug waren, sich um Kinder zu kümmern, während sie doch auch Geld hätten verdienen können. Stimmt diese Erzählung? Verarmen Frauen im Alter, weil sie vorher nicht genug ans Geld gedacht haben?

Schaut man sich mit dem SOEP die Situation über 65-Jähriger an, bestätigen sich erst einmal die schlimmsten Albträume: Frauen haben tatsächlich etwa ein Drittel weniger staatliche Rente, im Schnitt lediglich 775 Euro monatlich, gegenüber den schon nicht üppigen 1197 Euro der Männer. Daraus wird allerdings erst ein Skandal, wenn man unterschlägt, dass Menschen mehr als die staatliche Rente haben. Stellt man stattdessen alle Einkommensquellen in Rechnung, verbessert sich die Situation für alle, besonders jedoch für Frauen. Denn die leben öfter vom Geld ihres Partners als umgekehrt. Dieses sogenannte Haushaltsnettoäquivalenzeinkommen rechnet alle Haushaltseinkommen zusammen, bricht sie dann auf die Haushaltsmitglieder herunter und stellt dabei in Rechnung, dass man zu zweit nicht doppelt so viel braucht wie alleine – sozusagen das WG-Prinzip. Demnach haben ältere Frauen monatlich 1961 Euro, Männer 2185 Euro. Das Haushaltsnettoäquivalenzeinkommen unterstellt allerdings, dass Haushaltseinkommen auch wirklich allen Haushaltsmitgliedern zur Verfügung steht. Demgegenüber kann man argumentieren, dass nur selbstverdientes Geld wahre Unabhängigkeit bringt. Weil man es von außen nie weiß, ist es besser, Rentnerinnen und Rentner selbst zu fragen, ob sie finanziell zufrieden sind.

Tatsächlich sind über 65-jährige Frauen mit 6,7 von 10 Punkten etwas unzufriedener mit ihrem *persönlichen* Einkommen als Männer (7 Punkte). Dass ältere Frauen etwas unzufriedener mit ihrem *persönlichen* Einkommen sind, ist logisch, schließlich haben sie weniger davon. Mit ihrem Haushaltseinkommen, welches ein besserer Indikator für Wohlstand ist, sind ältere Frauen jedoch sogar insignifikant zufriedener als Männer. Und mit 7,5 Punkten sind ältere Frauen mit ihrem gesamten Lebensstandard sogar signifikant zufriedener als ältere Männer (7,2 Punkte). Die Idee der verarmten Rentnerin stimmt also nicht, weder für die durchschnittliche Frau noch übrigens für den typischen Mann. Die falsche Idee massenhafter Altersarmut entsteht erst, wenn man sich lediglich die persönliche staatliche Rente anschaut und dabei vernachlässigt, dass Menschen auch andere Einkommensquellen haben. Das heißt nicht, dass im Alter alle im Geld schwimmen. Genau genommen machen sich 11 Prozent der älteren Frauen und 9 Prozent der älteren Männer tatsächlich große Sorgen deswegen. Das sind 11 und 9 Prozent zu viel. Doch eines sieht man hier ebenfalls nicht: Dass Frauen im Alter verarmen, während Männer in Saus und Braus leben.

Aber Moment mal. Vielleicht sind ältere Frauen mit ihrem Lebensstandard nur zufrieden, weil sie sich daran gewöhnt haben, weniger zu haben? Hätten ältere Damen sich derart an die Gegebenheiten angepasst, hätten sie schon immer zufrieden mit ihren finanziellen Möglichkeiten sein müssen. Doch bis 2010 war nicht nur die reale Rentenlücke größer, auch waren ältere Frauen tatsächlich unzufriedener mit ihrem Lebensstandard. Heute ist es nicht mehr so.

Doch was ist mit älteren Frauen, die sich auf keinen Mann verlassen können? Tatsächlich: Alleinlebende über 65-jährige Frauen bekommen 26 Prozent weniger staatliche Rente als äquivalente Männer. Und da sie nicht vom Einkommen ihres Partners profitieren, liegt auch ihr Haushaltseinkommen 13 Prozent niedriger. Doch 62 Prozent dieser älteren Singlefrauen machen sich keine Sorgen um ihre Altersversorgung, im Vergleich zu 65 Prozent der Männer. Zudem sind alleinlebende ältere Frauen sogar 0,24 Punkte zufriedener mit ihrem Lebensstandard als alleinlebende ältere Männer. Vielleicht weil beide unzufrieden sind? Eher nicht, denn auch alleinlebende ältere Damen hatten in Deutschland zuletzt eine Zufriedenheit mit ihrem Lebensstandard von 7,46 (Männer: 7,22). Das heißt nicht, dass es allen im Alter gut geht. Doch wer behauptet, es gehe Männern zwar gut, Frauen jedoch nicht, der liegt messbar einfach falsch.

Wie Studien Benachteiligungen finden, wo es keine gibt

Wenn Sie nicht interessiert, wie Studien zu ihren Ergebnissen kommen, sondern Sie direkt wissen wollen, wie es Frauen im Privatleben geht, überspringen Sie dieses Kapitel einfach. Wenn Sie allerdings interessiert, wie Studien Benachteiligung zeigen können, wo es keine gibt, lesen Sie hier weiter.

Sie haben schließlich gesehen, wie Daten und Studien zeigen, dass Frauen mit ihren Jobs ähnlich zufrieden wie Männer. Einige der neuesten und umfangreichsten Studien zeigen zudem, dass Frauen bei gleicher Leistung auch bevorzugt eingestellt werden. Doch wieso hören Sie immer nur das Gegenteil? Ein Grund ist, dass viele Studien Benachteiligung zwar valide messen, jedoch für die Vergangenheit. Eine geniale und entsprechend vielzitierte Studie zeigt beispielsweise, dass amerikanische Orchester im 20. Jahrhundert mehr Frauen einstellten, nachdem ihr Geschlecht nicht mehr erkennbar war, da die Orchester eine Sichtbegrenzung einführten.[143] Valider kann man Diskriminierung kaum nachweisen. Doch untersucht wurde die zweite Hälfte des 20. Jahrhunderts. Es kann allerdings sein, dass das Leben im 21. Jahrhundert anders als beispielsweise in den 1970ern ist.

Ein weiteres Problem entsteht, wenn qualitative Studien Diskriminierung nachweisen möchten. Qualitative Studien können super sein. Denn dass sie wenige Menschen intensiv interviewen, kann tiefe Einblicke in deren Lebenswelt vermitteln. Demgegenüber wertet quantitative Forschung die Daten Vieler aus, um verallgemeinerbare

Zusammenhänge zu dokumentieren. Gute quantitative Forschung legt ihre Daten und Berechnungsmethoden offen, damit jeder die Ergebnisse nachrechnen und kritisieren kann. Deswegen lege ich beispielsweise den statistischen Code hinter diesem Buch offen. Denn man weiß ja nie, ob man sich geirrt hat, so dass gut ist, wenn andere es aufdecken können.

Qualitative Forschung kann ihre Daten und Interpretationen nicht ganz so problemlos offenlegen. Deswegen läuft sie immer Gefahr, subjektiv zu sein. Das muss allerdings nicht sein. Denn auch qualitative Forschung kennt Gütekriterien, beispielsweise Interviews aufzunehmen und aufzubewahren, damit Aussagen objektiv mit Audiodateien rekonstruierbar sind. Solche Kriterien wurden mir am Max-Planck-Institut für Gesellschaftsforschung eingetrichtert, wo ich meine qualitative Doktorarbeit darüber schrieb, wie moralische Argumente Unternehmen beeinflussen, die ihre Produktion in Niedriglohnländer verlagern wollen. Um zu verstehen, wie Menschen moralische Argumente nutzen und von ihnen beeinflusst werden, musste ich tief in deren Denken eintauchen.[144] Der Gefahr subjektiver Interpretation kann man dabei vorbeugen, indem man die eigenen Interpretationen immer wieder mit den Aussagen derer abgleicht, die man erforscht, alle Interpretationen zusammen mit dem Quellenmaterial offenlegt und vor allem Menschen befragt, die gegenteilige Meinungen haben sollten, um zu rekonstruieren, was trotzdem von allen gleichermaßen wahrgenommen wurde. Dies sind die Grundlagen der empirischen Sozialforschung, die man in jedem vernünftigen Methodenhandbuch nachlesen kann.

Doch genau diese Grundlagen beanstandet beispielsweise das Handbuch für »Feministische Methodologien und Methoden«. Es kritisiert Forschung für den »Ruf ungebrochener Objektivitätsansprüche, fragloser Rationalität und unangetasteter Wertfreiheit«.[145] Objektivität, Rationalität und Werturteilsfreiheit bedeuten, Forschungsergebnisse sollten nicht von den subjektiven Vorstellungen des Forschenden abhängen, man sollte rational zu ihnen kommen und dabei nicht die eigenen moralischen Urteile mit Tatsachenbeschreibungen verwechseln. Doch schon die frühe Geschlechterforscherin Maria Mies lehnte dies ab und forderte stattdessen, sich vor objektiven Daten zu hüten, schließlich sei »von Anfang an klar, daß durch herrschaftsstabilisierende Methoden wie Fragebögen usw. nur verzerrte Daten ermittelt werden konnten«.[146] Warum ein Fragebogen »herrschaftsstabilisierend« sein soll, erläutert sie nirgendwo. Ich hoffe, Studierende fühlen sich nicht beherrscht, wenn sie einen Evaluationsfragebogen über meine Lehrveranstaltung ausfüllen. Als Alternative zu »herrschaftsstabilisierender« Forschung schlägt Frau Mies vor, sie sei: »immer und ohne Frage auf derselben Seite wie meine ›Forschungsobjekte‹. Dadurch wurde mir nicht nur die Identifizierung und Solidarisierung mit diesen Frauen erleichtert, sondern mir waren auch Informationen zugänglich, die kein Mann dieses Landes ohne Mithilfe einer Frau hätte ermitteln können«, schließlich fehle es »männlichen Kollegen [an] Erfahrungswissen, an Empathie, an Identifikationsvermögen und darum auch an sozialer und soziologischer Phantasie.«[147] Männer hatten früher einmal die bescheuerte Idee, dass Frauen nicht wissenschaftlich arbeiten können. Warum es heute umgekehrt eine gute Idee sein soll, Männern wissenschaftliche Kompetenz prinzipiell abzusprechen, konnte mir noch niemand erklären. Wendet man zudem die Forderung »bewußter Parteilichkeit«[148] auf andere Felder an, dürfte nur noch zu Russland forschen, wer für Russland parteilich ist. Über die AfD dürfte nur noch forschen, wer die AfD richtig gut findet. Und ob Zigaretten zu Krebs führen, dürfte man nur noch erforschen, wenn man gerne raucht?

Doch genau diesen Ansatz »parteilicher Forschung« hebt das Handbuch für Feministische Methodologien und Methoden als »besonders einflussreich« hervor.[149] Entsprechend heißt es heute noch: »Frauen haben aufgrund ihrer marginalisierten gesellschaftlichen Position einen privilegierten Zugang zu wissenschaftlicher Wahrheit.«[150] Franziska Schößler[151] meint sogar: für den »Feminismus und die Gender Studies« sei »Parteilichkeit [...] unhintergehbare Bedingung von wissenschaftlicher Arbeit überhaupt«. Mit erstaunlicher Offenheit wird also zugegeben, dass die Gender Studies gar nicht versuchen, möglichst objektiv zu verstehen, sondern für eine Seite Partei gegen eine andere ergreifen möchten. Zum Glück blieb dies auch innerhalb der Disziplin nicht ohne Kritik.[152]

Das macht im Übrigen die Abgrenzung von Gender Studies als Wissenschaft und Feminismus als gesellschaftlicher Bewegung schwierig. Denn anders als andere Wissenschaftsrichtungen sehen die Gender Studies sich auch selbst als gesellschaftliche Bewegung. Nina Degele spricht von »Forschung als Mittel der Befreiung statt als Herrschaftsinstrument«, um »emanzipatorische Aktionen statt kontemplatives Zuschauen« hervorzubringen. Dafür habe die Frauenforschung »eine spezielle feministische Methodologie entwickelt. Diese betont das Erkennen des durchgängigen Einflusses von Geschlecht(erunterschieden) und entlarvt Postulate von ›Interessenneutralität‹ und ›Wertfreiheit‹ oder auch ›Objektivität‹ als Ideologien, die den sexistischen Charakter traditioneller Methodologie verdecken sollen.« Demnach sind überall Ungleichheiten zwischen Männern und Frauen. Doch wer diese nicht sieht, dessen Methoden sind nun mal »sexistisch«.[153] Ich, Sie, wir alle sind gegen Unterdrückung und für Befreiung (hoffe ich zumindest). Doch die Welt verändern zu wollen und dabei Objektivität abzulehnen, macht es nicht unbedingt einfacher, sie zu verstehen.

Darum können sich Gender-Studies-Forscherinnen und Bauarbeiter wahrscheinlich auf den Satz »was nicht passt, wird passend gemacht« einigen. Denn entsprechende Studien schließen umstandslos von der Selbstbeschreibung Einzelner auf die Realität, solange Aussagen zur eigenen Theorie passen. Äußern Befragte dagegen Unpassendes, wird es uminterpretiert, bis es wieder zu den eigenen Annahmen passt. Und von solch vereinzelten Interviews wird dann darauf geschlossen, wie ganze Gesellschaften funktionieren. Sie können sich vielleicht vorstellen, dass jedes Einführungslehrbuch davor warnt.[154] Doch »normale Wissenschaft« lehnen die Gender Studies ja erklärtermaßen ab, wie Sie gerade anhand der Zitate gesehen haben. Ich habe wie gesagt nichts gegen qualitative Forschung. Inklusive meiner Doktorarbeit habe ich selbst nur qualitativ gearbeitet.[155] Doch wie alles andere kann man auch qualitative Forschung gut oder schlecht machen. Was dabei schiefgehen kann, demonstriere ich deswegen an ein paar Beispielen, die zeigen, was rauskommt, wenn die oben genannten Vorschläge in tatsächliche Forschung umgesetzt werden.

Qualitative Studien verwechseln subjektive Selbstbeschreibungen mit objektiven Tatbeständen

Um zu verstehen, wie die Gender Studies zu ihren Ergebnissen kommen, sollte man sich deren Forschung genau anschauen. Doch glauben Sie mir dabei kein Wort. Laden Sie sich stattdessen gerne selbst die Paper runter, die ich hier zitiere. Oder stöbern Sie in den weiter unten genannten Fachzeitschriften selbst, falls Sie nicht glauben können, was ich hier an nur wenigen Beispielen zeigen kann.

Die Geschlechtersoziologin Dr. Sandra Beaufaÿs und die Professorin für Geschlechterverhältnisse Beate Krais beschreiben in ihrem Artikel »Doing Sciene – Doing Gender« (ja, sie haben tatsächlich das c in »Science« vergessen) wissenschaftliche Gepflogenheiten, die angeblich den Aufstieg von Frauen verhindern. Dabei postulieren sie, »sich am Wochenende oder bis zehn Uhr Abends [sic] im Labor zu zeigen, [...] sind weniger zweckdienliche, sondern vorwiegend symbolische Praktiken, denen sich zu unterwerfen hat, wer dazu gehören möchte«. Dass man tatsächlich mehr Arbeit erledigen könnte, wenn man länger arbeitet, thematisieren die beiden nicht. Immerhin, so die beiden Autorinnen, handelt es sich bei ihrer qualitativen Forschung »nicht um frei erfundene, sondern an den von uns untersuchten Instituten beobachtete Praktiken«. Dass Forschung nicht »frei erfunden« ist, hatte ich bisher eigentlich immer stillschweigend vorausgesetzt.

Das zentrale Argument der beiden Autorinnen ist nun, dass »Frauen gegenüber ein wesentlich größeres Misstrauen« in der Wissenschaft besteht, ihre »Face-to-Face-Interaktion eine Fülle von Akten symbolischer Gewalt enthält« und »ihr Wort nicht das gleiche Gewicht hat«. Wie immer gilt auch hier: Starke Behauptungen erfordern starke Beweise. Doch verrückterweise liefern die beiden Autorinnen lediglich Eindrücke einzelner Wissenschaftlerinnen, um ihre imposanten Thesen zu belegen. Beispielsweise zitieren Beaufaÿs und Krais, dass »Charlotte P.« den Eindruck hat: »Frauen haben ›wesentlich weniger impact‹ in Diskussionen.«[156] Doch dass Charlotte das so sieht, heißt nicht, dass es tatsächlich so ist, und erst recht nicht, dass es für eine ganze Gruppe gilt. Ich habe beispielsweise oft den Eindruck, meine Supermarktschlange sei die langsamste. Trotzdem wittere ich keine Verschwörung. Vielleicht habe ich aber auch nur noch nicht genug »kritische Supermarktstudien« gelesen. Klar können Gefühle Einzelner ein Anhaltspunkt sein. Für sich genommen sind sie aber noch keine ausreichende Basis für wissenschaftliche Schlüsse. Beaufaÿs und Krais halten trotzdem fest, nun gezeigt zu haben, dass Wissenschaftler sich nicht »auf Positionen vorarbeiten, die sie verdient haben weil sie gute wissenschaftliche Leistungen erbringen«.[157] Auf diversen Internetseiten hält Sandra Beaufaÿs das Plakat »Gender Studies öffnen dir die Augen« hoch. Das bekommt angesichts solcher Interpretationen eine ganz neue Bedeutung. Kein Wunder, dass auch andere Forscherinnen der Disziplin vorwerfen, Gefühle absolut zu setzen und als Ausgangsbasis für weitreichende Forderungen zu nehmen.[158]

Nina-Sophie Fritsch möchte ebenfalls zeigen, wie »Barrieren, auf die Wissenschaftlerinnen trotz aller Reformbemühungen stossen [sic], tief im Wissenschaftssystem verankert sind«. Als Barriere wird »die hohe Relevanz von sozialen Netzwerken für den Berufsverlauf« genannt. Nicht was man leistet, sondern wen man kennt, bringt also in der Wissenschaft angeblich Erfolg. Ein starkes Statement. Welche Belege hat Frau Fritsch? Beispielsweise, dass »Katharina« es so sieht, obwohl sie das »vorher nie gespürt« hat. »Monika« fühlt sich ebenfalls benachteiligt, denn »beim Peter [einem Kollegen] (...) da haben sie anscheinend mehr Potential erkannt«. Und »Monika« weiß zudem zu berichten: »da habe ich schon auch manchmal das Gefühl, als müssen Frauen dann noch einmal eine Spur mehr leisten«. Und so kommt die Forscherin durch Katharinas neues Gespür und Monikas Gefühlen gegenüber dem Peter zu dem Schluss, dass Wissenschaftlerinnen »durch die geschlechtsspezifischen Praktiken des Förderns im allgemeinen Wettbewerb tendenziell mit Nachteilen konfrontiert sind«.[159]

Gefühle über objektive Tatbestände zu stellen, geht sogar so weit, dass die feministische Philosophin Alison Bailey es als »Mikroaggression« bezeichnet, die »Gefühle einer Person über ihre gelebte Realität auszuschließen«.[160] Fühle ich es, muss es also real sein. Und wer mich mit Daten konfrontiert, die meiner gefühlten Wahrnehmung widersprechen, hat direkt eine Mikroaggression begangen. Catharine MacKinnon fordert deswegen sogar, dass Frauen, die »enttäuscht von Objektivität« oder gar »deren Opfer« sind, die »Unterscheidung zu Fall bringen«, schließlich weise die »feministische Methode [...] einen Unterschied zwischen subjektiven und objektiven Haltungen zurück«.[161] Nimmt man dies ernst, läuft es auf die Forderung hinaus, die Realität möge sich an meine Gefühle anpassen, statt dass man noch fragen dürfte, ob die eigenen Gefühle auch etwas mit der Realität zu tun haben.

Diese Herangehensweise widerspricht einer grundlegenden Idee, die einer der drei Götter der Soziologie (neben Max Weber und Karl Marx) formulierte. Émile Durkheim plädierte dafür, weniger zu analysieren, wie Einzelne sich ihre Situation selbst erklären, sondern vielmehr zu untersuchen, welche tatsächliche Situation mit welchem tatsächlichen Handeln einhergeht. Er konnte zeigen, dass Protestanten sich öfter umbrachten und dies mit ihrer Vereinsamung einherging. Doch dem Einzelnen war dieser Grund für seine erhöhte Neigung zum Selbstmord gar nicht klar.[162] Entsprechend hätte man noch so viele qualitative Interviews führen können; man wäre trotzdem nie auf den Zusammenhang zwischen gefühlter Situation und objektiver Lage gekommen, weil die Betroffenen selbst den Zusammenhang nicht bemerkten und entsprechend auch nicht in Interviews hätten schildern könnten.

Jetzt wundern Sie sich vielleicht. Denn auch ich nutze doch Daten, die mehr oder weniger auf Gefühlen basieren, beispielsweise, ob Menschen sich benachteiligt fühlen, zufrieden sind und so weiter. Was ist also der Unterschied? Der Unterschied ist, nie den Eindruck einzelner Personen für bare Münze zu nehmen, sondern den Durchschnitt einer repräsentativen Gruppe (oft Frauen) mit dem Durchschnitt einer anderen Gruppe (oft Männer) zu vergleichen. Das ist etwas anderes, als eine einzelne Person zu fragen, ob sie sich manchmal benachteiligt fühlt, um von ihrem subjektiven Eindruck auf die Gesamtheit zu schließen. Subjektive Eindrücke Einzelner zu nutzen, um das Leben aller zu deuten, ist schon problematisch genug. Noch schlimmer wird es, wenn man selbst den wenigen Interviewten nur dann glaubt, wenn deren Aussagen zur eigenen schon vorher feststehenden Theorie passen.

Qualitative Studien interpretieren sich eine Realität herbei

Eine Gefahr qualitativer Forschung ist, in die immerhin realen Aussagen von Menschen hineinzuinterpretieren, was diese nie gemeint haben. Geradezu absurd ist dagegen, ihnen sogar zu unterstellen, was sie nie gesagt haben. Denn natürlich kann man dadurch Benachteiligung finden, wo sie nicht messbar ist. So wollte die Professorin für soziale Arbeit Theresa Lempp mit Kolleginnen der TU Dresden die »Relevanz von Geschlecht in einer Universität« belegen. In einem Forschungsartikel schildern sie, wie eine ingenieurwissenschaftliche Fakultät die Präsentation ihres Forschungsprojekts aufnahm (was ihrer Meinung nach schon Forschung ist). Die dabei getätigten Interpretationen sind … außergewöhnlich.

So beschreibt der Artikel, wie die Forscherinnen sich im ingenieurwissenschaftlichen Fakultätsrat erst einmal hinsetzen wollten. Doch der von ihnen auserkorene Platz ist schon seit Jahren der Stammplatz eines bestimmten Professors. Daraufhin bieten zwei Professoren mit dem Satz: »Wir nehmen die beiden Damen in die Mitte« einen Platz an. Diesen recht banalen Umstand interpretieren die Forscherinnen folgendermaßen: »Das Einnehmen eines angestammten Platzes durch junge Frauen wurde zum Bild für generationalen und geschlechtlichen Wandel, der auf Widerstand traf«, was eine »anhaltende Dramatisierung des Geschlechts der Forscherinnen« zur Folge hatte. »Die Störung [wurde] durch die Einrahmung und das Einspannen der Forscherinnen in einen heteronormativen Bezugsrahmen wieder hergestellt.«[163]

Zur Erinnerung: hier ist nichts anderes passiert, als dass zwei Menschen sich auf einen Stammplatz setzen wollten, woraufhin zwei andere ihnen anboten, sich stattdessen doch neben sie zu setzen. Dies als »generationalen und geschlechtlichen Wandel«, »Dramatisierung des Geschlechts« und »heteronormativen Bezugsrahmen« zu deuten, braucht schon Kreativität. Denn keiner der Beteiligten hat irgendetwas gesagt, was auch nur ansatzweise in diese Richtung ging. Doch wichtig ist anscheinend nicht, was die Forschungssubjekte sagen, sondern wie die Forscherinnen es interpretieren.

Ein weiteres Beispiel dafür ist eine Studie mit dem Titel »Spiel mit mir« von Marita Haas, die Unternehmen zu Gender Equality und Diversität berät, und Sabine Koeszegi, Professorin der TU Wien. Die beiden schildern, wie eine Bewerberin in einem Bewerbungsgespräch gefragt wird, wie sie »einen privaten Ausgleich zu ihrem Beruf schafft«. Die Bewerberin holt daraufhin eine Spielzeuglokomotive heraus, schiebt sie hin und her und antwortet, abends spiele sie gerne mit ihrem zweijährigen Sohn. Obwohl selbst eine der Autorinnen schreibt, sie habe dies eigentlich für unwichtig gehalten, wird dieser Umstand über 25 Seiten beschrieben, hin und her interpretiert und umgedeutet. Der Artikel endet mit der Einsicht, dass »soziale

Kategorien und die implizite Orientierung an einem normierten Modell – in diesem Fall an dem Ideal einer Führungskraft – innerhalb einer auf Profit ausgerichteten Organisation vorherrschend sind«.[164] Wie die Autorinnen dies davon ableiten, dass eine Frau eine Lok hin- und hergeschoben hat, erfährt man nirgendwo.

Das hindert Haas und Koeszegi nicht daran, mit der weitreichenden Forderung zu schließen, dass Unternehmen aufgrund ihrer Forschung ihre Rekrutierungsprozesse ändern müssen. Allerdings hat niemand in der Untersuchung irgendetwas von unfairen Rekrutierungsprozessen erzählt. Die Forscherinnen interpretieren also etwas in ein Bewerbungsgespräch, das niemand außer ihnen dort gesehen hat. Davon leiten sie ab, wie Unternehmen sich verändern müssen. Doch wenn man Benachteiligung selbst dort sieht, wo niemand anders sie sieht, ist nicht überraschend, dass man überall Benachteiligung findet. Es ist, wie wenn man sich eine rosa Brille aufsetzt und dann stolz verkündet, herausgefunden zu haben, die Welt sei rosa.

Qualitative Studien machen alle Fehler gleichzeitig und verallgemeinern dann

Manche Untersuchungen machen sogar alle Fehler gleichzeitig. Sie interpretieren also die subjektiven Eindrücke Einzelner so lange um, bis sie zu den eigenen Theorien passen, bezeichnen diese dann als objektive Lebensbedingungen ganzer Gruppen und geben daraufhin Empfehlungen für Bereiche, die sie nie erforscht haben. So haben Alexandra Scheele, Katharina Bolte und Kristina Vogt qualitative Interviews in einem Unternehmen durchgeführt, um zu verstehen, warum dort nur wenige Führungspositionen mit Frauen besetzt sind. Die Autorinnen fassen die von ihnen erhobenen Daten folgendermaßen zusammen: »Alle Interviewten gehen davon aus, dass die Auswahl von Führungskräften – und damit auch der innerorganisationale Aufstieg von einer Führungsebene auf die nächste – entlang der Kriterien ›fachliche Kompetenz‹, ›Führungskompetenz‹ und ›Führungswille‹ erfolgt.«

Die Befragten im untersuchten Unternehmen sehen also selbst keine Diskriminierung. Die Forscherinnen meinen es allerdings besser zu wissen. Sie beschweren sich, Beschäftigte müssten ihre Ambitionen »bei ihren Vorgesetzten bzw. den anderen Führungskräften bekannt machen und ihr Streben nach beruflicher Entwicklung herausstellen«. Diskriminierung bestehe also, obwohl die vermeintlich Betroffenen diese gar nicht sehen, da wer aufsteigen will, dies auch irgendwie erkennbar machen muss. Die Forscherinnen werfen den Vorgesetzten also vor, keine Gedanken lesen zu können. Sie müssten schließlich erkennen, wer aufsteigen will, auch ohne dass die Beschäftigten dies »bekannt machen«. Während die Befragten selbst meinen, Beförderungen seien »eher 'ne Generationsfrage als 'ne Geschlechterfrage«, beschweren sich die Forscherinnen daraufhin, dieses »Erklärungsmuster verhindert ebenfalls eine Thematisierung fortbestehender Geschlechterungleichheiten«. Man könnte auch sagen: die Forschungssubjekte bestätigen einfach nicht, was die Forscherinnen gerne von ihren hören würden.

Wenn Interviewte also finden, nicht benachteiligt zu werden, erwidern die Forscherinnen, diese Sicht verhindere doch nur das Erkennen der sicherlich trotzdem vorhandenen Benachteiligung. Als auch eine interviewte Personalverantwortliche meint, ihr sei wichtig, dass jemand »die Fähigkeiten auch besitzt, so eine Führungsposition übernehmen zu können. Und ich musste leider in der Vergangenheit die Erfahrung machen, dass es schwierig ist, Frauen auch in Führungspositionen zu bringen«, so meinen die Forscherinnen dazu, dies sei eine vielleicht »nur imaginierte? – Erfahrung«. Mit Satzzeichen haben sie es nicht so. Doch immer wieder sieht man, dass wenn Menschen eine Erfahrung schildern, welche den Genderforscherinnen nicht passt, sie den Interviewten einfach absprechen, diese wirklich erlebt zu haben. Passen Aussagen dagegen zur vorherigen Theorie, werden sie verallgemeinert. So meinte eine Interviewte, ihr Chef habe vor einigen Jahren gesagt, »dass Frauen hinter den Herd gehören«. Das wäre schlecht. Doch die Autorinnen folgern daraus, »dass einige Frauen die Erfahrung machen mussten«.[165]

Passende Daten zu verallgemeinern und unpassende umzudrehen, ist hier jedoch kein Fehler, der aus Versehen mal passieren kann, sondern erklärtes Programm. Profilierte Vertreterinnen der Gender Studies wie Donna Haraway werben schließlich dafür, den »Standpunkten der Unterworfenen ein besonderes Vertrauen zu schenken [denn sie bieten] angemessenere, nachhaltigere, objektivere, transformierendere Darstellungen der Welt«.[166] Wer sich unterdrückt fühlt, hat also automatisch Recht. Wer sich jedoch nicht für unterdrückt hält, hat einfach noch keine »angemessene« Sichtweise. Doch wenn man von Anfang an nur eine Sichtweise zulässt, wie soll dann jemals etwas anderes herauskommen als diese Sichtweise? Lehrbücher warnen vor genau solch einem Vorgehen. Laut gängiger Lehrmeinung kann es bei qualitativer Forschung nur darum gehen, »Phänomene im Lichte des theoretischen Rahmens zu erklären, der sich während der Forschung selbst entwickelt; man will also nicht dadurch eingeschränkt werden, dass man sich an eine zuvor entwickelte Theorie halten muss, die auf den Untersuchungsbereich zutreffen kann oder auch nicht«.[167] Standardeinführungen in die qualitativen Methoden fordern entsprechend, »theoretische Konzepte wesentlich aus dem fortgesetzten und systematischen Vergleich empirischer Daten zum fraglichen Phänomen zu gewinnen«.[168] In der normalen Wissenschaft ist also unstrittig, dass qualitative Forschung zwar aus Beobachtungen eine Theorie aufstellen kann, nicht jedoch eine vorher schon bestehende Theorie bestätigen kann. Doch die gezeigten Untersuchungen versuchen genau das: Sie glauben schon vor der Untersuchung fest an eine Theorie und interpretieren so lange an der Realität herum, bis diese zu ihrer vorher feststehenden Theorie passt. Daraufhin ziehen sie weitreichende Schlüsse. So meinen auch die Genderforscherinnen der oben zitierten Studie, sie hätten nun gezeigt, dass »Geschlecht zu einem Faktor bei der Verteilung von

Positionen«[169] wird. In dem untersuchten Unternehmen haben die Befragten zwar das Gegenteil erzählt. Doch das hindert die Forscherinnen nicht.

Damit haben Sie einen Eindruck, wie die Gender Studies zu ihren Ergebnissen kommen und wieso Sie auch dort von benachteiligten Frauen hören, wo Frauen messbar nicht benachteiligt sind. Der Grund ist, dass subjektive einzelne Selbstbeschreibungen mit objektiven sozialen Tatbeständen gleichgesetzt werden, man Aussagen abwertet, die der eigenen Theorie widersprechen, und Aussagen verallgemeinert, die zur eigenen Theorie passen, selbst wenn man Menschen dafür das Gegenteil dessen in den Mund legen muss, was sie eigentlich gesagt haben. Daraufhin werden vermeintliche Ergebnisse vom untersuchten Fall auf alle Fälle verallgemeinert. Aber ist diese Kritik wiederum verallgemeinerbar?

Eine Inhaltsanalyse in der Fachzeitschrift Scientometrics, einer der angesehensten Zeitschriften für Wissenschaftsforschung, dokumentiert, dass Artikel mit einer stärkeren Genderperspektive generell weniger datenbasiert sind, methodisch unreflektierter und Meinungen öfter als Fakten ausweisen. Insgesamt zeigt sich »eine geringere wissenschaftlichen Qualität, wenn die Geschlechterperspektive zunimmt«.[170] Wenn Sie bisher noch nicht glauben konnten, dass diese Kritik tatsächlich zutreffen könnte, haben Sie es nun an ein paar Beispielen gesehen. Und dieselbe tendenziöse Forschung, die nur ein Ergebnis zulässt, nämlich dass es Frauen schlecht gehen muss, sorgt auch dafür, dass wir viel negativer über das Privatleben von Frauen denken, als es der Realität entspricht.

4

Im Privatleben sind Frauen nicht benachteiligt

Geht es Frauen auch im Privatleben gut? Sind sie dort gleichberechtigt? Sind sie gleichgestellt, wo sie es sein wollen? Ich rechnete dies im Depri-Winter 2020/21 des endlosen Corona-Lockdowns aus, als ich eigentlich genauso schlecht drauf war wie alle anderen, damals, als fast alles verboten war. Ich hatte bereits die Ergebnisse oben berechnet und wusste deswegen schon, dass es Frauen im Arbeitsleben viel besser geht, als wir bisher vermuteten. Es war der Morgen des 24.12. Monatelang hatte ich die Datensätze der größten deutschlandweiten Umfragen SOEP und pairfam aufbereitet. Jetzt konnte ich sie auswerten. Je nachdem, was ich gleich sehen würde, würde mein Argument sich in eine von drei Richtungen entwickeln: Entweder könnten Frauen zwar im Arbeitsleben zufrieden sein, im Privatleben jedoch nicht. Zweitens könnte Benachteiligung im Privatleben ähnlich selten sein, wie es sich vorher im Arbeitsleben zeigte. Drittens könnten die Ergebnisse im Privatleben einfach unklarer sein als im Arbeitsleben. Ein Ergebnis nach dem anderen erschien in Stata, meiner Statistiksoftware. Ich konnte es kaum glauben. Die Ergebnisse waren so eindeutig, wie ich es bei statistischen Auswertungen selten erlebt hatte. Mein Weihnachtsgeschenk hatte ich deswegen schon kurz vor der Bescherung. Denn fast durchweg zeigte sich, dass es Frauen gut geht. Frauen haben auch privat das Leben, das sie sich wünschen. Mit einer anscheinenden Ausnahme. Fangen wir mit der an.

Frauen machen mehr Hausarbeit, doch die Lücke schließt sich

Ihre Behauptung, Frauen würden in »häuslicher Sklaverei« gehalten, machte Simone de Beauvoir zur feministischen Klassikerin.[171] Und in der Tat durften Männer bis 1958 ihren Ehefrauen die Erwerbsarbeit verbieten. Bis 1977 war Frauen Geldverdienen nur erlaubt, sofern dies »mit ihren Pflichten in Ehe und Familie vereinbar« war. Bis 1997 war sogar Vergewaltigung in der Ehe nicht strafbar. Gruselig. Doch wie ist die Lage heute? Fällt Ihnen noch ein Gesetz oder eine Regelung ein, die Frauen im Privatleben schlechterstellt? Doch vielleicht ist nur die formale Gleichberechtigung erreicht?

Und tatsächlich: Bei der Hausarbeit gibt es ein Problem. Denn Frauen finden noch immer, dass sie den Großteil der Hausarbeit erledigen. Und die Männer bestätigen es.[172] Jede vierte Frau stellt fest: Sie macht die Hausarbeit alleine. Das sagt nur jeder hundertste Mann von sich. Weitere 40 Prozent der Frauen meinen, die Hausarbeit überwiegend zu machen, was nicht einmal 5 Prozent der Männer von sich behaupten können. Während also nur etwa jeder zwanzigste Mann meint, die Hausarbeit vollständig oder überwiegend zu erledigen, meinen fast zwei von drei Frauen, die meiste Hausarbeit zu machen.

Studien zeigen, dass jeder seinen eigenen Hausarbeitsanteil überbewertet, einfach weil man am stärksten wahrnimmt, was man selbst gemacht hat. Sie können schlecht übersehen, dass Sie die Toilette geputzt haben, denn Sie waren ja dabei. Ob der andere geputzt hat, können Sie durchaus übersehen. Trotzdem scheinen Frauen ihren Anteil an der Hausarbeit nicht wesentlich überzubewerten, sondern ziemlich realistisch einzuschätzen. Ansonsten würden die Männer nicht bestätigen, dass ihre Partnerin mehr macht. Und diese Diskrepanz findet sich selbst in den neuesten pairfam-Daten 2020/21. Ich schaue mir übrigens hier und im Folgenden bewusst nur Menschen unter 50 an. Damit will ich ausschließen, dass Effekte von älteren Paaren kommen, die möglicherweise älteren Rollenbildern verhaftet sind. Doch die unterschiedliche Hausarbeit zeigt sich eben auch bei jüngeren Paaren.[173]

Räumen wir erst einmal den verbreiteten Einwand aus, dass Frauen Sauberkeit einfach wichtiger ist. Das kann nicht sein. Denn *alleinlebende* Frauen putzen unter der Woche nicht signifikant mehr als alleinlebende Männer; auch an Samstagen und Sonntagen putzen sie lediglich etwa zehn Minuten mehr. Frauen haben also kein generell höheres Sauberkeitsbedürfnis. Erst in Beziehungen putzen sie mehr. Warum?

Fragt man Frauen, wie viel der gesamten Hausarbeit sie idealerweise machen wollen, antworten sie 58 Prozent; Männer finden 47 Prozent für sich in Ordnung.[174] Frauen wollen also nicht den Großteil der Hausarbeit abgeben. Doch die realen Unterschiede sind größer als die erwünschten. Hier funktioniert das Argument dieses Buches also nicht. Denn das reale Leben von Frauen ist nicht ganz mit ihren Wünschen erklärbar, sondern nur teilweise. So richtig schlimm wird dies, wenn man mit der ungleichen Aufteilung der Hausarbeit unzufrieden ist.

Und tatsächlich unterscheidet sich die Hausarbeitszufriedenheit. Männer mit Partnerin geben diesbezüglich 7,2, Frauen aber nur 6,8 von 10 möglichen Punkten an. Diese geringere weibliche Hausarbeitszufriedenheit liegt wahrscheinlich daran, dass Frauen tatsächlich mehr machen. Denn kommen Frauen mit einem Partner zusammen, sinkt ihre Hausarbeitszufriedenheit um 0,1 Punkte, während die von Männern um 0,2 steigt. Das geht auch damit einher, dass Frauen wochentags 12 Minuten mehr Hausarbeit machen, nachdem sie mit einem Mann zusammengezogen sind, Männer aber nur 4 Minuten mehr. Vielleicht machen Männer weniger Hausarbeit, weil sie länger im Büro sitzen? Das kann jedoch nicht erklären, dass Frauen auch samstags 19 Minuten mehr Hausarbeit machen, nachdem sie mit einem Mann zusammengekommen sind, Männer hingegen nur 5 Minuten mehr. Lediglich am Sonntag ist der Zuwachs ungefähr gleich groß, nachdem Männer und Frauen zusammengezogen sind. Auch hier sind die Daten übrigens kein Relikt der grauen Vergangenheit, sondern finden sich ebenso seit 2010.

Frauen machen also mehr Hausarbeit und der Unterschied wird größer, wenn sie mit Männern zusammenziehen. Einflussreiche Theoretikerinnen wie Catharine MacKinnon fragen deswegen, »was bürgerliche Frauen von Dienern unterscheidet«, und antworten, dass Diener zumindest bezahlt werden, bürgerliche Frauen jedoch nur gehalten.[175] Auch heute sehen Genderprofessorinnen Hausarbeit als »drastische Ungleichheit in den Belastungen«.[176]

Doch man vergisst dabei, dass aufgrund technischer Fortschritte noch nie so wenig Hausarbeit zu erledigen war. In Vollzeit arbeitende Männer haben schon immer circa eine Dreiviertelstunde Hausarbeit an Wochentagen gemacht, bis heute.[177] Doch in Vollzeit arbeitende Frauen erledigten früher, an einem typischen Wochentag der 1980er Jahre, etwa 2,3 Stunden Hausarbeit. Heute sind es noch etwa 1,3 Stunden. Da Frauen mittlerweile weniger Hausarbeit machen, wird die Ungleichgewichtung kleiner. Trotzdem haben feministische Kritikerinnen hier Recht: Vollkommen angeglichen hat sich die Hausarbeit zwischen Männern und Frauen noch nicht. Findet sich ein ähnliches Bild bei der Frage, wer sich um die Kinder kümmert?

Frauen leisten mehr Fürsorgearbeit, wollen das aber auch

Die ZEIT beklagt, dass »Männer keine Elternratgeber lesen«, sondern mit ihren Kindern »toben und abenteuern«. Mütter machen es besser. Denn sie »vertiefen sich mithilfe der Bücher weiter in das Feld. Väter dagegen, von denen viele vielleicht eher mal einen Rat bräuchten«, würden sich »eher ›am Gefühl orientiert‹ verhalten, lesen tendenziell Anleitungen zum Drachenbauen«.[178] Wer als Mann keine Erziehungsratgeber liest, sondern mit seinen Kindern tobt, Abenteuer erlebt oder Drachen baut, ist also schon durchgefallen.

An dieser Kritik stimmt jedoch tatsächlich, dass Mütter sich mehr um ihre Kinder kümmern. Das sagen nicht nur 60 Prozent der Mütter, es bestätigen auch fast genauso viele der Väter. Demgegenüber sagen nur etwa 6 Prozent der Väter, sich größtenteils selbst um ihre Kinder zu kümmern. Diese pairfam-Daten passen auch zu einer 2021 veröffentlichten Allensbach-Umfrage, wonach »72 Prozent der Mütter den Hauptteil der Betreuung und Erziehung« leisten. Und dies kann keine Fehleinschätzung der Mütter sein. Denn auch hier stimmen zwei Drittel der Väter zu. Selbst ganztags arbeitende Mütter tragen meist mehr Verantwortung, wohingegen nur einer von 20 Männern die Hauptverantwortung trägt. Und in den letzten 10 Jahren hat sich daran kaum etwas geändert.[179] Kinderbetreuung ist und bleibt Frauensache. So verbringen Mütter an einem durchschnittlichen Wochentag fast 7 Stunden mit ihrem Nachwuchs, Väter nur 2,3 Stunden, also nur knapp ein Drittel der Mütterzeit. Diese Diskrepanz ist auch kein Relikt alter Menschen oder vergangener Zeiten. Denn der Unterschied zeigt sich selbst 2020. Und nicht nur aufgrund ihrer längeren Arbeitszeiten verbringen Männer weniger Zeit mit ihren Kindern. Denn selbst am Wochenende investieren sie nur halb so viel Zeit in die Kleinen, wie deren Mütter es tun.

Die Fakten sind also klar: Immer noch verbringen Mütter viel mehr Zeit mit ihren Kindern als deren Väter. Doch wie sind diese Fakten zu bewerten? Das Bundesministerium für Familie, Senioren, Frauen und Jugend spricht vom »Risiko, die Arbeit traditionell aufzuteilen«.[180] Jutta Allmendinger bezeichnet es als Gefahr, dass Mütter »ihre unbezahlten Arbeitsstunden weiter erhöhen«. Denn angeblich haben sie schon »einen 18-Stunden-Tag«[181] (ob das so ist, schauen wir uns später an). Insofern wird es als großes Problem angesehen, dass Männer und Frauen sich nicht alles gleich aufteilen.

Doch wieder einmal sieht eine Gruppe das anders: die Frauen selbst. Denn sie haben eine 67 Prozent höhere Chance, Kinder für wichtiger zu halten. Auch will nur etwas mehr als ein Viertel der Mütter überhaupt, dass ihr Partner sich mehr um die Kinder kümmert. Und dieser Wunsch nach mehr väterlichem Engagement steigt nicht, sondern er geht zurück: Wollten vor 10 Jahren noch 37 Prozent der Frauen, dass ihr Partner sich stärker um die Kinder kümmert, sind es mittlerweile nur noch 27 Prozent. 58 Prozent der Frauen sagen sogar explizit, ihr Mann solle sich *nicht* mehr um die Kinder kümmern. Frauen verbringen also mehr Zeit mit ihren Kindern. Doch das wollen sie auch. 58 Prozent der Frauen möchten sogar noch mehr Zeit mit ihren Kindern verbringen, bei Männern sind es nur 47 Prozent.[182] Auch hier widerspricht die Gleichstellungsforderung also den Wünschen der Gleichzustellenden. So fordert Jutta Allmendinger eine »32-Stunden-Woche für alle«.[183] Doch weder Mütter noch Väter wollen gleich viel arbeiten oder gleich viel Zeit mit ihren Kindern verbringen.

Fragt man Männer und Frauen, welche Aufteilung sie ideal finden, ist die häufigste Antwort nämlich, dass »sich der Mann schwerpunktmäßig um den Beruf und die Frau schwerpunktmäßig um die Familie kümmert«.[184] Entsprechend zeigen die SOEP-Daten, dass Frauen eine fast doppelt so hohe Chance wie Männer haben, das Ziel »für andere da zu sein« wichtiger zu finden. Eine Allensbach-Umfrage[185] hält deswegen fest: »Die faktische Konstellation korreliert mit den Präferenzen.« Die Work-Family-Balance von Männern und Frauen unterscheidet sich als tatsächlich. Aber hauptsächlich, weil Männer und Frauen das so möchten. Mit Gleichstellungsforderungen probiert man insofern Mütter und Väter von einer Aufteilung abzubringen, die sie selbst wünschen und mit der sie auch entsprechend zufrieden sind.

Um es noch mal klarzustellen: Das heißt nicht, dass alle Männer und alle Frauen immer und ohne Ausnahme haargenau das Leben haben, das sie haben wollen. Doch während Ministerien und Forscherinnen die vorherrschende Aufgabenteilung als Problem ansehen, können ausgerechnet die von dieser Aufteilung Betroffenen kein Problem daran erkennen. Vielleicht haben Menschen gelernt, das Falsche zu wollen? So könnten Mütter aus dem Arbeitsmarkt gedrängt worden sein und sich erst danach mit der Mutterrolle angefreundet haben. Frauen würden dann nicht mehr Zeit mit Kindern verbringen, weil ihnen das zuerst wichtiger war. Stattdessen wurden sie vielleicht zuerst in die Mutterrolle gedrängt und werteten daraufhin das Unvermeidbare auf?

Doch auch Mütter, die bisher genauso viel Zeit mit ihren Kindern verbringen wie Väter, finden Kinder trotzdem noch 27 Prozent wichtiger. Selbst Frauen, die gar nicht mit Kindern leben, haben eine 62 Prozent höhere Chance, Kinder für wichtiger zu halten als kinderlos lebende Männer. Und sogar kinderlose Frauen unter 25 finden Kinder 84 Prozent wichtiger, als äquivalente Männer es tun. Frauen werden also nicht zuerst aufgrund einer Mutterschaft aus dem Arbeitsmarkt gedrängt oder gewöhnen sich an Kinder und werten das Unvermeidliche dann auf. Ganz im Gegenteil sind gerade jenen Frauen Kinder wichtiger, die noch keine haben und die noch recht jung sind. Genau das gegenteilige Muster, nämlich dass Wünsche sich an Situationen anpassen statt Situationen an Wünsche, müsste man finden, wenn Frauen sich in ihr Leben fügen. Die Daten sprechen also dafür, dass Frauen ausleben, was sie möchten, statt was sie möchten an das Unvermeidbare anzupassen.

Aber vielleicht wurde den Frauen die Mutterrolle ja schon als Kind eingeredet? Wer weiß. Doch erstens haben wir gesehen, dass Mädchen und Jungen diesbezüglich nicht wirklich unterschiedlich erzogen wurden. Und zweitens kann man all das zwar vermuten und Menschen unterstellen, eigentlich etwas ganz anderes zu wollen, als sie selbst beteuern. Doch dann missachtet man die Wünsche erwachsener Menschen, weil man ihnen unterstellt, lediglich Opfer ihrer falschen Erziehung zu sein, weswegen sie nicht selbst über ihr Leben entscheiden können. Man versucht dann zu bestimmen, wie Frauen (und Männer) zu leben haben, statt ihnen zuzuhören, was sie selbst möchten.

Das machen beispielsweise die Soziologinnen Cornelia Koppetsch und Sarah Speck, wenn sie meinen: Die »Gestaltung der Partnerschaft, die Bewältigung der häuslichen Pflichten und die Betreuung von Kindern werden von vielen Paaren als eine Angelegenheit persönlicher Absprachen betrachtet [...]. Das beißt sich jedoch mit der erstaunlichen Persistenz traditioneller Rollenmuster, die in empirischen Untersuchungen immer wieder festgestellt wird: Die Haus- und Sorgearbeit bleibt überwiegend Frauensache. Der Unterschied ist lediglich, dass Paare diesen Sachverhalt heute meist nicht mehr im Kontext gesellschaftlicher Prozesse deuten oder auf traditionelle Rollenmuster zurückführen, sondern als Resultat je individueller Vorlieben und persönlicher Eigenarten begreifen.« Auch andere Gendertheoretikerinnen sprechen Frauen ab, dass ihr Privatleben »Ergebnis freier Wahl und nicht von Zwang« ist.[186]

Die Soziologieprofessorinnen bemerken also durchaus, dass Paare sich ihre Aufgaben nicht immer gleich aufteilen, also nicht gleichgestellt sind, sondern stattdessen machen, was ihnen individuell am besten passt. Daraus ziehen sie jedoch den Schluss, dass Menschen selbst nicht wissen, was gut für sie ist, sondern »latente Geschlechtsnormen« blind ausleben.[187] Das spricht Menschen die Fähigkeit zur Selbstreflexion ab. Es geht davon aus, dass sie keine Metakognition haben, also keine höherstufigen mentalen Einstellungen, mit denen sie sich fragen können, ob das, was sie wollen, auch wirklich in ihrem Interesse ist. Entsprechend können sich die beiden Soziologinnen ungleich verteilte Hausarbeit nur als »Reaktion auf Verunsicherungen«, »Strategien der Statussicherung« sowie »Reaktionsmuster auf patriarchale Krisen« vorstellen, mit denen Männer versuchen, »Ansprüche auf Überlegenheit abzuleiten«.[188] Statt also auch nur in Betracht zu ziehen, dass vielleicht nicht alle Menschen leben möchten, wie die beiden Soziologieprofessorinnen es für richtig halten, erklären sie jede Abweichung durch Konkurrenzkampf, Statussicherung und Unterdrückung, selbst wenn die Betroffenen sich gar nicht unterdrückt fühlen.

Wäre die Diagnose des falschen Lebens stichhaltig, müssten Frauen darunter leiden. Doch tatsächlich bewerten Mütter die Betreuung ihrer Kinder mit einem Zufriedenheitswert von 7,45 von 10 Punkten, unwesentlich über der entsprechenden Väterzufriedenheit. Doch wie können Frauen durch Kinderbetreuung systematisch benachteiligt werden oder als Mütter ein falsches Leben führen, wenn sie genau mit diesem Leben zufrieden sind? Wie ist erklärbar, dass die Aufteilung von Haus- und Erwerbsarbeit angeblich ein großes Konfliktfeld ist, während 83 Prozent der Männer und 78 Prozent der Frauen angeben, mit ihrem Partner darüber im Einvernehmen zu sein? Menschen wird auch hier wieder ein Problem unterstellt, das etwa 4 von 5 gar nicht als Problem ansehen.[189] Es ist, wie wenn ich Ihnen dauernd einrede, die falschen Klamotten zu tragen, obwohl Sie sich darin wohlfühlen. Aber vielleicht gibt es ja tatsächlich einen anderen Grund zur Kritik: Schlimm wäre die Aufteilung von Job, Hausarbeit und Kinderbetreuung nämlich, wenn Frauen dabei unterm Strich weniger freie Zeit bliebe.

Frauen und Männer haben gleich viel Freizeit

Kennen Sie diese Lieder, deren Refrain sich gnadenlos ins eigene Gehirn frisst, obwohl man das wirklich nicht will? 1977 sang Johanna von Koczian so ein Lied: »Das bisschen Haushalt macht sich von allein. Sagt mein Mann. Das bisschen Haushalt kann so schlimm nicht sein. Sagt mein Mann. Wie eine Frau sich überhaupt beklagen kann, ist unbegreiflich, sagt mein Mann.« Hören Sie sich das Lied niemals an! Sonst werden Sie den Refrain nicht mehr los, so bescheuert er ist.

Bescheuert ist der Refrain auch, weil ihn heute wohl niemand mehr lustig fände. Denn ob Frauen genauso viel Freizeit haben wie Männer, ist eine große Gerechtigkeitsdebatte geworden. Das Bundesministerium für Familie, Senioren, Frauen und Jugend meint gar: »Erwerbs- und Sorgearbeit gleich zu verteilen ist Voraussetzung dafür, Ungleichheiten in der Gesellschaft abzubauen, um allen Menschen – unabhängig vom Geschlecht – ein selbstbestimmtes Leben zu ermöglichen.«[190] Selbstbestimmt lebt man demnach nur, wenn man haargenau so viel Erwerbs- und Sorgearbeit macht wie der oder die Partnerin. Man könnte zwar argumentieren, dass Menschen vielmehr dann selbstbestimmt leben, wenn sie leben, wie sie möchten, statt genau identisch zu leben. Aber das wäre eben keine Gleichstellung. Was jedoch so oder so stimmt: Per se ist es ein Problem, wenn einige sehr viel und andere sehr wenig Freizeit haben. Denn Freizeit ermöglicht (neben Einkommen) ein selbstbestimmtes Leben, weil Freizeit genau das ist: freie Zeit, also Zeit, über die man frei entscheiden kann.

Wenn also stimmt, was auch heute noch Social Media Influencerinnen[191] schreiben, nämlich dass Frauen viel weniger Freizeit haben, während die Männer machen, was sie wollen, so wäre das in der Tat ein Problem. Stimmt es also? Schauen wir es an. Wie viel Freizeit haben Paare mit und ohne Kinder wochentags und wochenends?

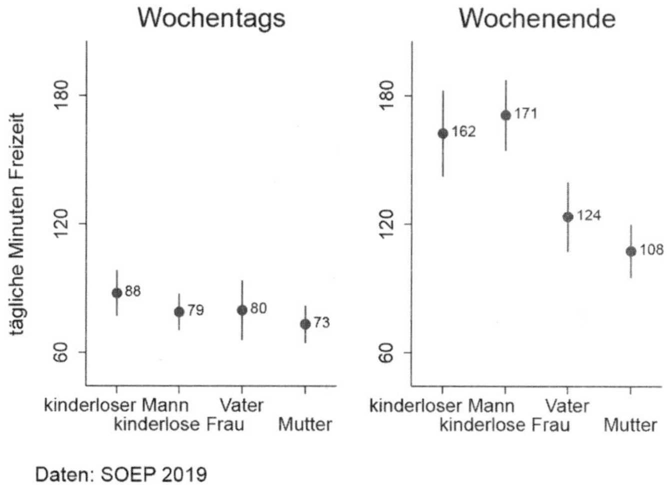

Abbildung 6: Tägliche Freizeit kinderloser Frauen und Männer, Väter und Mütter

Abbildung 6 zeigt, wie unter der Woche (Grafik links) kinderlose Männer, Frauen, Väter und Mütter allesamt nur etwa 70 bis 90 Minuten Freizeit pro Tag haben. Deswegen gibt es keine statistisch signifikanten Unterschiede zwischen den vier Gruppen. Mütter und

Väter haben also nach eigenen Angaben ungefähr gleich viel Freizeit, ebenso wie kinderlose Männer und Frauen. Nicht nur unter der Woche, sondern ebenso am Wochenende haben Mütter und Väter ungefähr gleich viel Freizeit. Demgegenüber haben sowohl kinderlose Frauen als auch kinderlose Männer viel mehr Freizeit am Wochenende. Statistisch signifikante Unterschiede gibt es also zwischen Eltern und Kinderlosen, nicht jedoch zwischen Männern und Frauen, egal ob mit oder ohne Kinder. Eltern haben vor allem am Wochenende weniger Zeit. Doch Vätern geht es da genauso wie Müttern. Das passt kaum zu Aussagen, wonach Frauen angeblich doppelt so viel arbeiten wie Männer, wenn man ihre unbezahlte Familienarbeit mit einrechnet.[192] Denn wie können sie dann genauso viel Freizeit haben wie Männer?

Vielleicht haben Mütter zwar so viel Freizeit wie Väter, sind jedoch mental total ausgelaugt? Dies vermutet die Reporterin Simone Schlosser, die meint, Mütter leiden unter einer *mental load*. Denn immerzu müssen sie an die Erziehung ihrer Kinder und die vielen kleinen anstehenden Aufgaben denken. Als Gegenmittel wird empfohlen, auch kleinste selbsterledigte Aufgaben immer aufzuschreiben, für jede Aufgabe Punkte zu vergeben und diese daraufhin mit dem Partner aufzurechnen. Das bringe noch einen zusätzlichen Vorteil, denn so ein »Aufrechnen kann auch romantisch sein«. [193] Wer weiß? Vielleicht lesen sich manche auch Rechenaufgaben im Bett vor, wenn sie so richtig in Stimmung kommen wollen. Darüber soll man ja nicht urteilen.

Die feministische Bloggerin Alexandra Zykunov ist vom Aufrechnen anscheinend ebenfalls nicht überzeugt. Denn sie schreibt, dass Frauen trotz aller Rechentipps immer noch vollkommen überlastet seien, »eine einigermaßen gleichberechtigte und feministische Elternschaft zu leben«. Sie seien schließlich gezwungen, »sich bis spät abends auf den einschlägigen Blogs darüber zu informieren, welche Märchenbücher nicht die ewig oberflächlichen Prinzessinnen- und toxischen Männlichkeitsbilder tradieren, wo es die curvy Astronautinnenbarbie of Color zu kaufen gibt und ernsthafte Gespräche mit den Kindern zu führen, warum der eine Junge aus dem Bibi-und-Tina-Kinofilm Bibi hinterhergepfiffen hat, und kindgerecht zu erklären, warum das eigentlich Scheiße ist«.[194] Das stelle ich mir zugegebenermaßen auch anstrengend vor. Denn beispielsweise gibt es die »Signature Inspiring Women Role Model Samantha Cristoforetti Barbie Doll«. Doch die geht als Italienerin wahrscheinlich nicht wirklich als Barbie of Color durch und ist wahrscheinlich auch nicht curvy genug. Ich sag mal so: Es kommt eben auch immer auf die Ansprüche an.

Und die sind gerade bei Frauen angeblich besonders hoch. So meint die Journalistin Teresa Bücker, dass es »in der heutigen Erwachsenengeneration immer noch überwiegend die als Frauen sozialisierten Menschen sind, die gar nicht anders können, als an alles denken zu wollen«.[195] Frauen, beziehungsweise »als Frauen sozialisierte Menschen«, sind also angeblich gesellschaftlich derart umformatiert worden, dass Frauen (sorry, als Frauen sozialisierte Menschen) »gar nicht anders können«, als sich in den Burn-out hinein zu kümmern. Wieder äußerst starke Aussagen. Sie müssten entsprechend mit sehr belastbaren Daten belegt werden. Doch wieder werden überhaupt keine Daten geliefert. Es wird einfach behauptet.

Schauen wir uns also selbst an, ob an diesen bitteren Aussagen etwas dran ist. Sind Mütter, wenn nicht zeitlich, so doch zumindest mental von Haushalt, Job und Kindererziehung derart überlastet, dass sie vor lauter Mental Load kurz vor dem Burn-out stehen? Oder ist die Suche nach toxischer Männlichkeit in Bibi-und-Tina-Filmen bis spät in die Nacht doch eher die Ausnahme, und Frauen insgesamt sind recht zufrieden mit ihrer Freizeit? Nun, hier sehen Sie die Freizeitzufriedenheit von Männern und Frauen mit und ohne Kinder.

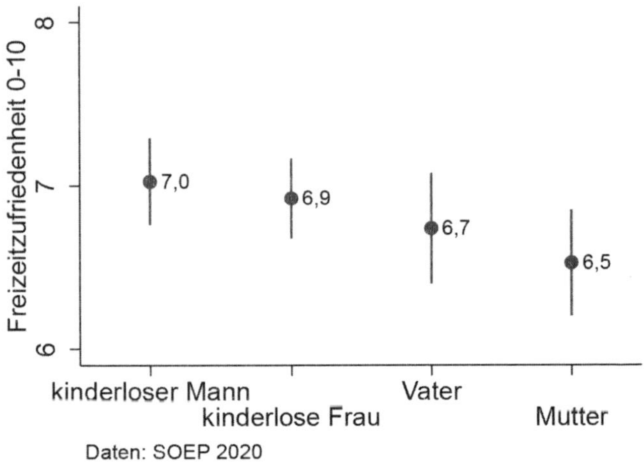

Abbildung 7: Freizeitzufriedenheit kinderloser Frauen, Männer, Väter, Mütter

Männer und Frauen mit und ohne Kinder haben allesamt eine Freizeitzufriedenheit zwischen 6,5 und 7. Das ist weniger als in anderen Teilbereichen der Zufriedenheit. Doch weder sind kinderlose Frauen signifikant unzufriedener mit ihrer Freizeit als kinderlose Männer. Noch sind Mütter mit ihrer Freizeit signifikant unzufriedener als Väter.

Es stimmt also, dass sowohl Väter als auch Mütter nicht super zufrieden sind mit ihrer Freizeit. Beide liegen schließlich nur bei etwa 6,6 von 10 Punkten. Was jedoch nicht stimmt, ist, dass Mütter sich im Gegensatz zu Vätern aufopfern. Denn das zeigt sich weder an ihrer objektiven Freizeit noch an ihrer Zufriedenheit damit. Es stimmt auch nicht, dass Partnerschaften mit Männern die Freizeitzufriedenheit von Frauen senken. Denn ziehen Frauen mit einem Mann zusammen, bleiben sie mit ihrer Freizeit gleich zufrieden.

Immer wieder hört man also, Frauen seien überlastet, weil sie in ihren Beziehungen ausgebeutet werden.[196] Das ist jedoch messbar falsch. Impliziert wird mit diesem Vorwurf auch, dass Frauen in Beziehungen finanziell den Kürzeren ziehen. Denn während sie sich angeblich im Haushalt aufreiben, füllt der Mann sein Bankkonto. Stimmt dieses Argument vielleicht?

Frauen geben genauso viel aus

Frauen verdienen weniger. Darüber reden wir zu Recht ausführlich. Doch über etwas anderes schweigen wir: Frauen geben auch öfter das Geld aus, das sie nicht selbst verdient haben. Sie leben nämlich öfter vom Einkommen ihres Partners als umgekehrt. Einzig Catherine Hakim traute sich, dies vor 20 Jahren in der Forschung auszusprechen. Sie bemerkte, dass attraktiven und ambitionierten Frauen deswegen auch ohne intellektuelle Begabung ein Aufstiegsweg offensteht, der Männern weitgehend verschlossen bleibt. Hübsche Frauen können in eine höhere soziale Schicht einheiraten, ohne sich mit Erwerbsarbeit abzugeben. Empirische Studien zeigen entsprechend, dass Frauen im 20. Jahrhundert dieselben sozialen Aufstiegschancen hatten wie Männer.[197] Und während das reichste Viertel der Deutschen früher zu zwei Dritteln aus Männern bestand, hat sich dies in den jüngeren Geburtenkohorten mittlerweile ausgeglichen: Unter den Wohlhabenden gibt es jetzt so viele Frauen wie Männer.[198]

Dass Frauen genauso wohlhabend sind, weil Männer für sie mitverdienen, ist im derzeitigen gesellschaftlichen Klima ein derart unstatthaftes Argument, dass noch niemand es wirklich weiterverfolgt hat. Entsprechend hat sich auch noch niemand beklagt, dass Männer auf Wohlstand verzichten, weil sie ihn ihrer Familie schenken. Doch wer argumentiert, dass Frauen auf Einkommen verzichten, weil sie ihren Familien ihre Zeit geben, müsste eigentlich ebenso bemängeln, dass Männer auf Einkommen verzichten, weil sie ihren Familien ihr Einkommen geben. Dass Männer ihren Verdienst abgeben, kommt uns mittlerweile jedoch selbstverständlicher vor, als dass Frauen sich unbezahlt um ihre Kinder kümmern, schließlich wird Ersteres seit eh und je stillschweigend akzeptiert, Letzteres aber zunehmend kritisiert.

Wenn Sie mich persönlich fragen, müsste man über beides kein großes Aufheben machen, solange Menschen es freiwillig und gerne machen und es ihnen damit gut geht. Denn was kann Geld Schöneres bewirken, als geliebten Menschen zu helfen? So gefühlsduselige Aussagen zeigen jedoch nicht, ob jemand objektiv den Kürzeren zieht, weil Frauen weniger verdienen und Männer ihren Verdienst öfter abgeben. Nun, es zieht niemand den Kürzeren. Frauen bewerten die Zufriedenheit mit ihrem Lebensstandard mit 7,61 Punkten, etwas höher als Männer mit 7,55 von 10 Punkten. Zieht eine Frau mit einem Mann zusammen, wird sie um 0,1 Punkte mit ihrem Lebensstandard zufriedener, bei einem Mann sind es sogar 0,3 Punkte.

Nicht nur sind Frauen also zufrieden mit ihrem Lebensstandard und werden noch zufriedener, wenn sie mit einem Mann zusammenziehen. Auch haben sie in Partnerschaften genauso oft die Kontrolle über das Geld, obschon sie es seltener selbst verdienen. So hat das SOEP Menschen gefragt, wer das letzte Wort bei finanziellen Entscheidungen hat. 81 Prozent der Frauen und der Männer in Partnerschaften äußern, dass sie gemeinsam entscheiden. 10,3 Prozent der Männer und 11,6 Prozent der Frauen meinen, das letzte Wort bei finanziellen Entscheidungen hätten sie selbst. Noch krasser ist der Unterschied übrigens international. Insgesamt kontrollieren Frauen laut dem Marktforschungsunternehmen Nielsen ungefähr drei Viertel aller Haushaltsausgaben.[199] Für Mütter in Deutschland zeigt sich, dass »das Einkommen ihres Partners eigene Einkommensausfälle infolge von Erwerbsunterbrechungen, wie beispielsweise durch Kindererziehungszeiten, auf[wiegt]. Verheiratete Mütter und Väter kommen so auf ein äquivalentes verfügbares Lebenseinkommen.«[200]

Zum Glück diskutieren wir, weswegen Frauen weniger als Männer verdienen. Doch wir sprechen kaum darüber, weswegen Frauen trotzdem so viel ausgeben können wie Männer. Wir lassen also unter den Tisch fallen, dass Männer ihren Partnerinnen viel öfter einfach schenken, was sie vorher verdient haben, als umgekehrt. Bei

Alleinerziehenden sieht dies naturgemäß anders aus, dazu später mehr. Wichtiger, als haarklein auszurechnen, wer wie viel hat, ist jedoch, dass sich für die allermeisten Paare diese Frage gar nicht stellt. Denn 4 von 5 Paaren entscheiden gemeinsam über ihre Ausgaben und können damit erneut das konfliktgeladene Bild nicht bestätigen, das immer wieder als Normalität präsentiert wird.

Frauen sind zufrieden mit ihrem Familien- und Beziehungsleben

Vor 20 Jahren sprach Alice Schwarzer von Familie als einer »persönlichen Bürde, denn in ihrem Namen werden Frauen zur Gratisarbeit im Haus gezwungen«.[201] Die Geschlechterforscherin Maria Mies beklagte in den 1980er Jahren, »welche Fessel für europäische Frauen die romantische Liebe ist«.[202] Auch heute noch lesen wir, wie Frauen aufgrund von »Care-Arbeit langfristig auslaugen« und Beziehungen zu Männern sie »körperlich wie geistig kaputt und finanziell abhängig machen«.[203]

Also fragen wir noch nach einem letzten Unteraspekt von Zufriedenheit: Empfinden Frauen ihr Beziehungs- und Familienleben tatsächlich als Fessel? Die Wahrheit ist: sie bewerten – genauso wie Männer – die Zufriedenheit mit ihrem Beziehungs- und Familienleben mit genau 7,74 von 10 Punkten. Wenn man das Beziehungs- und Familienleben von Menschen eine Fessel nennen will, so sind Gefesselte anscheinend ziemlich zufrieden. Auch steigt bei einer typischen Frau die Zufriedenheit mit ihrem Familienleben um einen viertel Punkt, sobald sie mit einem Mann zusammengezogen ist. Bei einem typischen Mann ist es sogar etwa ein halber Punkt. Frauen (und Männer) finden ihr Beziehungs- und Familienleben also schön, während Journalistinnen »Frauen mit Kindern ein zerrissenes Leben im Dauerstress« andichten möchten.[204]

Da wir jetzt immer wieder gesehen haben, dass Frauen nicht die Opfer sind, als die Gender Studies, Feminismus und viele Medien sie immer wieder darstellen, kann man sich auch fragen: Woher kommt dieser Drang, Frauen als Opfer darzustellen, obwohl sie sich gar nicht so fühlen? Wieso scheint es Forscherinnen und Journalisten derart wichtig, immer wieder zu betonen, dass es Frauen schlecht geht und geradezu schlecht gehen muss, obwohl die Frauen selbst sich gar nicht schlecht fühlen? Ich weiß es nicht. Ich finde es nur merkwürdig. Und ich könnte mit Daten ewig so weitermachen. Doch es würde langweilig, weil sich immer wieder nur dasselbe Bild ergibt. So zeigen die pairfam-Daten, dass sowohl Frauen als auch Männer meinen, ihr Partner schätze sie und werde ihren Bedürfnissen gerecht.

Doch was diese Bedürfnisse sind, unterscheidet sich ein wenig. So haben Frauen nicht nur eine 24 Prozent geringere Chance, beruflichen Erfolg für wichtiger zu halten, sondern auch eine 18 Prozent höhere Chance, eine glückliche Ehe oder Partnerschaft für wichtiger zu halten, eine 67 Prozent höhere Chance, Kinder für wichtiger zu halten, und sogar eine fast doppelt so hohe Chance, für andere da sein zu wollen. Und das gilt selbst für Frauen, die mehr als 2000 Euro netto verdienen, die sich also genauso gut um sich selbst kümmern könnten, wenn sie denn wollten. Frauen finden somit Partnerschaft und Familie nicht deshalb wichtiger, weil sie stärker auf ihre Partner angewiesen sind, sondern weil sie ihnen selbst dann wichtiger sind, wenn sie sie gar nicht brauchen. Fordert man Gleichstellung, muss man das genaue Gegenteil unterstellen: Dass Frauen bisher unzufrieden sind, weil sie eigentlich dasselbe wollen wie Männer. Doch nicht die Zufriedenheit von Männern und Frauen unterscheidet sich, sondern was sie wollen.

Dass das Leben von Menschen sich eher aus ihren Wünschen erklärt als aus ihrer Benachteiligung, könnte eine bisher noch offene soziologische Dauerfrage beantworten. So beklagte zuletzt das Bundesministerium für Familie, Senioren, Frauen und Jugend, bisher gebe es nur »›rhetorische‹ Modernisierungen, das heißt: Eltern reflektieren und diskutieren zwar ihr Rollenverständnis, ändern aber ihr Verhalten in der Praxis weitaus weniger«.[205] Immer wieder haben wir gesehen, wie illiberale Feministinnen deswegen das Verhalten von Menschen verändern wollen, bis es ihren eigenen Vorstellungen eines richtigen Lebens entspricht. Doch die Daten ermöglichen auch eine andere Interpretation. Denn wenn Menschen ihr Verhalten zwar reflektieren, daraufhin aber trotzdem nicht ändern, kann das auch einfach bedeuten, dass sie über ihr Leben gründlich nachgedacht haben und dabei herausgekommen ist: Sie finden es gut und möchten es deswegen nicht ändern.

In Beziehungen bestimmen eher die Frauen

Die bisherigen Daten haben gezeigt, dass Frauen mit ihrem Leben insgesamt recht zufrieden sind. Doch das ist, fragt man Feministinnen, nur ein Schein. In Wirklichkeit haben sich beispielsweise laut Alice Schwarzer die Frauen den Männern komplett unterworfen. »Männlichkeit und Weiblichkeit« bedeuten gar eine »in jeder Generation neu erzwungene Identifikation mit Herrschaft und Unterwerfung. Nicht Penis und Uterus machen uns zu Männern und Frauen, sondern Macht und Ohnmacht. [...] Angst, Abhängigkeit, Misstrauen und Ohnmacht der Frauen sind groß.«[206] Durch ihre Verliebtheit unterschreibt eine Frau sozusagen ihre eigene Abhängigkeitserklärung. Und das ist nicht nur ein Fehler, den ein paar Frauen gelegentlich machen. Vielmehr ist man eine Frau geradezu nur dann, wenn man von einem Mann unterdrückt wird.[207] Doch nicht nur das. Weil Frauen sich verlieben, sind sie angeblich auch noch zu verblendet, um ihre Unterdrückung durch Männer zu bemerken.

So schreibt die feministische Aktivistin Emilia Roig, dass »viele Aspekte der patriarchalen Unterdrückung und männlichen Dominanz in der intimen Sphäre wirken und vom Affekt verdeckt sind. Liebesgefühle, emotionale Verbundenheit und Abhängigkeit vermischen sich mit Machtdynamiken und machen sie unsichtbar. Ich würde sogar behaupten, dass die überwiegende Mehrheit der Frauen, die täglich in patriarchalen Beziehungen unterdrückt werden, sich dessen nicht bewusst ist.«[208] Die Psychotherapeutin Sandra Konrad nennt Frauen gar *Das be-*

herrschte Geschlecht.[209] Und im Handbuch Interdisziplinäre Geschlechterforschung können wir nachlesen, »Frauen würden durch die Liebe ›blind‹ gemacht gegenüber den bestehenden Privilegien, die sie dem Mann scheinbar freiwillig gewähren«.[210] Ausnahmen gibt es übrigens nicht, da »das männliche Begehren immer [...] darauf zielt, Vielfalt zu unterdrücken«, wie uns das Lexikon Gender Studies verrät.[211] Nicht nur sind Frauen also blind vor Liebe. Sie helfen dem Mann angeblich sogar, sie auszubeuten. Denn angeblich sei – für Männer praktischerweise – »die weibliche Identität mit Selbstausbeutung« verknüpft.[212]

Hinter diesen Aussagen stehen jedoch erstaunlicherweise schon wieder keine Daten. Es handelt sich immer nur um rein subjektive Vermutungen. Wenn all das jedoch stimmt, müssten Frauen sich in ihren Beziehungen stärker einschränken als Männer, schließlich passen sie sich angeblich an. Um das herauszufinden, hat pairfam Frauen und Männer gefragt, wie sehr sie der Aussage zustimmen: »In unserer Partnerschaft kann ich ohne größere Einschränkungen machen, was ich will.« Sehen Sie sich die Antworten selbst an:

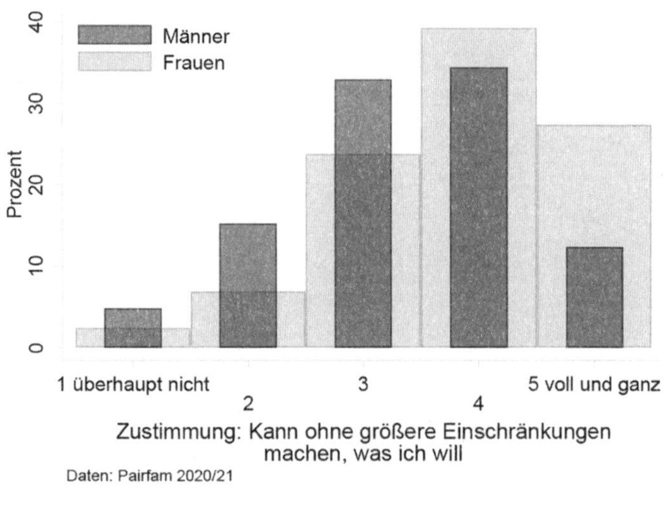

Abbildung 8: Freiraum in Beziehungen von Frauen und Männern

Von allen Daten haben mich diese am meisten erstaunt. Denn man sieht sofort, dass die dunklen Balken der Männer sich überproportional links befinden, wo Menschen meinen, in ihrer Beziehung nicht einfach machen zu können, was sie wollen. Und man sieht ebenfalls, dass die Antworten der Frauen mit den breiteren helleren Balken sich überwiegend rechts befinden, wo Menschen geantwortet haben, in ihrer Beziehung machen zu können, was sie wollen, ohne eingeschränkt zu werden.

Insgesamt meinen 28 Prozent der Frauen, in ihrer Beziehung »voll und ganz« ohne Konflikte machen zu können, was sie wollen. Dem stehen mit 12 Prozent nicht einmal halb so viele Männer gegenüber, die in ihrer Beziehung ähnlich frei sind. Mehr als doppelt so viele Frauen wie Männer fühlen sich also in ihrer Beziehung überhaupt nicht eingeschränkt. Dagegen meinen nur 2 Prozent der Frauen und 5 Prozent der Männer, in ihrer Beziehung überhaupt nicht machen zu können, was sie wollen. Weniger als die Hälfte der Männer fühlt sich also in ihrer Beziehung auf der freien Seite. Doch zwei Drittel der Frauen fühlen sich frei, in ihrer Beziehung zu tun und zu lassen, was sie wollen. Damit haben Frauen eine 2,3-fach erhöhte Chance, in ihrer Beziehung machen zu können, was sie möchten.

Der Gegensatz dieser Daten zur Genderliteratur ist eklatant. Schließlich schreibt die Anthropologin Penelope Eckert, dass »die Machtverhältnisse zwischen Männern und Frauen denen zwischen dominanten und untergeordneten Klassen und ethnischen Gruppen ähneln«.[213] Beate Krais beklagt, dass sich »die Herrschaft des Mannes über die Frau auch in modernen, demokratisch verfaßten Gesellschaften durchsetzt«.[214] Schaut man sich jedoch die Fakten an, lautet die Antwort auf diese wilden These: Es ist eher umgekehrt. Wenn man unbedingt von Herrschaft sprechen möchte, würden Männer doppelt so oft von Frauen »beherrscht« wie umgekehrt. Die weit verbreitete These, dass »sie macht, was er will«, hat also so viel mit der Realität zu tun wie Kölns Winter mit Acapulco, da sind die Daten eindeutig. Denn ebenso geben nur 31 Prozent der Frauen, aber fast 40 Prozent der Männer an, ihre Wünsche denen ihres Partners zu opfern. Für Männer entstehen also anscheinend nicht nur öfter Konflikte mit der Partnerin, wenn sie ihrer Beziehung etwas selbst entscheiden wollen. Auch passen sie sich scheinbar vorsorglich stärker ihrer Partnerin an, damit so ein Streit erst gar nicht entsteht. Stärker könnten empirische Ergebnisse den Annahmen der feministischen Literatur kaum widersprechen.

Doch vielleicht ist die Unterdrückung unterschwelliger? Vielleicht findet sie … im Bett statt? Das hört sich erst mal abenteuerlich an. Doch tatsächlich schreibt das Lexikon Gender Studies von »Sexualität als gegen Frauen gerichtetes Repressionsinstrument«.[215] Und auch Alice Schwarzer meint, in der Sexualität liege »Unterwerfung, Schuldbewusstsein und Männerfixierung von Frauen verankert. Hier steht das Fundament der männlichen Macht und der weiblichen Ohnmacht«.[216] Meiner Erfahrung nach kann man Frauen eine gewisse Männerfixierung beim Sex in der Tat bisweilen nicht absprechen. Doch wieso das immer alles gleich zu Unterwerfung und Schuld führen muss, habe ich noch nicht verstanden. Und es wird noch wilder. In den 1980er Jahren beschrieb die Radikalfeministin Andrea Dworkin[217] Sex sogar als »Akt der Invasion und des Besitzes, der in einem Modus des Raubes vorgenommen wird: kolonialisierend, gewaltsam (männlich) oder fast gewalttätig«. Die in feministischen Kreisen bekannte Leeds Revolutionary Feminist Group beschreibt Sex folgendermaßen: »In dem System der Unterdrückung, der männlichen Vorherrschaft, dringt der Unterdrücker in den Körper ein und kolonisiert das Innere des Körpers der Unterdrückten. […] Jeder Akt der Penetration ist für eine Frau ein Übergriff, der ihr Selbstvertrauen untergräbt und ihr Kraft raubt.«[218]

Ich weiß zum Glück nicht, was für Sex die Verfasserinnen dieser Zeilen bisher so hatten. Doch wem Sex Selbstvertrauen und Kraft entzieht, sollte vielleicht keiner feministischen Gruppe beitreten, sondern sich einen besseren Sexpartner oder gleich eine Therapeutin suchen.

Wobei die auch schreiben, dass »eine spezifisch weibliche sexuelle Sozialisation jungen Frauen bis heute den Zugang zu einem lustvollen autonomen Umgang mit ihrem Körper und ihrer Sexualität erschwert«.[219] Immer noch besser als der Ratschlag: »Für eine Feministin bedeutet, den Sex aufzugeben, die eigene Politik ernst zu nehmen.«[220]

Verrückt daran ist, dass früher die Kirche den Frauen Angst vor Sex machte, weil sie dadurch schwanger wurden. Heute haben Feministinnen diese Rolle übernommen und erzählen Frauen erneut, Sex sei einfach zu gefährlich, diesmal weil er zur Unterwerfung unter die Männer führe. Immer noch versucht man Frauen also Angst vor einer der schönsten Freizeitaktivitäten der Welt zu machen. Warum? Fragen Sie die Feministinnen. Ich verstehe es ja auch nicht. Aber stimmt es denn wenigstens? Schließlich wird all dies wieder nur behauptet, statt belegt.

Konfrontiert man diese Spekulationen mit Fakten, fallen sie zusammen. Denn nur 2 Prozent der Frauen meinen, ihre sexuellen Wünsche und Bedürfnisse überhaupt nicht gut ausdrücken zu können, wie im Übrigen 3 Prozent der Männer. Demgegenüber meinen 60 Prozent der Frauen, ihre sexuellen Wünsche gut äußern zu können, ebenso wie 57 Prozent der Männer. Und während 23 Prozent der Frauen voll und ganz zustimmen, dass sie deutlich machen, was sie beim Sex möchten, meinen das immerhin auch 18 Prozent der Männer. Frauen stellen also eher als Männer klar, was sie beim Sex wollen und was nicht, statt sich besonders stark anzupassen.

Einerseits wird also die These hochgehalten, dass beim Sex »Männer bekommen, was sie begehren«, wohingegen Frauen ihre »Bedürfnisse […] verschweigen«. [221] Andererseits zeigen die Daten das Gegenteil. Und nicht nur beim Sex bekommen Frauen, was sie wollen. Generell finden 70 Prozent der Frauen und 73 Prozent der Männer, ihr Partner oder ihre Partnerin werde ihren Bedürfnissen gut gerecht. Demgegenüber findet nur jede 50. Frau und jeder 100. Mann das überhaupt nicht. Hinter welcher Haustür und unter welcher Bettdecke man auch schaut, die unterdrückte Frau, über die Feministinnen seit 40 Jahren schreiben, findet sich kaum.

Die Daten sagen: Der Kaiser ist (wahrscheinlich) nackt

Sie haben schon gesehen, dass Gender Studies und Feminismus hinter vielen Unterschieden »das Patriarchat« vermuten. Auch im Privatleben ist »patriarchale Herrschaft« das große Feindbild. Dort wird sie verstanden als »systemische Verweigerung frei gewählter Vorstellungen über die persönliche Identität und Lebensführung«.[222]

Doch die Daten zeigen: Wenn sich überhaupt jemand in seinem Privatleben unterdrückt fühlt, dann eher die Männer als die Frauen. Sie haben auch schon gesehen, wie einige Feministinnen daraufhin vermuten, dass Frauen ihre eigene Unterdrückung nur selbst nicht bemerken. Doch wieso geht es ihnen in Beziehungen mit Männern dann meist recht gut? Judith Butler argumentiert, Frauen seien nicht nur zu doof, ihre eigene Unterdrückung zu bemerken, sondern auch zu doof, um ihr eigenes Unglück zu bemerken.[223] Erklärung A lautet also, dass fast alle Frauen (und Männer) in Deutschland zu verblendet sind, um zu bemerken, wie schlecht es ihnen eigentlich geht. Erklärung B lautet, dass Männer und Frauen nicht allesamt an einer Glücksverblendung leiden, sondern einige ein zu negatives Bild ihres Lebens zeichnen.

Das erinnert an *Des Kaisers neue Kleider*. In diesem Märchen lässt ein Kaiser sich von zwei Betrügern teure Kleider anfertigen. Diese spielen jedoch nur vor, neue Kleider zu weben. Sie erzählen, die Kleider hätten eine Besonderheit: Nur die raffiniertesten Menschen können sie sehen. Deswegen will niemand zugeben, die Kleider nicht zu erkennen. Der Kaiser stolziert also nackt durch die Stadt, und alle tun so, als sei er bekleidet. Ähnlich ist es mit den Annahmen der illiberalen Gender Studies, sobald man sie mit Daten konfrontiert. Überall vermuten sie Unterdrückung und Leid. Und wer dieses Leid nicht sehen kann, ist einfach nicht gebildet oder moralisch feinfühlig genug. Deswegen müssen alle an Unterdrückung und Unglück glauben, während sich kaum jemand unterdrückt oder unglücklich fühlt – am allerwenigsten diejenigen, die es angeblich sind.

Entweder es existiert also eine Parallelrealität, die fast niemand erkennen kann, oder es stimmt etwas nicht mit einer Theorie, die alle für unterdrückt hält, obwohl sich kaum jemand so fühlt. Dieses Unbehagen an der eigenen Theorie äußern mittlerweile auch einige Feministinnen: »Es wurde immer klarer für uns – wenn wir nur den Mut hatten, es zuzugeben –, dass viele der zentralen Lehren und Praktiken des Feminismus in der heutigen akademischen Welt fehlerhaft sind. Aber es ist eine Sache, sich selbst davon zu überzeugen, dass die Kaiserin keine Kleider trägt, und eine ganz andere, dies auf der Straße zu verkünden.«[224]

Um es noch einmal klarzustellen: Nichts, wirklich nichts (also: rein gar nichts) ist moralisch akzeptabel daran, Männer oder Frauen zu unterdrücken. Doch gerade weil dies ein so schwerer Vorwurf ist, kann man ihn nicht einfach in die Welt setzen, ohne ihn auch irgendwie zu belegen. Diese Konfrontation mit der Realität übersteht der Vorwurf allerdings nicht besonders gut, was nebenbei vielleicht auch der Grund ist, warum die Gender Studies ihre Annahmen oft lieber nicht testen. Denn Frauen und Männer sind in ihren Beziehungen nun einmal recht zufrieden (wir werden in Kapitel 7 noch darüber reden, inwiefern es einer Minderheit an Frauen anders geht).

Doch illiberal werden die Gender Studies ja gerade, weil sie abweichende Daten nicht akzeptieren. Kritik an ihrer Weltsicht kontern sie mit dem Vorwurf: Wer »die Macht hat […] möchte nicht dafür kritisiert werden«.[225] Das führt zu der paradoxen Situation, dass sie darauf beharren müssen, dass es Frauen schlecht geht, und anders lautende Daten mit dem Argument wegwischen müssen, dass »jegliches Wissen (auch das der Wissenschaften) von Interessen bestimmt sei«.[226] Doch die Realität verschwindet nicht, wenn man nicht an sie glaubt, wie jedes Kind weiß, das sich schon einmal die Augen zugehalten hat. Entsprechend schwer ist wegzudiskutieren, dass Frauen sich in ihren Beziehungen nicht unterdrückt fühlen. Doch nicht nur fühlen Frauen sich besser, als man ihnen einreden möchte. Sie wollen auch nicht die Männer, die der illiberale Feminismus für sie vorgesehen hat.

Frauen suchen nach anderen Partnern, als Feministinnen für richtig halten

Ich weiß nicht, wie Sie zwischen 20 und 30 drauf waren. Aber meine Zwanziger waren eine weitgehend verwirrte Suche nach dem Typ Frau, der zu mir passen könnte. Einige Bekannte meinten, schon immer ganz genau zu wissen, wer die Richtige wäre. Deren Ratschläge halfen jedoch meist weniger als Freunde, die auch mal zuhörten. Alice Schwarzer hätte wohl zur ersten Gruppe gehört. Denn sie erteilt Frauen den pauschalen Ratschlag, sich »im positiven Sinne unmännliche« Männer zu suchen.[227] Das scheint schon fast gemäßigt gegenüber Ratschlägen wie, dass »alle Feministinnen politische Lesben sein können und sollten. Unsere Definition einer politischen Lesbe ist eine Frau, die sich als Frau identifiziert und nicht mit Männern fickt. Das bedeutet nicht, dass sie zwangsweise mit Frauen sexuell aktiv ist.«[228] Wer hätte gedacht, dass der Vatikan und feministische Gruppen sich noch mal einig werden? Hier sind sie es: Sex? Lieber nicht! Doch ob das Predigen von Enthaltsamkeit besser funktioniert, wenn es von Feministinnen statt vom Vatikan kommt? Wer weiß. Was sich jedenfalls zeigt, ist, dass Frauen andere Männer attraktiv finden, als Feministinnen ihnen einreden möchten.

So belegt eine aufsehenerregende Studie, dass amerikanische Soldaten des Zweiten Weltkriegs mehr Kinder hatten, wenn sie mit der höchsten militärischen Auszeichnung ausgezeichnet wurden, der Medal of Honor. War dieser Effekt kausal? Haben also tapfere Männer mehr Erfolg bei Frauen und dadurch mehr Kinder? Tatsächlich finden Studentinnen auch heute noch Männer attraktiver, wenn ihnen erzählt wurde, dass diese eine Auszeichnung für Tapferkeit in kriegerischen Handlungen bekamen. Tapferkeit in zivilen Notständen erhöht dagegen die Attraktivität von Männern nicht. Umgekehrt funktioniert es auch nicht: Männer fanden nicht Frauen attraktiver, die für ihre Tapferkeit ausgezeichnet wurden. Die Forscher schlossen, dass Frauen wohl jene Männer attraktiver finden, die in Gruppenkonflikten Aufopferungsbereitschaft zeigten. Das könnte erklären, warum männliche Aggression in jeder Gesellschaft verbreiteter ist als weibliche: weil Frauen mit diesen Männern eher Kinder bekommen.[229] Wir wünschen uns vielleicht nicht, dass Aggressionsbereitschaft und Tapferkeit sexy sind. Doch was man anziehend findet, kann man sich eben nicht aussuchen. Oder ist dies nur ein Einzelergebnis?

Der Psychologe David Buss hat mit Dutzenden Kolleginnen und Kollegen gefragt, was Menschen sich weltweit von einem idealen Partner in einer langfristigen, festen Beziehung wünschen. Das Ergebnis, so ernüchternd es auch sein mag: Frauen wollen Verdienst, Männer Attraktivität. Die Unterschiede sind jedoch nicht gewaltig. Auf einer Skala von 1 bis 7 bewerten Frauen einen guten Verdienst mit einer Wichtigkeit von 5,48, Männer mit 5,11.[230] Vielleicht liegen diese Unterschiede nur daran, dass die Gleichberechtigung noch nicht überall erreicht ist? Vielleicht wollen Frauen lediglich dort einen reichen Partner, wo sie bisher weniger verdienen? Das ist nicht der Fall. Denn was Männer und Frauen sich von ihren Partnern wünschen, unterscheidet sich in reichen wie in armen, in gleichberechtigten wie in traditionellen Ländern. Wobei es zumindest Anzeichen gibt, dass Frauen ein gutverdienender Partner mittlerweile nicht mehr so wichtig ist wie früher.[231]

Auch die aktuelle Analyse einer deutschen Dating-Plattform zeigt allerdings, dass »Frauen bei ihrer Kontaktwahl eine deutliche Abneigung besitzen, sich bildungsmäßig ›abwärts‹ zu orientieren«. Dies ist überraschend »vor dem Hintergrund der sich durch den sozialen Wandel veränderten Erwerbssituation der Frau und ihrer heutzutage erreichten ökonomischen Unabhängigkeit vom Mann«. Frauen brauchen also heute keine Männer mit besserer Bildung mehr. Sie wollen sie aber. Männliche Eigeninitiative ändert daran wenig. Denn schreiben Männer mit niedrigerer Bildung Frauen an, antworten diese seltener. Männer sind »in dieser Hinsicht aufgeschlossener, denn sie beantworten durchaus Erstkontakte von Frauen mit höheren Bildungsressourcen«.[232]

Dass Frauen erfolgreiche Männer suchen, zeigen auch statistische Untersuchungen. So dachte man lange, Männer würden durch eine Heirat mehr verdienen. Die Erklärung lieferte die ökonomische Theorie der Familie des Nobelpreisträgers Gary Becker: Männer konzentrieren sich demnach in der Ehe aufs Geldverdienen, Frauen auf den Haushalt.[233] Durch diese Spezialisierung verdienen die Männer immer mehr, während die Frauen zu Haushaltsprofis werden. Doch die tatsächliche Erklärung, warum Männer nach der Heirat mehr verdienen, ist noch merkwürdiger. Die deutschen Soziologen Volker Ludwig und Josef Brüderl veröffentlichten sie im besten Soziologiejournal der Welt. Ihre Daten zeigen, dass Männer nicht *aufgrund* einer Heirat mehr verdienen. Stattdessen heiraten Frauen jene Männer, deren Einkommen sowieso gerade stark ansteigen. Männer verdienen also nicht mehr, weil sie heiraten. Vielmehr fischen sich Frauen Männer heraus, die finanziell gerade durchstarten. Gabriele Mari hat gezeigt, dass auch deutsche Frauen gezielt Männer heiraten, die auf dem Weg nach oben sind.[234] Doch warum heiraten Frauen Männer, deren Gehalt gerade ansteigt, statt solche, die bereits Großverdiener sind?

Glaubt man diesen empirischen Untersuchungen, handeln Frauen wie Talentscouts. Die schließen auch keine Verträge mit jenen, die bereits ganz oben sind, sondern suchen »das nächste große Ding«, also jemanden, den sie kurz vor seinem Karrieredurchbruch unter Vertrag nehmen können, während dessen Marktwert noch gering ist. Man kann all das kritisieren. Ich rolle auch die Augen, wenn eine Freundin in einer Kölner Bar einem Handwerker eine Abfuhr erteilt, weil ein Soziologiestudent ihr vorsäuselt, sich für französische Sozialphilosophie zu interessieren, »was mit Medien« zu machen und dabei »total spannende Projekte zu verfolgen« die ihn »bald groß rausbringen werden«, obwohl er eigentlich im 18. Semester ist, weil er sich seit 15 Semestern vor der Statistikklausur drückt.

Doch wenn es klappt, klappt es tatsächlich. Frauen mit besser verdienenden Männern sind erwiesenermaßen psychisch gesünder. Hier kommt das vielleicht merkwürdigste Forschungsergebnis des bisherigen Buches: Daten von über 200 000 dänischen Ehepaaren haben gezeigt, dass Frauen sich besonders oft angstlösende Medikamente (Benzodiazepine) verschreiben lassen, sobald sie mehr als ihr Partner verdienen. Bei ihren Partnern steigt dagegen die Einnahme von Medikamenten gegen erektile Dysfunktion haargenau an dem Punkt, an dem sie weniger als ihre Partnerin verdienen. Manche Untersuchungsergebnisse hören sich zu verrückt an, um wahr zu sein. Aber Sie haben richtig gelesen. Sobald Frauen mehr als ihre Partner verdienen, machen sie sich öfter Sorgen, während ihre Partner öfter Potenzprobleme bekommen.[235] Bizarr. Aber es ist das Ergebnis, wenn man Einkommens- und Medikamentendaten von hunderttausenden Dänen abgleicht. Vielleicht liegt das nur daran, dass die Emanzipation noch nicht fortgeschritten genug ist? Das kann sein. Aber dann ist sie nirgendwo weit genug. Denn emanzipierter als in Dänemark wird es kaum.

Entsprechend kann nicht überraschen, dass ähnliche Effekte in sehr verschiedenen Ländern auftreten. Amerikanische Frauen bezeichnen ihre Ehe mit 15 Prozent niedrigerer Wahrscheinlichkeit als glücklich, wenn sie mehr als ihr Partner verdienen. Mit höherem Verdienst der Frau werden Eheprobleme 32 Prozent wahrscheinlicher, Trennungen 46 Prozent, eine tatsächliche Scheidung 50 Prozent. Frauen machen zudem nicht nur mehr Hausarbeit, sondern lassen auch mit höherer Wahrscheinlichkeit die Erwerbstätigkeit ganz bleiben, sobald sie mehr verdienen als ihr Partner.[236] Machen Sie sich einmal klar, wie verrückt das ist. Sobald Frauen mehr verdienen als ihr Partner, hören sie lieber ganz auf zu arbeiten, statt weiterhin mehr zu verdienen. Und wenn sie doch weiterarbeiten, kompensieren sie das mit mehr Hausarbeit.

Finden Frauen keine Männer, die mehr verdienen als sie selbst, heiraten sie auch nicht mehr. So erklären sich 29 Prozent der zurückgehenden Heiratsrate der USA dadurch, dass Frauen keine besserverdienenden Männer mehr finden. Denn dann bleiben sie lieber Single, statt schlechter verdienende Männer zu heiraten.[237] Vielleicht finden Sie diese Ergebnisse so befremdlich wie ich. Doch die Realität richtet sich nicht danach, was wir gut oder schlecht finden. Und auch Deutsche sind in Partnerschaften etwa 8 Prozent unzufriedener, sobald die Frau mehr verdient als der Mann.[238]

Kann all das an der falschen Erziehung liegen? Vielleicht. So zeigen die Soziologin Pilar Gonalons-Pons und der Frankfurter Professor Markus Gangl[239], dass Paare sich zwar weltweit öfter scheiden lassen, sobald der Mann arbeitslos wird. Doch dies geschieht besonders dort, wo die kulturelle Vorstellung vorherrscht, dass Männer mehr verdienen sollten. Mit der Zeit kann deswegen die Neigung von Frauen schwinden, sich von Männern zu trennen, die wirtschaftlich weniger erfolgreich sind.[240]

In einem haben die Gender Studies also Recht: Dass Frauen vor allem wohlhabende Männer wollen, liegt möglicherweise nicht daran, dass sie »so sind«, sondern dass sie gelernt haben, welches Verhalten normal ist, und dieses Verhalten nun auch erwarten. Vielleicht leben wir deswegen in ein paar Jahrzehnten in einer Welt, in der es Paaren egal ist, wer mehr verdient. Vielleicht auch nicht. Denn bisher werden Menschen von einem absurden Umstand vom vermeintlich richtigen Leben abgehalten.

Paare mit traditionellem Rollenbild haben besseren Sex

Das Ende von Liebesfilmen ist vorhersehbarerweise, dass Paare nach etlichen Irrungen und Wirrungen zusammenkommen. Vielleicht gibt es einen Grund, weswegen Liebesgeschichten dann enden? Denn mit der Zeit passiert ... immer weniger. Vor allem im Bett. Dann fragt man sich vielleicht, was normal ist. Wie viel Sex haben Menschen in der Regel? Die pairfam-Umfrage zeigt, wie oft deutsche Paare intim werden.

Nur 1 Prozent aller deutschen Paare haben täglich Sex; immerhin noch 5 Prozent vergnügen sich mehr als 3 Mal pro Woche im Bett, 19 Prozent der Paare tun es 2 bis 3 Mal pro Woche, 21 Prozent einmal pro Woche und 26 Prozent 2 bis 3 Mal pro Monat, die häufigste

Kategorie. Grob kann man sagen: kaum jemand hat täglich Sex, circa jedes vierte bis fünfte Paar hat Sex 2 bis 3 Mal pro Woche, einmal pro Woche oder mehrmals im Monat. Drei Viertel der deutschen Paare haben somit mehrmals pro Monat bis mehrmals pro Woche Sex.

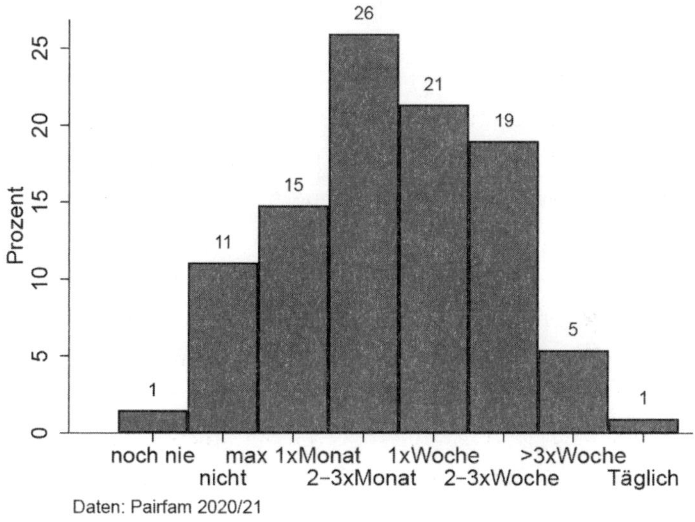

Abbildung 9: Häufigkeit von Sex

Aber es kommt ja nicht auf die Häufigkeit an. Wichtiger ist, mit dem Sex zufrieden zu sein. Alice Schwarzer kann sich das kaum vorstellen. Sie meint, »dass jede dritte oder zweite Frau akut frigide ist und fast alle Frauen massive Schwierigkeiten in der Sexualität haben«. Früher, so Schwarzer, konnten Frauen sich zumindest noch verweigern, indem sie Angst vor einer Schwangerschaft anführten. Doch heute haben sie »dank Aufklärung und Pille zur Verfügung zu stehen«.[241] Auf Sex hätten Frauen demnach generell keine Lust. Heute fehlen ihnen allerdings die Ausreden.

Wenn dieses traurige Bild stimmt, müssten Frauen recht unzufrieden mit ihrem Sexleben sein. Und Männer auch. Denn Sex mit Frauen, die nicht wollen, ist nicht gerade, was man sich wünscht.

Zum Glück hat pairfam auch die Zufriedenheit mit dem Sexualleben auf einer Zehnerskala abgefragt. Sehen Sie selbst, wie zufrieden Männer und Frauen mit dem Sexleben ihrer Partnerschaft sind:

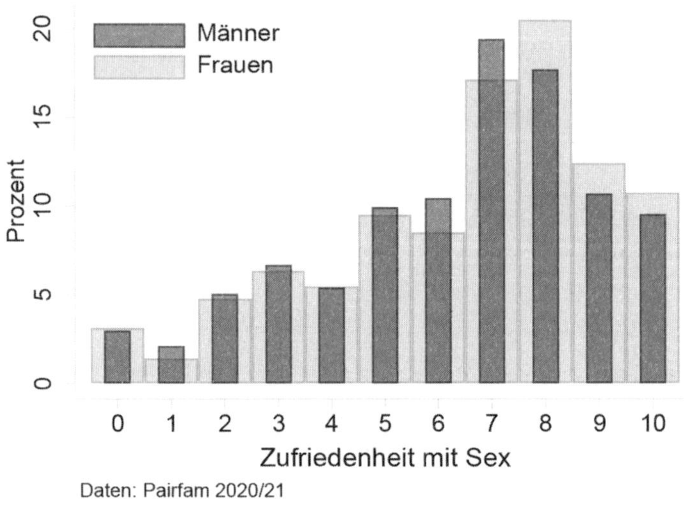

Abbildung 10: Zufriedenheit mit Sex, Frauen und Männer

11 Prozent der Frauen und auch 10 Prozent der Männer bewerten die Zufriedenheit mit ihrem Sexualleben mit 10 von 10 möglichen Punkten. Und wie Sie sehen, sind in den drei Kategorien mit der höchsten Sexzufriedenheit ausnahmslos mehr Frauen als Männer. Insgesamt bewerten Frauen die Zufriedenheit mit ihrem Sexleben mit 6,5 Punkten, Männer minimal niedriger mit 6,3. Es tut mir leid Alice Schwarzer, Catharine MacKinnon, Andrea Dworkin und Sandra Konrad, aber dass gerade Frauen keinen Spaß an Sex haben, zeigen die Daten einfach nicht.

Doch wann haben Paare besseren Sex? Eine klassische Antwort der feministischen Literatur lautet: wenn Männer mehr Hausarbeit erledigen.[242] Das vermutet beispielsweise die berühmte Soziologin Arlie Russell Hochschild. Aus einem qualitativen Forschungsprojekt gibt sie wieder, wie eine Frau Sex von Hausarbeit abhängig machte: »Als Evan sich weigerte, zuhause seinen Anteil an der Hausarbeit zu erledigen ... habe ich Sex benutzt. Ich sagte: ›Hör zu, Evan, ich wäre nicht jede Nacht so erschöpft und asexuell, wenn ich nicht jeden Morgen so viel zu tun hätte.‹«[243] Frauen nutzen demnach Sex als Ressource, um Männer zur Hausarbeit zu bewegen. Ein Forschungsartikel beschreibt die dahinterstehende sogenannte Austauschtheorie folgendermaßen: »in jeder Beziehung ist der Partner in einer schwächeren Position, der mehr Sex will«, so dass »Ressourcen ausgetauscht werden, um das Ungleichgewicht beim sexuellen Interesse auszugleichen«.[244] Wenn Männer mehr Hausarbeit machen, belohnen Frauen sie demnach mit Sex. Frauen bekommen dann die Hausarbeit vom Mann und Männer den Sex von der Frau. Wenn Sie das bizarr finden, werfen Sie es nicht mir vor, sondern der Austauschtheorie. Jedenfalls müssten Paare demnach mehr Sex haben, mit dem sie auch zufriedener sind, wenn der Mann mehr Hausarbeit macht.

Die Realität ist jedoch – wie so oft – noch merkwürdiger. Denn tatsächlich haben Paare öfter Sex und sind auch zufriedener damit, wenn sie finden, dass Frauen sich stärker um Familie statt Karriere kümmern sollten. Männer, die dem auf einer Fünferskala einen Punkt stärker zustimmen, haben eine 16 Prozent höhere Chance, öfter Sex zu haben. Und auch Frauen haben eine 5 Prozent höhere Chance auf mehr Sex, wenn sie finden, dass Familie wichtiger ist als Karriere, wobei der Einfluss bei ihnen insignifikant wird.

Aber wie gesagt: Es kommt ja nicht auf die Häufigkeit an. Allerdings sind Männer und Frauen auch zufriedener mit ihrem Sex, wenn sie finden, Frauen sollten sich eher um Familie kümmern. Auf der Zehnerskala sexueller Zufriedenheit haben Frauen eine 16 Prozent höhere Chance, mit ihrem Sexleben dann einen Punkt zufriedener zu sein; Männer haben eine 2 Prozent und damit nur insignifikant höhere Chance.

Männer und Frauen, die voll zustimmen, dass Frauen sich um Familie statt Karriere kümmern sollten, bewerten ihr Sexualleben mit etwas über 7 von 10 möglichen Punkten. Frauen und Männer, die das überhaupt nicht so sehen, bewerten ihren Sex dagegen mit etwa 6,5 von 10 möglichen Punkten. Wer lebt, wie der moderne Feminismus es für richtig hält, hat somit tendenziell seltener Sex und ist damit tendenziell unzufriedener. Dagegen haben Paare, die eine eher althergebrachte Rollenverteilung für gut halten, häufigeren Sex, mit dem sie auch zufriedener sind.

Der Effekt ist jedoch weder substanziell extrem stark noch statistisch extrem signifikant. Ich würde das deswegen nicht überbewerten. Man kann aufgrund dieser Daten lediglich vermuten, dass Paare sich tendenziell stärker zueinander hingezogen fühlen, wenn sie anders denken, als der moderne Feminismus es von ihnen erwartet. Das zeigen auch andere Studien und Daten[245], obschon einige zwar bestätigen, dass Paare weniger und schlechteren Sex haben, wenn der Mann den Hauptteil der Hausarbeit macht, nicht jedoch, wenn die Hausarbeit gleichmäßig aufgeteilt ist.[246]

Ich würde also meine Hand nicht ins Feuer legen für einen direkten kausalen Effekt von ungleich aufgeteilter Hausarbeit oder traditioneller Einstellungen auf sexuelle Zufriedenheit. Alle Studien zeigen jedoch, dass Frauen weniger Sex mit ihren Partnern haben, wenn diese einfach nur Hausmänner sind. Dahinter könnten erlernte Rollenmuster stecken. Sollte man sie deswegen ändern? Das findet zumindest die Politik. So meint das Bundesministerium für Familie, Senioren, Frauen und Jugend über die ungleiche Verteilung von Haus- und Erwerbsarbeit: »Soziale Normen und Geschlechterstereotype müssen egalitäre Verteilung positiv bewerten.«[247] Ob das richtig ist, dazu kann ich als Wissenschaftler nichts sagen. Ich kann schließlich nur erforschen, wie die Welt ist, nicht wie sie sein sollte.

Eine Gefahr sollte man allerdings noch abklären. Denkbar ist, dass Frauen sich Männern anpassen, weil sie unbedingt eine Beziehung wollen, während Männer auch ohne Beziehung gut klarkommen. Zumindest ist das ein gängiges Vorurteil. Wenn es stimmt, dass Frauen eine Beziehung brauchen, wären sie gemäß der Austauschtheorie in der schlechteren Verhandlungsposition. Doch dazu müsste sich zeigen, dass Frauen als Single unzufriedener sind und verzweifelter suchen als Männer. Testen wir dies also zuletzt noch.

Frauen kommen auch als Single besser klar

Das Handbuch Interdisziplinäre Geschlechterforschung nennt Liebe ein »Ausbeutungsinstrument des Patriarchats«, welches Frauen dazu bringe, sich »Männern freiwillig zu unterwerfen«.[248] An anderer Stelle heißt es, Liebe und Sex verhindern, dass Frauen ihren Mann als Feind erkennen.[249] Immer wieder, so haben wir nun gesehen, liest man, dass Frauen mit sich machen lassen, was Männer wollen, nur um zur heißersehnten Beziehung zu kommen.[250] Dass Frauen Beziehungen wirklich so sehr brauchen, müsste man am Unglück weiblicher Singles erkennen. Sie müssten verzweifelt nach Männern suchen, während diese total cool blieben. Doch sehen Sie selbst, wie sehr männliche und weibliche Singles sich einen Partner wünschen:

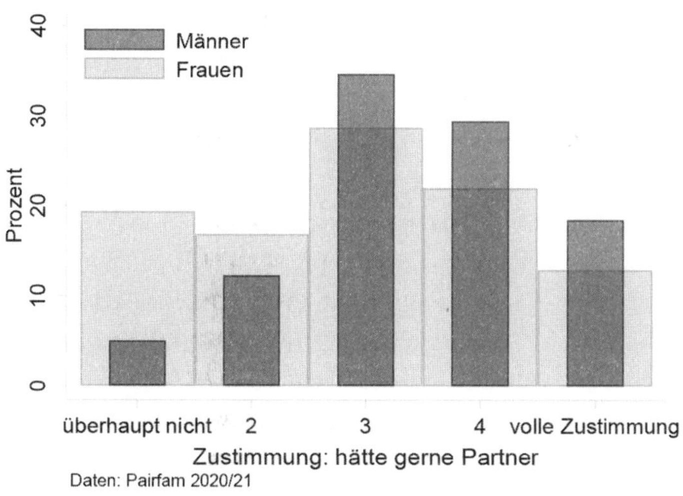

Abbildung 11: Partnerwunsch von weiblichen und männlichen Singles

Unter den Singles, die gerne einen Partner hätten, sind Männer überrepräsentiert (die dunklen schmalen Balken rechts sind höher). Umgekehrt sind unter jenen Singles, die gar nicht unbedingt einen Partner brauchen, viel mehr Frauen (die hellgrauen breiten Balken sind links höher). Denn fast die Hälfte der Singlemänner (48 Prozent) hätte gerne eine Partnerin. Doch nur 35 Prozent der Singlefrauen erwidern ihr Interesse (Kategorien 4 und 5). Entsprechend ist 36 Prozent der Singlefrauen ein Partner nicht besonders wichtig, wohingegen mit 17 Prozent weniger als halb so viele Männer derart entspannt sind. Besonders krass ist das Verhältnis unter den vollkommen Desinteressierten. Auf vier Frauen, die keinen Partner suchen, kommt nur ein Mann, der als Single ebenso in sich ruht. Um es noch mal zu sagen: Auf vier super entspannte Singlefrauen kommt nur ein super entspannter Singlemann. Damit haben Singlefrauen insgesamt nur eine halb so große Chance wie Männer, verzweifelter auf Partnersuche zu sein. Doch vielleicht sind die Singlefrauen nicht entspannter, sondern resignierter?

Dann dürften Frauen ihr Singledasein nicht mehr genießen. Doch Frauen bewerten ihr Singleleben mit 7,1 von 10 Punkten, Männer nur mit 6,3. Frauen sind also mit ihrer Situation als Single signifikant zufriedener. Besonders eindrucksvoll ist der Unterschied, wenn man ihn in Abbildung 12 grafisch sieht.

In den Kategorien 9 und 10, wo sich die besonders zufriedenen Singles finden, sind jeweils mehr als doppelt so viele Frauen wie Männer. Unter den unzufriedeneren Singles links sind hingegen mehr Männer. Frauen kommen mit dem Singleleben also viel besser klar als Männer. Ein besonders drastisches Beispiel dafür ist, dass Männer sich nach einer Scheidung circa 8-mal häufiger umbringen, als geschiedene Frauen es tun. Dies wird oft damit erklärt, dass Männer aufgrund eines instabileren sozialen Umfelds nach einer Trennung ins Nichts fallen. Vereinfacht gesagt kümmern sich verheiratete Männer nicht mehr um ihre Freunde, so dass sie nach einer Beziehung niemanden mehr haben, an den sie sich wenden können, wohingegen Frauen soziale Kontakte aufrechterhalten, so dass sie nach einer Trennung in ein engmaschiges soziales Netz fallen.[251] Insofern zeigen die Daten: Männer sind abhängiger von einer Beziehung als ihre Partnerin von ihnen. Und das deckt sich damit – hier kommen wir zum Ausgangspunkt zurück –, dass in Beziehungen eher die Frauen als die Männer bestimmen.

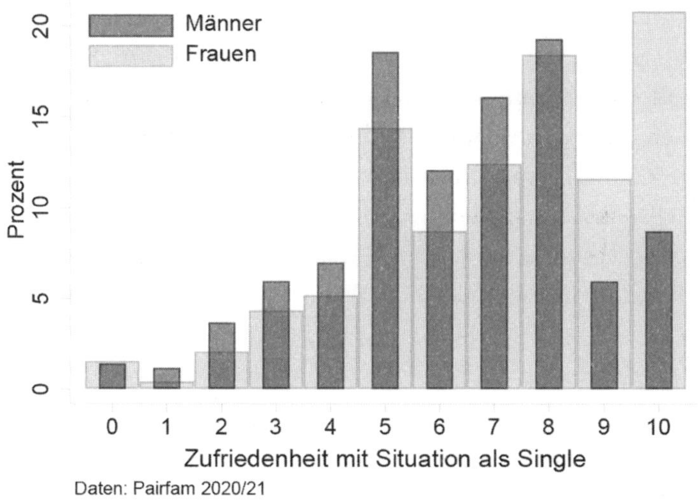

Abbildung 12: Zufriedenheit mit der Situation als Single

Feministinnen nennen als Ziele ihrer Bewegung »Selbstverwirklichung/Selbstbestimmung/Autonomie/Befreiung aus persönlicher Abhängigkeit einerseits und Gleichheit andererseits.«[252] Nimmt man dies ernst, hat der Feminismus seine Ziele für Frauen stärker erreicht, als sie für Männer erreicht sind. Denn die Daten zeigen, dass Frauen unabhängiger von Männern sind als umgekehrt. Geht es also nun den Männern schlecht? Leben *sie* das falsche Leben? Ist es Zeit, *sie* stattdessen als neue Opfergruppe auszurufen?

In den Gender Studies hat sich die sogenannte »kritische Männlichkeitsforschung« etabliert. Diese findet, das »Wissen der Männer über sich selbst ist bestenfalls begrenzt und partiell, schlimmstenfalls gewaltsam patriarchalisch.«[253] Ich dachte eigentlich, Wissen sei immer begrenzt. Und wie Wissen »gewaltsam patriarchalisch« sein kann, wird vom Handbuch der Gender- und Frauenforschung leider nicht erklärt. Nimmt man diese Meinung jedoch ernst und kombiniert sie mit der Forderung von Maria Mies, wonach nur Frauen Frauenforschung betreiben sollten, ergibt sich daraus die Forderung, dass Männer weder Frauen noch andere Männer erforschen sollten. Ich mache es jetzt mal trotzdem.

Etwas Gutes hat die kritische Männlichkeitsforschung in jedem Fall. Ihr ist nämlich aufgefallen, dass das Leben für Männer nicht automatisch besser ist. Diese Forschung zieht jedoch nicht in Betracht, dass es Männern und Frauen gleich gut gehen könnte. Stattdessen meint sie, es gehe eben nicht nur Frauen, sondern auch Männern ganz furchtbar. Beide seien Opfer der gesellschaftlichen Verhältnisse. So schreibt die Moderatorin und feministische Aktivistin Jameela Jamil[254], »wie viele Möglichkeiten die Gesellschaft hat, Gift in die männliche Psyche zu träufeln«. Männern werde »eine toxisch wirkende, maskuline Weltsicht vorgehalten, der sie sich zu unterwerfen haben. […] Männer werden schon in möglichst jungen Jahren rekrutiert und einer Gehirnwäsche unterzogen, indoktriniert und manipuliert, um sie in ein unterdrückerisches patriarchales System einzufügen.«[255]

Und dann gibt es noch das Konzept der »hegemonialen Männlichkeit«. Das ist die toxische Einstellung, die Männern angeblich in jungen Jahren in die Psyche geträufelt wird, so dass sie später krampfhaft versuchen, kulturellen Stereotypen zu entsprechen.[256] Männer folgen damit angeblich genauso wie Frauen den »strikten Verboten und Anreizen […], die das soziale Geschlecht organisieren«.[257] Das

Verhalten von Männern sei deswegen eine »affektiv-abwehrmechanisch gestützte ›Show‹, die vor sich selbst aufgeführt wird«. Diese Männlichkeitsshow ist »brüchig, permanent in der Krise und auf aktive Pflege angewiesen«, weswegen »manisch und hyperaktiv an dem Mannsein festgehalten wird«.[258] Radikale Feministinnen äußern deswegen, dass »Feminismus für alle Geschlechter super ist, weil er auch Männer aus ihrem toxischen Ernährermännlichkeitsbild befreit«.[259] Wenn Sie als Mann also Geld verdienen, um ihre Familie zu ernähren, leben Sie schon das »toxische Ernährermännlichkeitsbild«.

Sie haben es schon gemerkt: Das kölsche Motto »levve un levve losse« (für Nichtkölner: leben und leben lassen) scheint bei kritischen Männlichkeitsforschern ebenso wenig angesagt wie im klassischen Feminismus. Stattdessen wird Männern pauschale Frauenfeindlichkeit unterstellt. Beispielsweise wenn Sebastian Winter[260], Lehrbeauftragter der Uni Passau und seines Zeichens »psychodynamischer Coach«, meint: »Der hegemoniale männliche Bezug auf Weiblichkeit ist hochambivalent aufgespannt zwischen obsessivem Begehren sowie einer Angst vor dem Wiederabhängigwerden und dem Zurücksinken in die schattenhafte Subjektlosigkeit, die sich abgewehrt auch als misogyner Hass äußert.« Was? In einfach: Angeblich begehren Männer Frauen (immerhin ein Punkt, der wohl auf allgemeine Zustimmung treffen wird). Doch deswegen hassen sie sie auch, weil sie befürchten, von ihnen wieder so abhängig zu werden, wie sie es einmal von ihrer eigenen Mutter waren.

Jetzt mal ausnahmsweise ein nicht besonders wissenschaftliches Argument. Aus Gründen, die mir selbst nicht klar sind, habe ich in Köln mehr Freundinnen als Freunde. Deswegen sitze ich oft in Bars und höre mir an, was ein Ex-Partner in der letzten Beziehung verbockt hat. Doch ich schwöre: Noch nie hat mir eine Freundin erzählt, ein Typ hätte sich selbst dafür gehasst, sie zu begehren, weil er dadurch Angst bekam, von ihr abhängig zu werden, wie er es einmal von seiner eigenen Mutter war. Doch vielleicht hat Herr Winter als

»psychodynamischer Coach« Einblicke in die Abgründe der menschlichen Psyche, die Normalsterblichen verschlossen bleiben? Darum würde man gerne wissen, welche Daten hinter so wilden Thesen stehen. Doch wieder ist die Antwort: gar keine. Es wird nicht einmal versucht, derartige Aussagen zu belegen. Es sind einfach Theorien, man könnte auch sagen, reine Vermutungen, die jedoch als Wahrheiten präsentiert werden.

Wenn man allerdings über eine Hälfte der Menschheit Annahmen trifft, die kaum jemand bestätigen kann, ist wenig überraschend, dass man damit ein Bild konstruiert, das ebenso wenige bestätigen können. So schreibt die berühmte Leeds Revolutionary Feminist Group: »Männer sind der Feind. Heterosexuelle Frauen sind Kollaborateure mit dem Feind. All die gute Arbeit, die unsere heterosexuellen feministischen Schwestern für die Frauen leisten, wird durch die konterrevolutionären Aktivitäten untergraben, die sie mit den Männern unternehmen.«[261] Und vor kurzem nannte die französische Autorin Pauline Harmange Männerhass »eine befreiende Form der Feindseligkeit«. Dabei sei die pauschale Verurteilung von Männern durchaus angebracht. Denn »[w]enn wir uns immer die Zeit nehmen und die Mühe machen, genau zu differenzieren, welche Männer gut und welche schlecht sind, verlieren wir einen großen Teil unserer feministischen Energie, die wir im Kampf gegen das Patriarchat brauchen. Das ›Nicht alle Männer‹-Argument ist als Antwort auf die systematische Unterdrückung, die Frauen durch Männer erfahren, einfach nicht stark genug.«[262] Suzanna Danuta Walters, Professorin für Soziologie und Direktorin des Studienprogramms für Frauen, Geschlecht und Sexualität an der Northeastern University in Boston, zieht daraus die Konsequenz:

> »Männer, wenn ihr wirklich möchtet, dass wir euch nicht hassen für all die Jahrtausende des Leidens, das ihr hervorgebracht und von dem ihr profitiert habt, dann tretet zurück, damit wir endlich aufstehen können, ohne niedergeschlagen zu werden. Versprecht, nur

> für feministische Frauen zu stimmen. Bewerbt euch nicht mehr für Ämter. Seid für nichts mehr verantwortlich. Tretet von der Macht weg. Wir erledigen das jetzt. Und wisst, dass eure Krokodilstränen nicht mehr von uns weggewischt werden. Wir haben jedes Recht, euch zu hassen. Ihr habt uns übel mitgespielt. Schon lange ist es Zeit, hart für das Team Feminismus zu spielen. Und zu gewinnen.«[263]

Wenn ich an Trump, Erdogan, Putin oder Bolsonaro denke, kommt mir der Vorschlag, nicht mehr für Männer zu stimmen, tatsächlich wie eine gute Idee vor. Es ist nun mal wahr, dass Männer furchtbares Leid über die Welt gebracht haben. Doch folgt man dem Argument, dass Gruppen, die an vorheriger Unterdrückung beteiligt waren, keine Verantwortung mehr übernehmen dürfen, müssten alle Deutschen aufgrund ihrer Nazi-Großeltern zurücktreten, Türken aufgrund ihrer osmanischen Vorfahren, und Italiener müssten sich wegen der Sklaverei der Römerzeit verantworten. Doch wer bleibt dann übrig? Selbst für Angela Merkel hätte man nicht stimmen dürfen. Sie bezeichnete sich schließlich nicht als Feministin. Walters Artikel trägt den Titel »Warum sollten wir Männer nicht hassen?« Und Hass entsteht wohl tatsächlich, wenn man der oben wiedergegebenen Argumentation folgt, dass Männer erst einmal als Täter anzusehen sind.

Gleichzeitig sind Männer in dieser Argumentation nicht nur Täter, sondern auch Opfer, Opfer ihrer selbst, weswegen »Männer die Befreiung von der Männlichkeit ebenso sehr brauchen, wie Frauen aus den Fesseln des Patriarchats befreit werden müssen«.[264] Das ist keine graue Theorie. Der Versuch, Männer von ihrer Männlichkeit zu befreien, hat sogar Einzug in therapeutische Leitlinien gefunden. Die Amerikanische Psychologische Vereinigung hält in ihren offiziellen Leitlinien für den therapeutischen Umgang mit Jungen und Männern fest, dass die »Sozialisation in traditionelle Männlichkeit die psychologische Entwicklung von Männern hemmt« und ihre »mentale Gesundheit negativ beeinflusst«. Eine »maskuline Ideologie« zeige sich auch durch »Anti-Feminität«, »Erfolgsdrang« und »Abenteuer«.[265] Wären die Mitgliederinnen der Amerikanischen Psychologischen Vereinigung konsequent, müssten sie ihren Söhnen erklären, dass wenn diese sich nicht feminin fühlen, wenn sie Erfolg haben oder auf Bäume klettern wollen, leider schon tief in der verflixten toxischen Männlichkeit feststecken. Hier werden insofern vollkommen harmlose Einstellungen und Wünsche für krankhaft erklärt.

Die Gender Studies haben also nicht bei den Frauen aufgehört. Stattdessen präsentieren sie nun mit der kritischen Männlichkeitsforschung auch das Leben von Männern als Katastrophe. Dass es nie ohne Opfer geht, wäre eine durchaus angebrachte Feststellung, wenn die Daten denn gezeigt hätten, dass Männer an ihrem Leben verzweifeln. Wir haben jedoch immer wieder gesehen, dass nicht nur Frauen, sondern auch Männer auf den typischen Zehnerskalen, die Zufriedenheit messen, meist jenseits der 7 Zufriedenheitspunkte sind, also in aller Regel ein recht erstrebenswertes Leben haben.

Stattdessen wird nicht nur immer wieder behauptet, dass es Frauen schlecht geht, so dass sie zwangsbeglückt werden müssen; dieselbe Fiktion wird auch für Männer aufrechterhalten, obwohl sie nicht zu den Daten passt. Das ist schade, weil seriös arbeitende Genderforscherinnen zeigen, wie man es besser machen kann. Wendy Williams, Claudia Goldin, Cecilia Rouse, Shelley Correll und in Deutschland beispielsweise Katrin Auspurg, Lena Hipp, Mareike Bünning, Pia Schober oder Daniela Grunow belegen mit großartigen Studien, wo heute noch reale Benachteiligung besteht. Nichts daran ist illiberal. Denn es ist empirische Forschung, die beobachtet, wie Menschen sind, statt ihnen vorzuschreiben, wie sie zu sein haben. Im Gegensatz dazu meinte eine mittlerweile pensionierte Genderprofessorin einmal zu mir, das Gefährliche an empirischer Forschung sei doch, dass man vorher nicht wisse, was am Ende rauskommt. Ich dachte immer, deswegen macht man Forschung. Denn wenn man vorher schon weiß, was nachher rauskommt, könnte man auch gleich

einfach aufschreiben, was man persönlich für richtig hält. Ach ja …
Wie also ist die Genderforschung in diese unangenehme Ecke geraten? Und wie kann man wieder zu einer Forschung kommen, die Frauen und Männern tatsächlich hilft?

5

Wie die Gender Studies sich von der Realität verabschiedeten

Sie haben sich vielleicht schon gefragt, ob ich ein persönliches Problem mit den Gender Studies habe. Es ist kein persönliches, sondern ein professionelles; denn müsste ich meine Arbeit definieren, würde »empirische Sozialforschung« am besten passen. Als empirischer Sozialforscher kann man jede Behauptung aufstellen. Aber (großes aber) man muss seine Behauptung mit umso besseren Daten belegen, je außergewöhnlicher sie ist. Dahinter steckt die Idee, dass Behauptungen nicht die eigene Meinung, sondern die Realität widerspiegeln müssen. Weil beispielsweise immer behauptet wurde, man könne Menschen aufgrund ihres Geburtsjahres in Generationen einteilen, berechnete ich also, ob Einstellungen sich unabhängig vom Alter und Befragungszeitpunkt auch mit dem Geburtsjahr erklären. Da das nicht der Fall war, macht es wenig Sinn, von Generationen wie X, Y oder Z zu sprechen.[266] Als immer wieder behauptet wurde, AfD-Sympathisanten seien sozial abgehängt, rechnete ich aus, dass nicht Armut, sondern vielmehr Ausländerfeindlichkeit mit AfD-Sympathie einhergehen.[267] Ich will also immer wissen, ob wir über unsere Gesellschaft Annahmen treffen, die der Wirklichkeit entsprechen. Und wenn nicht, zeige ich das.

Und die Annahmen der Gender Studies haben nun mal oft nicht viel mit der Realität zu tun, sondern mit dem Versuch, anderen die eigenen Vorstellungen von richtig und falsch aufzudrängen. Glauben Sie das nicht mir. Lesen Sie sich lieber durch, was die Historikerin

Helen Pluckrose, der Mathematiker James Lindsay und der Philosoph Peter Boghossian Verrücktes herausfanden, als sie unter wechselnden Pseudonymen möglichst absurde Aufsätze bei einschlägigen Gender-Studies-Fachzeitschriften einreichten. Die drei wollten wissen, ob dort selbst grober Unsinn veröffentlicht würde, solange man nur wiederholt, was in der Disziplin als moralisch angemessen gilt.

Dafür kopierten sie Hitlers Anleitung zum Aufbau der NSDAP aus *Mein Kampf*, änderten das Vokabular ein wenig und reichten es als »Programm für einen solidarischen Feminismus« bei der feministischen Fachzeitschrift Affilia ein. Deren Gutachter schrieben, der Text sei »sehr gut geeignet, einen inklusiven Feminismus« zu begründen, und bekundeten »extreme Sympathie für das Argument des Artikels und dessen politische Positionierung«. Die Fachzeitschrift erklärte sich also bereit, eine Variante von Hitlers *Mein Kampf* als Manifest für einen inklusiven Feminismus zu publizieren.

Der zweite Artikel schlug vor, Studenten für die bisherigen Verbrechen von Männern in Uniseminaren am Boden anzuketten und sie zum Schweigen zu zwingen. Das Journal für feministische Philosophie Hypatia dankte für die »konkreten Vorschläge«, welche »den Nagel auf den Kopf treffen« und »Ungerechtigkeit im Klassenzimmer angehen«. Außerhalb feministischer Vorstellungen könnte die Idee, männliche Studenten anzuketten, auf Skepsis treffen. Gutachtern dieser Zeitschrift galt sie hingegen als wegweisender Ansatz zur Bekämpfung von Ungerechtigkeit.

Ein dritter Artikel argumentierte, die bisherige Astronomie sei zu männlich und westlich. Sie müsse deswegen durch eine »feministisch-queer-indigene Astrologie« ergänzt werden, welche bisher nur zum Erstellen von Horoskopen genutzt werde. Ein Gutachter der Zeitschrift Women's Studies lobte, dies könne endlich einen »feministischen Blick in den Naturwissenschaften etablieren«. Ein zweiter schrieb, er »hoffe, diese Idee werde bald in Klassenzimmern diskutiert«.

In »Rein durch die Hintertür« argumentierte das Autorentrio, es sei verdächtig, dass Männer sich nur selten anal befriedigen. Um Männer für Homo- und Transsexualität zu öffnen, müsse man sie zu analer Masturbation anregen. Gutachter der Fachzeitschrift Sexuality & Culture nannten dieses Argument »einen unglaublich reichhaltigen und interessanten Beitrag« an der »Intersektion von Maskulinität und Analität«. Ein Gutachter schlug sogar vor, Männern, die keinen Analsex wollen, nicht lediglich »Transphobie«, sondern besser gleich »Transhysterie« vorzuwerfen. Nachdem die Autoren ihr Plädoyer für Analsex im Dienste der Transtoleranz noch ein wenig radikalisiert hatten, wollte die Fachzeitschrift Sexuality & Culture es veröffentlichen.[268]

Auch behaupteten Boghossian und Lindsay, der männliche Penis sei lediglich ein soziales Konstrukt, hänge jedoch irgendwie mit der Ausbeutung fossiler Brennstoffe zusammen. Sie schlugen als Alternative zu Bodybuilding Fatbuilding vor; argumentierten, Sex zwischen Hunden weise auf eine Kultur der Vergewaltigung unter Menschen hin; behaupteten, weibliche Bodybuilder seien nur aufgrund von kulturellem Sexismus kleiner als Männer, und vermuteten, Männer machten nur Kampfsport, um auch mal andere Männer berühren zu dürfen. Wenn Sie wollen, geben Sie bei YouTube »The Grievance Studies Affair« ein und schauen, wie zwei der drei Forscher erfahren, dass ihr erster Artikel angenommen wurde. Es wirkt, als könnten sie es selbst kaum glauben. Nachdem ihre ersten Artikel veröffentlicht waren, zitierten die Autoren sich selbst und bewiesen dadurch, wie ein Berg an Unsinn schon alleine dadurch wächst, dass er sich auf sich selbst beruft. Nach diesen Erfahrungen kann es kaum noch verwundern, dass die drei äußerten, man könne in den Gender Studies schreiben, was man wolle, solange es sich nur verrückt genug anhöre.

Was meinten die Gender Studies, als sie erfuhren, dass alles nur ein Scherz war? Sie werden es nicht glauben. Ein Artikel entgegnete, die Idee einer feministischen Astrologie sei zwar vielleicht tatsächlich etwas verrückt. Doch das mit dem Fatbuilding statt Bodybuilding sei doch gar keine so schlechte Idee und hey, vielleicht waren dann auch die anderen Ideen gar nicht so schlecht. Eine Antwort war also, dass der Trick der drei unfair gewesen sei, weil ihre Ideen angesichts dessen, was ansonsten in der Genderforschung publiziert wird, nun mal nicht als Satire erkennbar waren.[269]

Und in der Tat unterscheiden sich reale Publikationen in der Genderforschung teilweise kaum noch von diesen Satire-Artikeln. So forderte ein 2016 erschienener Artikel eine »feministische Gletscherwissenschaft«, um die Idee, dass »Eis Eis ist«, als »dominante Sichtweise des Westens« zu entlarven, welche durch »maskuline Diskurse« Frauen benachteiligt. Der Artikel wurde über 100-mal zitiert.[270] In Feministische Studien, einer deutschen Fachzeitschrift, forderte die Kulturwissenschaftlerin Rosalind Gill, die Gender Studies sollten doch auch endlich mal erforschen, wie überarbeitet Gender-Studies-Professorinnen sind. Es sei an der Zeit, sich »kritisch mit den zahlreichen Momenten auseinanderzusetzen, in denen Einzelne berichten, dass sie am Ende sind, vermuten ›meine Arbeit ist Mist‹ oder ›ich werde auffliegen‹ – sowie mit jenen Momenten grundloser Angriffe und Grausamkeiten, die so oft zu beobachten sind – zum Beispiel in anonymisierten Gutachterprozessen (die jedoch selten in Frage gestellt werden) – und diese Gefühle mit neoliberalen Praktiken der Macht an der westlichen Universität in Verbindung bringen«.[271] Hier schlägt eine Universitätsprofessorin also vor, ein Forschungsprogramm daraus zu machen, dass sie müde ist, ihre Arbeit anscheinend selbst manchmal nicht ernst nehmen kann, sie aber anonym begutachten lassen muss, wobei dieses sogenannte doppelt blinde Begutachtungsverfahren eigentlich einer der Grundpfeiler der Wissenschaft ist. Was dies wiederum mit »neoliberalen Praktiken der Macht« zu tun hat – oder was das überhaupt sein soll –, wird nirgendwo erklärt. Doch »neoliberale Praktiken der Macht«, »Herrschaft«, »Patriarchat« oder »Unterdrückung« sind eben die Buzzwords, die zwar selten erklärt werden, jedoch selbst die absurdesten Argumente in Fachzeitschriften bringen.

Wenn Sie jetzt denken, es kann nicht absurder werden, dann nur noch ein Beispiel. Denn dann kennen Sie noch nicht die feministische Wissenschaftstheoretikerin Karen Barad. Die sieht Zigarren als »›Verdichtung‹ – sozusagen ein ›Knotenpunkt‹ – der Funktionsweise anderer Apparate, unter anderem der Klasse, des Nationalismus, der Wirtschaft und des sozialen Geschlechts«.[272] Vielleicht sollten Sie nicht allzu lange überlegen, was das bedeutet. Denn Pluckrose, Lindsay und Boghossian haben schließlich gezeigt, dass man nur pseudointellektuelle Worthülsen aneinanderreihen muss, und schon kriegen dic Gender Studies sich vor Begeisterung kaum noch ein. Entsprechend werden die Zigarren-Aussagen vom Handbuch für Feministische Methodologien und Methoden als wegweisend präsentiert. Vielleicht ebenso wegweisend wie eine feministisch-queer-indigene Astrologie, Männer anzuketten, ihnen anale Befriedigung nahezulegen oder Hitlers Schriften als Anleitung für einen inklusiven Feminismus zu nutzen.

Oder sind all das trotzdem nur Einzelfälle? Ein Artikel in der weltweit angesehensten Fachzeitschrift für Wissenschaftsforschung zeigt: eher nicht. Denn er berechnet, dass Forschungsartikel desto unwissenschaftlicher werden, je stärker sie eine Gender-Perspektive einnehmen.[273] Wo sind die Gender Studies falsch abgebogen, um in diesen Schlamassel zu geraten? Und wie kann man das wieder in Ordnung zu bringen?

Das problematische Ziel der Gleichstellung

Früher hatten die Gender Studies eine wichtige Aufgabe: festzustellen, wo Gleichberechtigung noch nicht erreicht ist. Dort konnte der Feminismus als gesellschaftliche Bewegung weitermachen und Gleichberechtigung erkämpfen. Doch fällt Ihnen heute noch ein Bereich ein, wo Frauen in Deutschland systematischer weniger Rechte haben als Männer?

Wo es nichts mehr gibt, hätten die Gender Studies sich in Wohlgefallen auflösen können. Doch all die Lehrstühle schaffen sich ja nicht von selbst ab. Stattdessen suchten sie ein neues Ziel, nachdem das alte erreicht war. Sie fanden: Gleichstellung.[274] Was damit genau gemeint ist, bleibt notorisch unbestimmt. Denn so kann man darunter alles fordern, was einem gerade passt. Nimmt man die Bezeichnung ernst, müsste Gleichstellung jedoch bedeuten, Männer und Frauen in die »gleiche Stellung« zu bringen.[275] Statt um gleiche Rechte, mit denen jeder leben kann, wie man will, geht es dann darum, das tatsächliche Leben von Menschen anzugleichen, man könnte übrigens auch sagen: weniger divers zu machen.

Wer Gleichstellung fordert, beispielsweise »mehr Frauen in Männerberufe und mehr Männer in Frauenberufe zu bringen«[276], muss jedoch damit leben, dass nicht alle Bauarbeiter in der Tiefe ihres Herzens Kindergärtner werden wollen und nicht alle Kindergärtnerinnen eine geheime Liebe für Betonmischer hegen. Vielmehr haben wir gesehen, dass die meisten Menschen recht zufrieden mit ihrem Leben sind. Und wer mit seinem Leben zufrieden ist, will naturgemäß nicht, dass es sich ändert – und insofern auch nicht gleichgestellt werden.

Dass zufriedene Menschen nicht gleichgestellt werden wollen, ist der Grund für den paradoxen Umstand, dass Feministinnen Frauen einreden müssen, mit ihrem Leben unzufrieden zu sein, obwohl die meisten Frauen das Gegenteil beteuern. Wie Meike Lobo ausführt, ist dies »das Gegenteil von empowerment.« Es ist paradox. Früher haben Männer probiert, Frauen einzureden, das schwache Geschlecht zu sein. Heute probiert der Feminismus es, der sich nicht vorstellen kann, dass Frauen auch ohne seine Hilfe in der Lage sind zu leben, wie sie möchten.[277] Doch die Frauen selbst machen nicht mehr mit.

Zuletzt wollten sich etwa vier von fünf Frauen nicht mehr als Feministin bezeichnen. In anderen Umfragen sind es sogar nur noch um die 8 Prozent. Das Verrückte ist, dass sich gleichzeitig etwa 80 Prozent der Männer und Frauen mit dem Ziel der Gleichberechtigung identifizieren können.[278] Auch finden 90 Prozent der angestellten Frauen und Männer, dass gleiche Arbeit bei gleicher Erfahrung unabhängig vom Geschlecht gleich bezahlt werden sollte.[279]

Frauen und Männer kündigen dem Feminismus also nicht die Gefolgschaft, weil sie Forderungen nach Gleichberechtigung nicht unterstützen, sondern weil sie sich nicht als die Opfer fühlen, als die sie immer wieder hingestellt werden. So bejahen Frauen mit 5,54 von 7 möglichen Punkten, dass ihr Leben von ihnen selbst abhängt (Männer mit 5,59 Punkten). Wie kann man es also besser machen? Wie kann man verbleibende Ungerechtigkeiten beheben, ohne dass man Menschen einreden muss, sich als die Opfer zu fühlen, als die sie sich selbst nicht sehen wollen?

6

Für eine Gleichberechtigung, die Menschen wirklich hilft

Wie können wir zu einer noch gerechteren Welt kommen? Die vorherigen Kapitel haben gezeigt, wie Frauen und Männer sich im Arbeits- und Privatleben unterschiedlich entscheiden. Mit mehr Gleichberechtigung und Emanzipation passiert das öfter statt seltener. Anscheinend wollen Frauen und Männer also nicht immer dasselbe und sobald sie gleiche Rechte haben, leben sie deswegen unterschiedlicher statt gleichgestellter. Wer Gleichstellung will, muss deswegen Gleichberechtigung ablehnen.

Doch wenn sie keine Gleichberechtigung mehr wollen, was schlagen die modernen Gender Studies dann stattdessen vor, um verbleibende Ungerechtigkeiten abzubauen? Halten Sie sich fest. Judith Butlers große Lösung ist … »Parodien von Geschlechterhandeln aufzuführen«. Wenn wir also endlich genug Theateraufführungen produzieren, die Geschlecht lächerlich machen, werden wir alle erkennen, wie wir uns gegenseitig unterdrücken.[280] Das Handbuch zu Schlüsselkonzepten der Gender Studies[281] schlägt – ähnlich bizarr – vor, »sich aus dem patriarchalischen Würgegriff der symbolischen Ordnung zu befreien, indem man sich einer poetischen Sprache bedient, die eher mit dem Unbewussten assoziiert wird und daher eine Herausforderung für die männlich geprägte symbolische Ordnung darstellt«.

Parodien und poetischere Sprache. Vielleicht versteht man da, warum Frauen nicht mehr mitmachen wollen. Die berühmte Philosophieprofessorin Martha Nussbaum brachte dieses Unbehagen auf den Punkt, als sie Judith Butler aufgrund solcher Lösungsvorschläge eine »Parodieprofessorin« nannte.[282] Ihre Kritik könnte kaum schärfer sein:

> »Für Frauen, die hungern, Analphabeten sind, entrechtet, geschlagen und vergewaltigt werden, ist es weder sexy noch befreiend, die Bedingungen von Hunger, Analphabetismus, Entrechtung, Schlägen und Vergewaltigung nachzustellen, wie parodistisch auch immer. Solche Frauen bevorzugen Essen, Schulen, Wählerstimmen und die Unversehrtheit ihres Körpers. […] Aber wenn eine große Theoretikerin Frauen in verzweifelten Zuständen erzählt, dass das Leben ihnen nur Knechtschaft bietet, verbreitet sie eine grausame Lüge, und eine Lüge, die dem Bösen schmeichelt, indem sie ihm viel mehr Macht gibt, als es tatsächlich hat.«

Frauen als weitgehend hilflose Opfer ominöser Diskurse und Machtstrukturen darzustellen, die höchstens Theateraufführungen einstudieren und poetischer sprechen könnten, sei also schon mal keine Lösung, so Martha Nussbaum. Auch die feministische Zeitschrift Emma kritisierte die modernen Gender Studies als »Sargnägel des Feminismus«.[283] Das ist kein Wunder, wenn man sich vor Augen führt, dass diese tatsächlich das »Zelebrieren dauerhafter Marginalisierung« empfehlen.[284] Doch eine Party, die im Wesentlichen daraus besteht, dass einem immer nur erzählt wird, was für ein Opfer man doch sei, kann man sich trotz parodistischer Darstellungen und poetischer Sprache kaum als besonders lustig vorstellen.

Zum Glück gibt es eine Alternative. Denn anstatt jeden zum Schweigen zu bringen, der Frauen und Männer nicht als Daueropfer ansehen will, gibt es auch einen sogenannten Fairnessfeminismus, der gleiche Rechte und faire Behandlung fordert.[285] Und aus dieser Perspektive heraus kann man durchaus noch das ein oder andere verbessern, für eine Gleichberechtigung, die Frauen und Männern wirklich hilft, statt sie als Opfer darzustellen, denen man nur noch mit Theateraufführungen und Sprachverboten (außer bei poetischer Sprache) helfen kann. Wie kann man es also besser machen? Die Alternative wäre, Menschen nicht gegen ihren Willen in dasselbe Lebensmodell zu pressen, sondern ihnen zu ermöglichen, ihre individuellen Wünsche zu realisieren.

Glaubt man Catherine Hakim, ist solch eine ermöglichende Politik für Männer einfacher als für Frauen. Denn Politik muss sowohl den circa 20 Prozent Frauen gerecht werden, die arbeiten wollen und wenig Lust auf Familie haben, als auch den 20 Prozent, die genau das nicht wollen, weil sie lieber bei ihrer Familie bleiben möchten. Und als ob das nicht kompliziert genug wäre, muss Politik auch für die 60 Prozent Frauen funktionieren, die sich dazwischen gar nicht entscheiden wollen.

Leider können Maßnahmen für eine Gruppe der anderen schaden. So nennt Alice Schwarzer Elternzeit »Opium fürs Müttervolk«, gar eine »Frauenfalle«.[286] Sie hat Recht. Elternzeit ist, was man im Englischen eine *honey trap* nennt, eine Honigfalle. Sie ist süß und verführerisch wie Honig, so dass man darin kleben bleibt. Der Grund ist simpel: Bezahlt man Eltern fürs Zuhausebleiben, bleiben sie eher zuhause. Das mag nett sein für Frauen, die das sowieso vorhatten. Doch es ist schlecht für Frauen, die eigentlich in den Arbeitsmarkt wollen. Denn auch die geraten dann bei Arbeitgebern unter Generalverdacht, sich als Mutter aus dem Arbeitsmarkt zu verabschieden, schließlich ist das Elterngeld ja so verführerisch. Macht man es also für einige Frauen einfacher, zuhause zu bleiben, werden dadurch quasi aus Versehen jene Frauen stärker diskriminiert, die eigentlich arbeiten wollen. Das macht das Ganze kompliziert: Was einer Gruppe hilft, schädigt oft die andere. Deswegen muss Politik alle Lebenswege unterstützen, statt ein Lebensmodell auf Kosten anderer zu fördern.[287] Doch so schwer ist das nun auch wieder nicht. Hier sind ein paar Ideen.

Vereinfacht gesagt zeigt die bisherige Studienlage zu Benachteiligung auf Arbeitsmärkten folgendes Muster: Frauen sind nicht per se benachteiligt, speziell Mütter aber schon. Viele der dahinterstehenden Studien haben Sie oben gesehen. Gut zusammengefasst hat dies Fabian Ochsenfeld: »Was vordergründig als Ungleichheit zwischen Frauen und Männern erscheint, stellt sich somit ganz überwiegend als Ungleichheit zwischen Müttern einerseits und Vätern, kinderlosen Frauen und kinderlosen Männern andererseits dar. Entgegen der Theorie statistischer Diskriminierung erfahren Frauen offenbar keine Benachteiligung unmittelbar aufgrund ihres Geschlechts.«[288]

Andere Studien zeigen dasselbe: Nicht weil sie Frauen sind, sondern falls sie Kinder bekommen, sind Frauen benachteiligt. In einem berühmten Versuch wollten 84 Prozent der Versuchsteilnehmer eine kinderlose Frau einstellen. Lediglich 73 Prozent hätten einen genauso qualifizierten Vater und 62 Prozent einen ebenso qualifizierten kinderlosen Mann eingestellt. Nun kommt die größte Überraschung: Nur 47 Prozent hätten eine Mutter eingestellt, die genauso qualifiziert war wie alle anderen. Als die Forscher Bewerbungsunterlagen an reale Unternehmen verschickten, zeigte sich ebenfalls: Eine kinderlose Frau wird am ehesten zum Bewerbungsgespräch eingeladen. Die Mutter hatte es am schwersten. Männer standen dazwischen.[289] Der Unterschied verläuft also nicht zwischen Männern und Frauen, sondern zwischen bevorteilten kinderlosen Frauen und benachteiligten Müttern.

Dass Mütter es auch in Deutschland bei gleichen Qualifikationen schwerer haben, zeigen Lena Hipp, Sascha Becker, Ana Fernandes und Doris Weichselbaumer.[290] Männer bekommen nur halb so viele Einladungen zu Bewerbungsgesprächen wie Frauen. Doch relevanter ist der Unterschied innerhalb der Frauen: Denn Arbeitgeber wollen keine Frauen einstellen, die eventuell bald aufgrund von Kindern ausfallen.

Das muss nicht daran liegen, dass Arbeitgeber Fieslinge sind. Es reicht, dass sie sich wirtschaftlich rational verhalten. Denn nach der Geburt ihrer Kinder bleiben Frauen tatsächlich oft zuhause. Vorher sind 71 Prozent deutscher Paare Doppelverdiener. Direkt danach nur noch 15 Prozent. Fast immer, weil die frisch gebackene Mutter zuhause bleibt, während der Vater weiter Vollzeit arbeitet.[291] Insofern ist es für Arbeitgeber wirtschaftlich rational, keine Mütter einzustellen und sich vor Frauen zu hüten, die es bald werden könnten. Doch diese Benachteiligung ist nicht nur für die betroffenen Frauen schwierig, sondern auch für den Rest der Gesellschaft. Schließlich profitieren alle von Kindern. Weil die kleinen Racker später unsere Rente zahlen, aber auch, weil eine kinderlose Gesellschaft irgendwie traurig ist und im wahrsten Sinne des Wortes keine Zukunft hat. Sollte man also Mütter fördern, weil die Gesellschaft Kinder braucht? Auch das Argument funktioniert nur begrenzt.

Denn zwar erklären Feministinnen Kinderbekommen zur »Heldinnentat im Grunde, ein Dienst an der Gesellschaft, am Finanzministerium«.[292] Ich kann Ihnen jedoch nur wünschen, beim Kindermachen nicht ans Finanzministerium zu denken, obwohl man bei sexuellen Vorlieben ja niemandem reinreden soll. Hoffentlich kann man jedoch davon ausgehen, dass man Kinder nicht nur bekommt, um der Gesellschaft einen Heldendienst zu erweisen, sondern weil man sich Kinder ganz einfach wünscht. Es ist wie mit Bildung. Man hat selber etwas davon. Doch die Gesellschaft profitiert ebenfalls, wenn es mehr Menschen mit guter Bildung gibt. Kompensieren müsste man Mütter und Väter deswegen genau in dem Ausmaß, wie Kinder der gesamten Gesellschaft Vorteile bringen statt nur den Eltern selbst. Denn wenn die Eltern selbst durch Kinder schon Vorteile haben, bräuchten sie ja keinen speziellen Anreiz mehr, um sie zu bekommen.

Gerade das scheint aber nicht mehr der Fall zu sein. Stattdessen bekommen gerade gut ausgebildete Frauen weniger Kinder, als sie möchten. In der pairfam-Umfrage wünschten Frauen sich im Schnitt fast unterschiedslos 2,1 Kinder. Tatsächlich bekommen Frauen ohne

Schulbildung 1,9, Frauen mit Ausbildung nur 1,7 und Frauen mit Studium sogar nur 1,5 Kinder. Mit jedem Bildungsschritt entfernt man sich sozusagen 0,2 Kinder weiter vom eigenen Kinderwunsch. Je gebildeter Frauen sind, desto weniger können sie ihren vorhandenen Kinderwunsch also realisieren.[293] Der Grund könnten übrigens sogenannte Opportunitätskosten sein: Je mehr ich in meinem Leben andere reizvolle Optionen habe als Kinder, desto weniger bekomme ich eben Kinder. Trotzdem, was die Gender Studies immer wieder vermuten, stimmt hier augenscheinlich tatsächlich: Menschen können nicht ganz das Leben realisieren, das sie sich wünschen. Wie kann man also Menschen helfen, ihre Kinderwünsche zu realisieren, ohne sie dadurch aus Versehen beruflich schlechter zu stellen?

Wie wäre es mit der besten Kinderbetreuung der Welt? Denn nur wer seine Kinder in großartige Hände geben kann, hat auch eine maximal freie Wahl, genau dies zu tun – oder eben gerade nicht, weil man sich selbst um seine Kinder kümmern will. Hier decken sich die analysierten Daten auch mit den Vorschlägen von Feministinnen.[294] Es gibt einfach keinen guten Grund, Kinderbetreuungszeiten derart knapp zu bemessen, dass sie einen Vollzeitjob unmöglich machen. Stattdessen müsste es eine tolle Betreuung, gesundes Essen und alles geben, was Kinder brauchen. In der Schule könnte es so weitergehen. Warum sollte man Kindern nachmittags nicht ein tolles Sport- und Nachhilfeprogramm anbieten? Mütter könnten dann endlich Karriere machen. Und auch kinderlose Frauen gewinnen. Denn wenn Kinder kein Grund mehr sind, aus dem Arbeitsmarkt auszusteigen, werden sie auch als zukünftige potenzielle Mutter nicht mehr benachteiligt.

Ja, ich weiß. Nicht jeder will Kinder, nur um sie dann abzugeben. Aber das ist ja das Schöne. Die beste Kinderbetreuung der Welt zwingt niemanden, sie auch zu nutzen. Im Übrigen spricht wenig dafür, dass Kinder durch externe Kinderbetreuung tatsächlich leiden. Im Gegenteil zeigen Studien, dass gute externe Betreuung für Kinder sozial schwächerer Familien besser ist als Betreuung durch die eigenen Eltern.[295] Und bei bessergestellten Familien ist externe Betreuung auch kein Problem, weil deren Kinder so oder so ihr Potenzial realisieren. Eine Untersuchung aller ein- und zweieiigen finnischen Zwillinge zwischen 1987 und 2016 hat berechnet, dass beruflicher Erfolg, Schulbildung und Berufsprestige größtenteils genetisch bedingt sind und zwar umso mehr, je bessergestellt eine Familie ist.[296] Wer also in eine gut situierte Familie geboren wird, macht so oder so fast immer etwas aus seinem Potenzial, egal ob dauerbemuttert oder im Hort tobend.

Wir können die »Mutter muss sich um die Kinder kümmern«-Ideologie also vergessen, wie es beispielsweise die Franzosen längst gemacht haben. Mütter und Väter könnten dann arbeiten, wie sie Lust haben, und Mütter würden dabei auf einen Arbeitsmarkt treffen, der sie weniger benachteiligt als bisher. Wollen Mütter (oder Väter) trotzdem zuhause bleiben, spricht ebenfalls nichts dagegen. Denn das Angebot der besten Kinderbetreuung der Welt ist eben nur das: ein Angebot, um das eigene Leben zu leben, wie man möchte.

Kinder so geschlechtsneutral wie möglich erziehen

Alexandra Zykunov schreibt, dass sie »wie eine Klischeepolizei vor dem Kauf erst durch alle Bücher meiner Kinder blättern muss, um zu überprüfen, ob sich da nicht irgendeine sexistische Kackscheiße drin versteckt«.[297] Dahinter steht die schon angesprochene Theorie des unbeschriebenen Blattes, wonach Kinder völlig unbefleckt auf die Welt kommen, jedoch schon durch kleinste Einflüsse auf die falsche Bahn geraten, so dass man sie abschirmen muss, damit kein Staubkorn auf dem unbefleckten Blatt landet. Wie wäre es, Kinder vielleicht nicht gleich chronisch abzuschirmen, aber zumindest nicht in eine Richtung zu beeinflussen?

Wie wäre es konkret beispielsweise, wenn Kindergärten sich verpflichten, 10 Jahre lang keine speziellen Mädchen- und Jungenspielzeuge anzuschaffen, sondern nur noch Spielzeuge, mit denen alle gemeinsam spielen können? Dann schaut man, was passiert. Man könnte sehen, ob geschlechterneutrale Spielsachen genauso beliebt sind oder Jungen sich aus Duplo verzweifelt Trecker basteln, während Mädchen ihre Teletubbies-Verkleidung mit Kirschsaft zum Prinzessinnenkostüm umfärben. Und wie wäre eine Selbstverpflichtung der Industrie, für alle speziellen Jungen- und Mädchenprodukte zumindest eine dritte geschlechterneutrale Kollektion einzuführen? Dann kann man zwar immer noch Mädchen- oder Jungenspezifisches kaufen, muss aber nicht mehr. Wer dagegen mit Verboten arbeiten will, kann sich schon mal auf die Wut der Eltern und vor allem der Kinder vorbereiten, die ihr Spielzeug nicht mehr kaufen dürfen.

Die Gender Studies nennen das *degendering*. Sie vermuten, es werde »die patriarchalische und unterdrückerische Struktur westlicher Gesellschaften und sozialer Institutionen untergraben und uns allen den Raum geben, unsere Energien zur Entmilitarisierung zu nutzen, für friedliche Lösungen von Konflikten zu arbeiten, Nahrungsmittel anzubauen und zu verteilen und die Kluft zwischen den sozialen Klassen abzubauen«.[298] Vielleicht fassen wir uns auch alle an den Händen und singen *Love is in the Air*, sobald Jungen mit Puppen und Mädchen mit Treckern spielen. Doch man muss gar nicht so grandiose Hoffnungen haben, um es auszuprobieren, solange es niemandem aufgezwungen wird.

Weil es allerdings nicht um Zwang gehen kann, müssten wir auch mit zwei möglichen Ergebnissen klarkommen. Beim Versuch geschlechterunabhängiger Erziehung könnte sich auch herausstellen, dass kleine Mädchen rosa Puppen und kleine Jungen blaue Laster mit derselben Verzweiflung suchen wie ich morgens meinen Kaffee. So wünschen sich Feministinnen für ihre Kinder zwar die curvy Barbie.[299] Doch die hat der Hersteller tatsächlich schon mal angeboten. Nur wollten die Mädchen nicht damit spielen.[300] Und wie gesagt, illiberal wird es immer dann, wenn man Menschen gegen ihren Willen trotzdem zwingt.

Zweitens könnten trotz aller Mädchentrecker und Jungenbarbies Männer immer noch typische Männer- und Frauen immer noch typische Frauenberufe machen wollen. Und das sollte man dann auch akzeptieren, wenn man nicht illiberal sein will. Denn während die Beeinflussung von Frauen hin zu Frauenberufen und Männern hin zu Männerberufen schlecht ist, wäre es doch genauso schlecht, die freien Wünsche Erwachsener nicht zu akzeptieren und sie stattdessen in die gegenteilige Richtung zu beeinflussen. Man sollte Kinder also in überhaupt keine Geschlechterrichtung lenken, sondern stattdessen die Entscheidungen akzeptieren, die sie treffen. Und dann kann man umso sicherer sein, dass sie das auch wirklich wollen.

Familien- statt Ehegattensplitting

Im Englischen gibt es den Begriff DINK: *double income, no kids.* Das sind Paare, die sich viel leisten können, weil beide verdienen und keiner Kinder hat. Halten Sie solch kinderlose Paare mit doppeltem Einkommen für besonders schützenswert?

Wenn nicht, sind Sie der deutschen Steuergesetzgebung einen Schritt voraus. Denn Deutschland bevorzugt Ehepartner ohne Kinder, indem das sogenannte Ehegattensplitting die Steuerlast gleichmäßig auf beide verteilt. Verdient die Frau beispielsweise 80 000 und der Mann 20 000 Euro, zahlen beide Steuern, wie wenn jeder 50 000 Euro verdient. Auf zweimal 50 000 Euro zahlt man allerdings weniger Steuern als auf einmal 80 000 Euro und einmal 20 000 Euro. Das beispielhafte Ehepaar spart dadurch etwa 240 Euro monatlich.

Die Idee dahinter war, dass Ehen besonders schützenswert sind, weil daraus Kinder entstehen. Doch der deutschen Steuergesetzgebung scheint noch nicht klar zu sein, dass eine Heirat an sich noch keine Kinder entstehen lässt. Auch den verheirateten kinderlosen Paaren hilft das Ehegattensplitting jedoch, obwohl sie eigentlich keine schützenswerte Gruppe sind, sondern meist ganz im Gegenteil ziemlich privilegiert. Demgegenüber gibt es eine durchaus schützenswerte

Gruppe: Eltern. Entsprechend kann man viele Diagnosen illiberaler Feministinnen falsch finden und ihnen trotzdem zustimmen, dass das Ehegattensplitting abgeschafft gehört.[301] Denn egal, ob man Frauen als Opfer ansieht oder davon ausgeht, dass sie schon leben, wie sie möchten, eine Abschaffung des Ehegattensplittings macht aus beiden Perspektiven Sinn.

Wie kann man es besser machen? Einer meiner Chefs war ein französischer Professor mit vier Kindern. Die Namen der Kinder erfuhr ich nie, weil er sie nur »meinen Zoo« oder »mein Steuersparmodell« nannte. Denn er und seine Frau hatten nicht trotz, sondern wegen ihrer Kinder einen hohen Lebensstandard. Frankreich teilt nämlich das Einkommen nicht nur durch die Ehepartner, sondern durch die Anzahl der Kinder. Wer ein Kind hat, dessen Einkommen wird durch 2,5 geteilt; bei zwei Kindern durch 3; für jedes weitere Kind wird eins addiert, so dass man mit vier Kindern sein Einkommen durch 5 teilen kann und nur darauf Steuern zahlt. Das macht Kinder zum Steuersparmodell.

Wie man so ein System im Detail ausgestaltet, da muss ich passen. Ich bin kein Steuerexperte. Im Grundsatz kann so ein System jedoch fünf wundervolle Elemente verbinden: Erstens gibt es Müttern einen Anreiz zu arbeiten, weil sie gerade als Mütter, nicht aber als kinderlose Frauen einen höheren Anteil ihres Verdienstes behalten können. Das macht es für Frauen einfacher, Kinder und Karriere zu verbinden, ohne irgendwen zu benachteiligen. Zweitens haben gerade hochqualifizierte Frauen dadurch nicht nur einen finanziellen Anreiz zu arbeiten, sondern auch Kinder zu bekommen. Das ist relevant, weil hochqualifizierte Frauen ihren Kinderwunsch bisher am wenigsten realisieren können, wie wir gesehen haben. Drittens hätten auch Arbeitgeber einen Anreiz, besonders Mütter einzustellen. Denn für Mütter würde sich das Arbeiten besonders lohnen, schließlich können sie besonders viel von ihrem Bruttoverdienst netto behalten. Davon hätten nicht nur Mütter, sondern auch junge kinderlose Frauen etwas. Sie gerieten nicht mehr unter Generalverdacht,

Kinder bekommen und dann als Arbeitskräfte ausfallen zu können. Viertens hilft das genauso Vätern, weil auch für sie ein hoher Verdienst und Kinder kein Widerspruch mehr wären. Und fünftens gibt es für niemanden einen Zwang, so dass auch jene Mütter finanziell besser dastehen, die nicht arbeiten, sondern lieber Kinder bekommen und zuhause bleiben möchten. Auch sie behalten schließlich mehr Netto vom Brutto (in diesem Fall vom Bruttoeinkommen ihres Partners).

Und wer sollte dafür zahlen? Ich! Ok, und vielleicht auch alle anderen Kinderlosen. Denn Kinderlose haben schon genug Vorteile. Schließlich können wir nicht nur in Ruhe Karriere machen, sondern auch noch am Wochenende ausschlafen. Vieles würde auf die konkrete Ausgestaltung ankommen. Aber die Idee, Kinder zu belohnen, statt sowieso schon privilegierte Doppelverdienerehepaare ohne Kinder noch zusätzlich zu unterstützen, wäre doch eine Überlegung wert.

Meetings nur von 10 bis 14 Uhr und flexible Arbeitszeiten

Werden die wichtigsten Entscheidungen in späten Meetings getroffen, sind Eltern im Nachteil. Das ist nicht fair. Warum also nicht Meetings ausschließlich zwischen 10 und 14 Uhr ansetzen? Dann könnten Eltern und Teilzeitarbeitende dabei sein und trotzdem den Nachmittag frei haben. Solch vermeintlich kleine Maßnahmen kosten nichts, benachteiligen niemanden, machen Müttern und Vätern aber das Leben einfacher. Nebenbei reduzieren sie Meetings auf maximal 4 Stunden (wobei meiner Erfahrung nach sowieso niemand länger als eine Stunde zuhören kann, aber das ist ein anderes Thema). So eine Maßnahme sendet Müttern und Vätern auch das Signal, nicht Mitarbeiter zweiter Klasse zu sein, die sich selbst überlegen müssen, wie sie Karriere und Kinder unter einen Hut bekommen.

Denkt man diesen Gedanken weiter, stellt sich auch die Frage, wieso man Menschen nicht generell viel öfter arbeiten lässt, wann sie wollen. In kundenbezogenen Branchen mag das schwer sein. Doch in vielen anderen Bereichen hieß es noch vor circa 10 Jahren: »Bei uns gibt es flexible Arbeitszeiten. Sie können zwischen 7:30 und 8:00 kommen.« Na danke. Und 10 Jahre später? War in vielen Jobs, in denen die Arbeitszeit angeblich nicht flexibel sein konnte, auf einmal flexible Arbeitszeit möglich. Und dabei scheinen alle zu gewinnen. So zeigt eine Untersuchung, dass Arbeitnehmer sich gesünder fühlen, weniger gestresst und engagierter sind, wenn sie über ihre Arbeitszeit selbst verfügen. Das gilt zwar genauso für Männer wie Frauen. Doch unter den gegebenen Umständen könnten besonders Mütter davon profitieren und sogar deren Arbeitgeber, was wiederum dazu führt, dass sie eher Mütter einstellen und Frauen, die es noch werden könnten.[302]

Mehr Rente für Mütter (und Väter)

Wer weniger arbeitet, bekommt auch weniger Rente. Irgendwie fair. Doch wie wir zuvor gesehen haben, ist dies auch ein Grund, weswegen Frauen weniger Rente bekommen. Viele der vorgeschlagenen Maßnahmen würden das Problem schon ein Stück weit lösen. Denn wenn Frauen dank einiger der vorgestellten Ideen mehr verdienen, bekommen sie später auch mehr Rente. Was viele nicht wissen, ist, dass erwerbslose Mütter auch heute schon recht gut dastehen. Für jedes Kind tut die Rentenversicherung so, als habe man drei Jahre lang den durchschnittlichen Vollzeitjahresverdienst von etwas mehr als 40 000 Euro in die Rentenversicherung eingezahlt. Wer Kinder erzieht, den behandelt die Rentenversicherung also wie einen Vollzeitarbeitnehmer. Und wenn man in dieser Zeit gearbeitet hat, werden die Beiträge noch zusätzlich zu den sowieso schon eingezahlten angerechnet. Fürs Kindererziehen bekommt man später also Rente, egal ob man währenddessen gearbeitet hat oder nicht. Doch auch das könnte man noch netter gestalten. Solange Mütter noch weniger Rente bekommen als andere, könnte man diese Regelung auf vier oder mehr Jahre hochsetzen.

Eltern können in Deutschland maximal 14 Monate Elterngeld beziehen. Davon bekommt jeder einzelne Elternteil allerdings nur 12 Monate. 80 Prozent der Väter nehmen nur die 2 Monate, die ansonsten verfallen. In Ländern mit ähnlichen Regelungen zeigt sich dasselbe: Väter nehmen zwar Elternzeit. Doch immer nur das Minimum, welches ansonsten verfällt.[303] Eine illiberale Gleichstellungsperspektive fordert deswegen »je sieben Monate für die Mutter und den Vater«.[304] Illiberal ist dies, weil es Paaren vorschreibt, wie sie zu leben haben, um sie zu einer Gleichstellung zu zwingen, auf die sie vielleicht gar keine Lust haben.

Hören wir also erst mal zu, statt Menschen etwas vorzuschreiben und Müttern Elternzeit wegzunehmen. Was ist los mit den Vätern? Warum nehmen sie nicht von sich aus mehr Elternzeit? Eine gängige Erklärung lautet, dass betriebliche Gründe sie davon abhalten.[305] Das stimmt allerdings kaum. Nur 8 Prozent der Väter nehmen aus Sorge vor negativen Reaktionen durch Kollegen oder Vorgesetzte kein längeres Elterngeld. Auch dass Väter keine Lust haben, Zeit mit ihren Kindern zu verbringen, stimmt nicht. Denn nur 6 Prozent meinen, dass Zeit mit ihren Babys sie nicht erfülle. Die Daten zeigen vielmehr, dass erstaunlicherweise ihre eigenen Partnerinnen die Väter davon abhalten, mehr Zeit mit ihren Kindern zu verbringen. Etwa 5 von 6 Müttern wollen nämlich selbst die maximalen 12 Monate mit ihren Babys verbringen.[306] Väter dazu zu bringen, mehr Zeit mit ihren Babys zu verbringen, bedeutet deswegen unter dem bestehenden System, Mütter zu zwingen, weniger Zeit mit ihren Babys zu verbringen, und das möchten sie nicht. Denn wie viel Elternzeit Väter und Mütter nehmen, hängt vor allem ab »von den Präferenzen beider Partner [...]. Viele Partnerinnen wünschen explizit eine zwölfmonatige [Elternzeit], sodass Väter sich mit den zwei Partnermonaten zufrieden geben (müssen)«.[307]

Entsprechend wird die Sorge, der eigenen Frau Elternzeit wegzunehmen, von Vätern dreimal so oft als Elternzeithindernis genannt wie die Furcht vor Karrierenachteilen. Eigentlich ist dies eine schöne Nachricht. Denn es bedeutet, Mütter und Väter möchten beide gerne Zeit mit ihren Kindern verbringen und sich die Zeit nicht gegenseitig wegnehmen. Entsprechend könnte die Lösung einfach sein.

Man könnte das Elterngeld von 14 auf 18 Monate erweitern, wobei weiterhin jeder Elternteil maximal 12 Monate bekommt. Statt also einem was vom Kuchen wegzunehmen, um es dem anderen zu geben, würde man den Kuchen einfach vergrößern. Väter könnten dadurch länger bei ihren Kindern bleiben, weil das Paar insgesamt mehr Elternzeit bekommt, statt dass einer von beiden verzichten muss, damit der andere mehr Zeit mit den Kindern hat. Legt man Vätern ein Szenario vor, in dem sie mehr Elternzeit bekommen, ohne dass ihre Partnerin dadurch weniger bekommt, wollen sie auch tatsächlich länger bei ihren Babys bleiben.[308] Beide hätten also gewonnen: Väter könnten mehr Zeit mit ihren Kindern verbringen. Mütter müssten die Zeit nicht hergeben. Und genau das scheint beiden wichtig zu sein.

Ungefähr 4 von 5 Vätern nennen zudem »finanzielle Gründe« gegen eine längere Elternzeit. Doch warum spricht für Väter die finanzielle Notwendigkeit gegen eine längere Elternzeit, so dass ein hohes Einkommen stärker als alles andere bedingt, wenig Zeit mit seinen Kindern zu verbringen?[309] Ein Grund ist, dass es finanziell tatsächlich umso irrationaler wird, bei seinen Kindern zu bleiben, je mehr man verdient. Denn Elterngeld ist bei 1800 Euro gedeckelt. Es ersetzt zwei Drittel des Lohnes, steigt aber nicht mehr, sobald man etwa 2770 Euro verdient. Je höher der Verdienst, desto höher ist deswegen auch der verlorene Verdienst, wenn man sich um seine Kinder kümmert. Das macht einerseits Sinn. Die Überlegung dahinter lautete wohl, dass Reiche sich Zeit mit ihren Kindern auch ohne staatliche Hilfe leisten können. Doch Reichtum beginnt nicht gerade bei 1800 Euro. Deswegen lohnt es sich für moderate Besserverdiener – und das sind bisher öfter Väter als Mütter – nicht, zuhause zu bleiben. Wenn man will, dass Väter mehr Zeit mit ihren Kindern verbringen, könnte man hier ansetzen. Man müsste einfach die Grenze anheben, bis zu der Einkommen durch Elterngeld ersetzt wird.

Auch durch diese Pläne wird niemand zu etwas gezwungen. Deswegen bräuchte man für solche Maßnahmen auch keine »gezielte Kampagne«, wie Feministinnen sie für illiberale Zwangsmaßnahmen für nötig halten.[310] Denn man würde lediglich mehr Möglichkeiten bieten, statt mehr Zwang auszuüben. Das kostet zwar Geld. Doch warum sollten Kinderlose wie ich und andere nicht dafür aufkommen?

Qualifizierten alle Türen öffnen: anonyme Bewerbungen

Wie wir gesehen haben, drängen Frauenfördermaßnahmen Frauen teils in Bereiche, auf die sie selbst erklärtermaßen keine Lust haben, insbesondere in MINT-Fächer. Weil man vermutet, dass Frauen dort fehlen, da sie nicht wissen, wie viel Spaß ihnen die Arbeit dort macht, unterstellt man ihnen, selbst nicht zu wissen, was gut für sie ist, sonst müsste man sie ja nicht zu ihrem Glück hinstupsen, bis sie endlich den richtigen Weg wählen, der merkwürdigerweise oft bedeutet: so wie Männer zu werden.

Doch nicht nur Frauen bringen diese Programme Nachteile. Denn während sie ihnen einen bevorzugten Zugang auf Positionen bieten, die sie von selbst nicht anstreben würden (sonst bräuchte man die Programme ja nicht), müssen Männer daraufhin messbar mehr leisten, um dieselbe Stelle zu bekommen (vergleiche Kapitel 3). Trotz besserer Leistung nicht eingestellt zu werden, ist nicht nur für die Betroffenen unfair; es verletzt auch die Idee der Meritokratie, also das Prinzip, Stellen an die jeweils Bestqualifizierten zu vergeben. Man kann lange spekulieren, ob das überhaupt immer klappt. Doch als Anspruch ist es nun mal grundgesetzlich verankert. So ist der öffentliche Dienst nach Artikel 33 Absatz 2 GG zur »Bestenauslese« verpflichtet, Kandidatinnen und Kandidaten also nach »Eignung, Befähigung und fachlicher Leistung« auszuwählen.

Ob man im Einzelfall immer genauso viele Frauen wie Männer, oder die auf dem Papier bestqualifizierten Personen einstellen soll, kann man wissenschaftlich nicht entscheiden. Denn es ist eine Abwägung von zwei Gerechtigkeitssichtweisen, einerseits dem Anspruch auf Meritokratie (Erfolg sollte von Leistung abhängen) und andererseits Egalitarismus (alle sollten gleich viel haben). Nur gesellschaftliche Debatten können klären, was stärker wiegen sollte. Stattdessen wurden jedoch viele Förderprogramme durch die Hintertür eingeführt, mit der stillschweigenden, jedoch eben messbar falschen Vermutung, dass Frauen es schwerer haben – denken Sie an das Professorinnenprogramm in Kapitel 3.

Anstatt eine Förderung durch die Hintertür einzuführen, gäbe es eine bessere Herangehensweise. Man könnte akzeptieren, dass Frauen andere Entscheidungen treffen und dies so lange kein Problem ist, wie zwei Bedingungen erfüllt sind: dass erstens Frauen mit ihrer Wahl genauso zufrieden sind und zweitens dabei keine Diskriminierung messbar ist. Um sicher zu gehen, dass es keine Diskriminierung gibt, könnte man in Ausschreibungstexten konkret alle vermeintlich männlichen Eigenschaften rausfiltern. Ich kann mir kaum Jobs vorstellen, die man statt mit männlichen Attributen wie »aggressiv« nicht auch mit geschlechterneutralen Attributen wie »enthusiastisch« ausschreiben könnte, so dass Frauen möglicherweise weniger abgeschreckt sind.

Doch das beste Mittel läge in Bewerbungen ohne Angabe des Geschlechts. Die Daten haben schließlich gezeigt, dass Frauen genauso gut sind wie Männer. Entsprechend spricht nichts dagegen, in Bewerbungen das Foto wegzulassen und nur den Nachnamen plus den ersten Buchstaben des Vornamens anzugeben oder gleich eine Chiffre. Dann wäre unklar, welches Geschlecht hinter einer Bewerbung steht. Selbst wer diskriminieren wollte, könnte es dann nicht mehr. Man könnte nur noch die messbare Leistung erkennen. Jetzt könnte man einwenden, dass anonymisierte Bewerbungen nur bis zum Einstellungsgespräch klappen. Doch sowohl ältere als auch neuere Studien belegen, dass dadurch tatsächlich jene Gruppe stärker eingestellt wird, die bisher benachteiligt wurde, weswegen im Übrigen nicht automatisch Frauen, sondern teils auch Männer von anonymisierten Bewerbungen profitieren.[311]

Und man könnte noch weiter gehen. Prinzipiell könnten Bewerbungsgespräche hinter einer Milchglaswand mit verfremdeter Stimme stattfinden. Dann könnte man männliche und weibliche Bewerber auch im Bewerbungsgespräch nicht mehr unterscheiden. Vielleicht ist das zu extrem. Aber vom Grundsatz her ist es doch sinnvoll, jede Diskriminierungsmöglichkeit auszuschließen, was im Übrigen auch diejenigen gut finden, die professionell Bewerbungsgespräche durchführen.[312]

Und sobald eine Bewerberin haargenau so gut ist wie ein Bewerber, Leistung also als Kriterium wirklich ausfällt, kann man durchaus immer die Gruppe einstellen, die bisher unterrepräsentiert ist. Denn dann bezahlt man mehr Diversität nicht mit weniger Leistung. Man sollte also Frauen (und unterrepräsentierten Männern) alle Türen öffnen, sofern sie gleich qualifiziert sind. Aber eben auch nur dann. Zweitens müsste man akzeptieren, dass auch durch offene Türen nicht jeder geht. Man dürfte also nicht automatisch von Diskriminierung ausgehen, wenn in einem Bereich weniger Frauen oder Männer sind. Selbst eine Quote wäre allerdings ok, wenn wir uns als Gesellschaft kollektiv dafür entscheiden und spezifische Bedingungen gegeben sind.

Eine Quote, wenn es dafür eine gesellschaftliche Mehrheit gibt

Brigitte Huber, Chefredakteurin der Zeitschrift Brigitte, findet, Deutschland brauche eine Frauenquote, »bis wir ebenso viele mittelmäßige Frauen an der Spitze haben, wie es heute mittelmäßige Männer als Vorgesetzte gibt«.[313] Jutta Allmendinger meint, um »die Grundlage für eine geschlechtergerechte Welt zu schaffen, brauchen wir feste Quoten«. Denn nur mit einer »Umsteuerung der Gesellschaft«

können wir »echte Gleichberechtigung zwischen Frauen und Männern herstellen«.[314] Hier wird Gleichstellung unter dem Deckmantel von Gleichberechtigung verkauft. Schließlich will man mit einer Quote erklärtermaßen genauso viele Frauen wie Männer in der gleichen Stellung platzieren, statt gleiche Rechte für ausreichend zu halten. Doch vielleicht ist an den Gründen für eine Quote ja etwas dran. Gehen wir sie durch.

Immer wieder wird als Quotengrund genannt, Männer seien die besseren Angeber. So meint der Hamburger Kriminologe und Aggressionsforscher Jens Weidner, Frauen betrachten »Selbstmarketing als Zeitverschwendung und Angeberei«. Sie scheitern deswegen nicht an »mittelmäßigen *Männern*«, sondern »an ihrer zu hohen Messlatte des fairen Wettbewerbs«.[315] Entsprechend wären Frauen »schlecht beraten, wenn sie allein auf den Faktor Qualifikation« vertrauen, schließlich hängt beruflicher Aufstieg »von ganz anderen Faktoren ab«, vor allem von Selbstüberschätzung, denn »Männer greifen nach Jobs, die ihnen locker ein, zwei Nummern zu groß sind«.[316]

Dass Männer die besseren Angeber sind, kann ich persönlich durchaus bestätigen. Aber es soll ja gerade nicht um persönliche Eindrücke gehen. Stimmt es also wirklich? In der Tat legen experimentelle Forschungsergebnisse nahe, dass Frauen sich selbst auf jene Jobs nicht bewerben, für die sie besser qualifiziert sind. Die Wirtschaftswissenschaftlerinnen Muriel Niederle und Lise Vesterlund ließen weibliche und männliche Versuchsteilnehmer 5 Minuten lang Zahlen addieren. Dabei konnten Teilnehmer einen von zwei Wettbewerben auswählen. Beim ersten bekamen sie mehr, wenn sie schneller rechneten als andere. Beim zweiten wurden sie unabhängig von der Leistung anderer belohnt. Doch bei dieser zweiten Option gab es weniger zu gewinnen. Im Wesentlichen konnte man sich also entscheiden, ob man mit anderen um einen großen Topf konkurrierte oder mit sich selbst um einen kleinen. Ganze 73 Prozent der Männer, aber nur 35 Prozent der Frauen entschieden sich für die erste Variante, die zwar lukrativer war, jedoch auch Konkurrenz mit anderen bedeutete.

Wenn es also darum geht, mehr zu verdienen, vermeiden etwa doppelt so viele Frauen wie Männer Konkurrenz mit anderen.

Jeder Jeck ist anders, sagt man in meiner Heimatstadt am Rhein. Doch so einfach ist es nicht. Das Ganze wird zum Problem, weil selbst jene 25 Prozent der Frauen, die den Wettbewerb mit anderen gewonnen hätten, genau diesen Wettbewerb trotzdem vermieden. Bei den Männern, die durch Wettbewerb gewinnen, entschieden sich dagegen auch fast 9 von 10 tatsächlich dafür. Also traten 90 Prozent aller Männer in Konkurrenz mit anderen, sobald sie dadurch gewinnen konnten. Doch in extremem Kontrast dazu vermieden Frauen zu drei Vierteln sogar jene Konkurrenzsituationen, die sie gewonnen hätten. Männer waren nicht besser im Rechnen, sie überschätzten sich nur häufiger: Drei Viertel der Männer, aber nur 43 Prozent der Frauen hielten sich für besonders gute Rechner.[317]

Betrachtet man lediglich dieses Ergebnis, hätte man einen sehr guten Grund für eine Quote: Männer sind nicht besser, sie überschätzen sich nur häufiger, während Frauen außen vor bleiben, weil sie sich selbst bei besserer Leistung noch unterschätzen. Und einiges spricht tatsächlich dafür, dass männliche Selbstüberschätzung ein generelles Muster ist. So zeigen international vergleichende Studien, dass Männer ihre Intelligenz überschätzen, weil sie sich für begabter in mathematischem und räumlichem Denken halten, übrigens nicht jedoch in verbaler, musikalischer, körperlicher oder zwischenmenschlicher Intelligenz.[318] Doch in dem Experiment von Niederle und Vesterlund zeigten sich auch zwei Effekte, die gegen eine Quote sprechen.

Erstens zeigte sich, dass Männer Konkurrenz aktiv suchen, während Frauen sie aktiv umgehen. Doch Berufe mit kompetitivem Zugang bleiben wahrscheinlich kompetitiv, nachdem man sie einmal hat. Mit einer Quote würde man deswegen Frauen in Jobs bringen, in denen normal ist, was sie eigentlich vermeiden wollen: Konkurrenz. Zweitens zeigte das Experiment, dass Männer durch Konkurrenz tatsächlich zu Höchstform auflaufen. Frauen hingegen verhalf Konkurrenz nicht zu besseren Leistungen. Nicht nur suchten Männer also Konkurrenzsituationen, ihre Leistung profitierte auch davon. Bei Frauen stimmt beides nicht. Sie scheuten Konkurrenz und sie profitierten auch nicht davon.[319]

Und was ist mit dem anderen großen Grund, der immer für eine Quote genannt wird? Der Grund heißt Homophilie. Jeder kennt dieses Prinzip unter dem Spruch »Gleich und gleich gesellt sich gern.« Homophilie ist also die Tendenz zu mögen, was einem ähnlich ist. Männer stellen deswegen angeblich andere Männer ein, so dass der Aufstieg von Frauen angesichts männlicher Chefetagen an eine »gläserne Decke« stößt, die einige sogar eine Betondecke nennen.[320] Die Soziologin Ute Gerhards bezeichnet eine Quote deswegen als nötige gesetzliche »Notstandsregelung«, da »Führungsgremien [...] Vorurteile« haben.[321]

Das Problem dieser Argumentation ist, dass empirische Studien durchaus immer wieder zeigen: »betriebliche Segregation, die als mittelbare Diskriminierung zu werten wäre«, ist ein »weitgehend bedeutungsloser Faktor« beim Aufstieg von Frauen in Managementpositionen. Stattdessen erklärt sich das geringere Vorhandensein von Frauen auf Managerposten fast vollständig durch »geschlechtsspezifische Muster bei der Wahl des Studienfachs« und »die für Männer und Frauen sehr unterschiedlichen Folgen einer Familiengründung«. Deswegen gibt es »Zweifel an der Problemadäquanz rein betrieblicher Maßnahmen zur Nivellierung des ›gender gap‹ in Managementpositionen, da in einer frühen Karrierephase der Aufstieg von Frauen offenbar nicht an Diskriminierung in den Betrieben scheitert«.[322] Weil Frauen also nicht im Betrieb diskriminiert werden, sondern aufgrund ihrer eigenen Entscheidungen nicht ins Management gehen, würde auch eine betriebliche Quote nichts daran ändern, außer besonders solche Frauen in Chefpositionen zu bringen, die sich dafür freiwillig nicht entscheiden würden, denn genau das ist ja der Sinn der Quote. Man kann es auch anders sagen: Eine Quote diagnostiziert Diskriminierung, wo es keine gibt. Und wenn die Diagnose falsch ist, kann die Therapie nicht wirken. Zudem stellt sich die Frage, wo man mit einer Quote eigentlich halt machen würde. Warum nicht eine Quote für die Müllabfuhr? Warum keine Quote für Maurer? Wie ist es mit Straßenkehrern? Auch dort sind Frauen bisher schließlich stark unterrepräsentiert. Das hört sich absurd an. Doch wenn man dagegen ist, müsste irgendwer entscheiden, auf welche Stellen zwar zu 50 Prozent Frauen müssen, welche anderen Stellen aber ruhig gerne weiter von Männern gemacht werden können. Wo zieht man die Grenze?

Das ist also das Für und Wider: Frauen scheinen tatsächlich selbst dann seltener in Konkurrenz einzutreten, wenn sie besser sind als Männer. Doch dass es dabei Diskriminierung gibt, widerlegen neuere Studien. Wer Frauen deswegen mittels einer Quote in Chefpositionen drückt, bringt sie möglicherweise in eine Wettbewerbssituation, in die sie selbst nicht wollen. Ob man das für vernachlässigbar hält gegenüber dem Ziel, 50 Prozent aller Stellen mit Frauen zu besetzt, kann man als empirischer Sozialforscher nicht entscheiden, weil es sich dabei um ein Werturteil handelt.

Zudem meint zwar die Soziologieprofessorin Ute Gerhards, es sei »nachgewiesen, dass Geschlechtermix oder auch Diversity, wie es heute heißt, sich wirtschaftlich ja auch rechnet«.[323] Doch vor kurzem zeigte eine Studie, dass Unternehmen weniger Gewinn machten, nachdem sie Frauenquoten einführten. Die Studie erklärt das damit, dass Kooperation unter demografisch unterschiedlichen Menschen weniger effizient ist und erfahrenere Männer durch eine Quote mit weniger erfahrenen Frauen ersetzt wurden.[324] Solch eine Analyse steht jedoch auf statistisch wackeligen Füßen. Denn um den Effekt einer Quote wirklich zu zeigen, müsste man alle Störfaktoren herausrechnen, was nicht geht, weil man nicht alle kennt.

Auch eine Metaanalyse der bestehenden Literatur zeigt, dass Teams zwar produktiver sind, wenn ihre Diversität aus diversen Bildungsabschlüssen besteht, geschlechtliche Diversität jedoch eher mit niedrigerer Performance einhergeht, erstaunlicherweise besonders, wenn ein Team kreativ oder innovativ sein soll. Die Metaanalyse fasst den Stand der Forschung deswegen mit den Worten zusammen, dass ein »Personalmanagement, das speziell darauf abzielt, die [...] geschlechtliche Vielfalt von Teams zu erhöhen, um die Teamleistung zu steigern, fehlgeleitet« sei.[325] Ein zweites, fünf Jahre später erschienenes Metareview kommt ebenso zu dem Schluss, dass »Geschlechtervielfalt jene Gruppenprozesse verschlechtert, die stark mit dem sozialen und psychologischen Klima von Teams verbunden sind«. Geschlechtergemischte Teams haben also ein schlechteres Arbeitsklima, aber sie erledigen zumindest funktionale Aufgaben nicht schlechter. Entsprechend schließt dieses Review jedoch ebenfalls mit der Warnung: »Manager und Organisationen sollten sich bewusst sein, dass geschlechtsspezifische Vielfalt sich negativ auf die Teamleistung auswirken kann.«[326]

Auf Englisch gibt es den Spruch: *Don't shoot the messenger.* Erschießen Sie also bitte nicht den Überbringer der Nachricht, in diesem Fall der Nachricht, dass Geschlechterdiversität eher schlecht für die Teamperformance ist, wobei mir hier das letzte Wort auch noch nicht gesprochen scheint. Schließlich sind die Studienergebnisse nicht sehr eindeutig, und der Abbau von Vorurteilen könnte den eher negativen Zusammenhang zwischen Geschlechterdiversität und Teamperformance in Zukunft ins Positive drehen.

Deswegen macht es keinen Sinn, pauschal für oder gegen eine Quote zu sein. Solch eine zur Schau getragene Einstellung mag helfen, sich einem gesellschaftlichen Lager zuzuordnen und *virtue signalling* zu betreiben, also einen moralischen Distinktionsmarker zu setzen. Einfacher gesagt: Indem man für eine Quote ist, kann man eine Haltung signalisieren, die dort gut ankommt, wo man dazugehören will. Doch um wirklich zu wissen, ob eine Quote sinnvoll ist, sind die Studienergebnisse noch zu unklar. Statt also pauschal dafür oder dagegen zu sein, sollte man Sozialwissenschaftlerinnen und ihre Kollegen erst einmal empirisch erforschen lassen, unter welchen Bedingungen eine Quote sinnvoll ist, statt diese Bedingungen von vornherein anzunehmen.

Bei der Gelegenheit hätte ich auch eine Idee für eine Quote. Während wir überall hören, dass Vorstandsetagen nicht divers genug besetzt sind, hat unsere Kodierung von Professuren ergeben, dass Frauen eine etwa 13-fach höhere Chance als Männer haben, auf Gender-Studies-Lehrstühle berufen zu werden.[327] Feministinnen diagnostizieren in den Gender Studies zudem eine »systematische Weigerung, männliche Autoren zu lesen oder auf sie einzugehen«.[328] Doch fairerweise muss man sagen: Es ist auch gar nicht so einfach, dort männliche Autoren zu finden, die man lesen könnte. So liegt der Anteil weiblicher Autoren im Handbuch Feministische Methodologien und Methoden bei 95 Prozent; genauso sind 19 von 20 Autoren der deutschen Genderzeitschrift Femina Politica Frauen. Ebenso hoch ist der Anteil in der Fachzeitschrift Feministische Studien. Beides ist vielleicht kein Zufall. Denn beide Fachzeitschriften haben ihre Herausgeberpositionen ohne eine einzige Ausnahme mit Frauen besetzt. Bei keiner der großen deutschen Genderzeitschriften findet sich also auch nur ein Mann in einer entscheidenden Position. Die Gender Studies wünschen sich immer Geschlechterdiversität. Nur bei sich selbst finden sie Diversität anscheinend nicht so gut.

Brutto gleich netto für Geringverdiener

Die eine wird schlauer geboren, der andere ist nicht ganz so schnell im Kopf. Und ob man es gut oder schlecht findet: wer schlauer ist, ist später auch erfolgreicher. So erklären die eigenen Gene die Hälfte der Varianz der eigenen Bildung, Erziehung erklärt dagegen nur magere 5 Prozent. Auch vom eigenen Einkommen erklären Erbanlagen 28 Prozent, das soziale Umfeld erklärt überhaupt nichts. Das Prestige des eigenen Jobs erklärt sich ebenfalls zu 42 Prozent durch Erbanlagen. Und wieder erklärt das soziale Umfeld weniger als 5 Prozent. Man kann schockierend finden, dass unser Leben schon vor unserer Geburt zu einem Großteil feststeht. Doch gegen die Realität kann man schlecht argumentieren. Und das sind nun mal die empirischen Ergebnisse, wenn man die Daten tausender ein- und zweieiiger Zwillinge auswertet.[329]

Dass der eigene Erfolg so stark von zufälligerweise geerbten Genen abhängt, ist unfair. Schließlich hat man seine Gene nicht verdient. Niemand hat hart dafür gearbeitet, talentiert zu sein, und niemandem ist es als Versagen anzurechnen, mit geringeren kognitiven Fähigkeiten geboren zu sein. Insofern ist es ungerecht, dass einige aufgrund ihres höheren Talents mehr verdienen. Deswegen stellt sich die Frage: Warum sollte man das Los der Gewinner der Geburtslotterie noch vergolden, indem man anspruchsvolle Berufe besser bezahlt?

Das Argument, warum auch unverdiente Fähigkeiten ungleich entlohnt werden sollten, hat niemand besser dargelegt als die beiden Soziologen Davis und Moore.[330] Ihr Argument geht so: Jede Gesellschaft muss bestimmte Positionen füllen; beispielsweise braucht man Ärzte, wenn der Segen der modernen Medizin allen zugänglich sein soll; will eine Gesellschaft nicht auf Hausunterricht setzen, braucht sie Lehrer; und sollen Menschen ihren Müll nicht im Garten verbrennen, braucht man Müllmänner und -frauen. Jede Gesellschaft muss also etliche Stellen füllen. Ansonsten werden jene Aufgaben nicht mehr erledigt, die sie zu ihrem Funktionieren benötigt. Eine Gehirnchirurgin ist allerdings meist schwerer zu ersetzen als ein Müllmann. Denn das Talent, Gehirne zu operieren, ist weniger verbreitet als die Fähigkeit, Müll abzuholen. Um trotzdem auch die schwerer auszufüllende Position der Gehirnchirurgin zu besetzen, muss man höhere Anreize bieten. Das ist der Grund, weswegen die Gehirnchirurgin mehr verdienen muss als der Müllmann; nicht weil es gerecht ist, sondern weil es andernfalls zu wenig Gehirnchirurginnen gäbe und darunter auch der Müllmann leiden würde, wenn er einen Hirntumor bekommt. Deswegen, so das Argument, ist es für alle besser, Jobs mit selteneren Qualifikationen besser zu bezahlen, sofern diese wichtig und andernfalls nicht zu füllen sind.

Löhne sind also nicht höher, weil das gerecht ist, sondern weil es eine hohe Nachfrage nach einer Tätigkeit gibt, die nur wenige erledigen können. Dass Löhne derart von Angebot und Nachfrage abhängen, zieht jedem Versuch, sie den eigenen Gerechtigkeitsvorstellungen anzupassen, eine natürliche Grenze. So können Feministinnen sich beschweren, »dass wir für Care-Arbeit kein Geld verlangen«.[331] Doch das ändert nichts daran, dass Care-Arbeit so lange unbezahlt bleibt, wie Angebot und Nachfrage den Preis von Arbeit bestimmen und nicht beispielsweise Lohnfestsetzungskommissionen, die den moralischen Wert von Arbeit festlegen und in Euro umrechnen. Und das ist auch gut so. Denn wie wollen Sie solche Lohnfestsetzungskommissionen besetzen? Schließlich hätte, wer in ihnen sitzt, quasidiktatorische Vollmachten. Die Mitglieder von Lohnfestsetzungskommissionen könnten beispielsweise entscheiden, dass ihre Arbeit am allermeisten wert ist und entsprechend am höchsten bezahlt werden sollte. Dies ist im Übrigen der Grund, warum kommunistische Länder immer diktatorisch sind. Irgendwer braucht schließlich diktatorische Vollmachten, um Preise festzulegen.

Insofern ist gut, dass stattdessen das marktwirtschaftliche System von Angebot und Nachfrage dafür sorgt, dass jene Arbeit besser bezahlt wird, die auch gebraucht wird. Denn das ist nun mal, hier schließt sich der Kreis, die Arbeit, für die Menschen auch bereit sind zu zahlen. Solange Männer und Frauen sich also beispielsweise auch ohne Bezahlung um ihre Kinder kümmern, wird dies nicht bezahlt werden, gleichgültig ob man es fordert oder für moralisch richtig hält.

Doch mittlerweile sind einige Jobs schlecht bezahlt, obwohl sie durchaus nachgefragt sind. Das beste Beispiel war, dass Intensivstationen aufgrund mangelnden Pflegepersonals während der Corona-Epidemie schließen mussten. Dann ist Ungleichheit nicht nur unmoralisch, sondern auch dysfunktional. Deutschland hat zwar keine Lohnfestsetzungskommission, so dass niemand zentral entscheiden kann, dass beispielsweise Pflegepersonal mehr verdienen sollte. Doch das ist auch nicht nötig. Denn einfacher, als Arbeitslöhne festzuschreiben, wäre, Geringverdienern weniger davon wegzunehmen. Wie wäre es deswegen, Menschen mit Bruttoeinkommen von weniger als circa 2000 Euro überhaupt keine Steuern und Sozialabgaben mehr zahlen zu lassen? Dafür könnte man die Steuern von Gutverdienern erhöhen, von Universitätsprofessoren zum Beispiel. Frauen verdienen weniger als Männer, obwohl sie oft – vielleicht sogar öfter – gesellschaftlich relevante Jobs machen. Und wenn meist männliche Großverdiener mehr Steuern zahlen, damit meist weibliche Geringverdiener es nicht mehr tun, wäre der Einkommensunterschied zwischen Männern und Frauen automatisch geringer. Jeder könnte immer noch jeden Beruf ergreifen. Doch die daraus resultierenden Unterschiede wären kleiner.

Das hätte erstens den Vorteil, dass man das Los der Gewinner der Geburtslotterie nicht mehr vergoldet, und zweitens den Vorteil, mehr Frauen ohne Zwang in den Arbeitsmarkt zu bringen. Denn wenn man mehr von dem übrig behält, was man verdient, hat man auch einen stärkeren Anreiz, überhaupt zu arbeiten. Besonders könnte man dabei Mütter entlasten, wie oben besprochen. Ob man das gut oder schlecht findet, muss jeder für sich entscheiden, es ist wieder ein Werturteil. Ich stelle es deswegen nur zur Diskussion. Doch wer will, dass bisher geringverdienende Frauen mehr verdienen, sollte konsequenterweise alle entlasten, die bisher wenig verdienen. Wenn dabei auch geringverdienende Männer mehr bekommen, wäre das nicht schlimm, schließlich müssen Männer auch Miete zahlen. Und wer im öffentlichen Dienst arbeitet und wenig verdient, für den gibt es noch ein direkteres Instrument.

Typische Frauenjobs im öffentlichen Dienst besser bezahlen

Dass Frauen sich bewusst gegen gut bezahlte Karrieren entscheiden, muss keine Benachteiligung sein, wenn sie damit zufrieden sind und infolgedessen beispielsweise seltener mit Mitte 50 einen Herzinfarkt bekommen. Es heißt aber auch nicht, dass man das Ziel der Männer, möglichst viel zu verdienen, noch zusätzlich belohnen müsste; vor allem nicht, wenn Frauen mit ihren Berufen häufiger etwas zur Gesellschaft beitragen statt nur zu ihrem eigenen Einkommen. Doch genauso wenig, wie der Klimawandel sich stoppen lässt, indem man dagegen ist, lässt sich das Gesetz von Angebot und Nachfrage abschaffen, indem man es doof findet. Zumindest nicht für Primäreinkommen in der Privatwirtschaft. Im öffentlichen Dienst geht es durchaus. Denn dort ist das Gesetz von Angebot und Nachfrage sowieso ein Stück weit ausgehebelt. Schließlich wird im öffentlichen Dienst nicht angeboten, wofür Menschen individuell bereit sind zu bezahlen, sondern wofür in – mehr oder weniger – demokratischen Prozessen entschieden wurde, öffentliches Geld auszugeben, zum Beispiel für die Feuerwehr oder die Polizei.

Dies kann man nutzen, um vorwiegend weibliche und fraglos wichtige Berufe besser zu bezahlen. Konkret kann man die Gehälter von im öffentlichen Dienst tätigen Krankenschwestern, Kindergärtnerinnen, Sozialarbeiterinnen oder Grundschullehrerinnen anheben. Wenn deswegen mehr Menschen diese Jobs machen wollen, umso besser, denn dann kann man diese Stellen jederzeit gut besetzen und im Zweifelsfall nur noch die Besten nehmen, so dass man richtig gute Krankenschwestern, Kindergärtnerinnen, Sozialarbeiterinnen und Grundschullehrerinnen hat. Zusammen mit einer Steuerreform, die Besserverdiener zur Kasse bittet, wie oben skizziert, würde dadurch – vereinfacht gesagt – der Investmentbanker für die Kindergärtnerin zahlen. Falls sich dann der ein oder andere Mann entscheidet, Kindergärtner zu werden, weil er als Investmentbanker nicht mehr so viel übrigbehält, ist das doch schön. Denn auch hier gilt: es gibt keinen Zwang.

Insofern hilft diese Herangehensweise zwar Frauen, jedoch ohne das immer wieder besprochene Problem, nämlich Männern einzureden, Kindergärtner zu werden, und Frauen, eine Karriere im Investmentbanking zu beginnen. So könnte man vielleicht sogar mehr

Gleichstellung erreichen. Aber eben nicht illiberal, nicht mit Zwang, sondern mit veränderten Anreizen. Man kann den Grundsatz dahinter übrigens noch einfacher zusammenfassen: Das Problem ist nicht Gender, das Problem ist soziale Ungleichheit. Verringert man die soziale Ungleichheit, nivellieren sich Unterschiede zwischen Männern und Frauen automatisch und ganz ohne Zwang.

Alleinerziehenden helfen

Einiges spricht dafür, dass ich mental noch nicht so weit bin, wie mein Alter vermuten lässt. So unterhalte ich mich auf Familienfeiern komischerweise vor allem mit Kindern. Da Kinder meist exzellente Marvel-Kenntnisse haben, kann man wunderbar fachsimpeln, ob Thors neue Streitaxt besser ist als sein alter Hammer. Doch wenn wir damit durch sind, bin ich auch immer froh, die Kinder bei ihren Erzeugern abgeben zu können. Deswegen stelle ich mir das Leben als Alleinerziehender schwierig vor. Schließlich können Alleinerziehende ihre Kinder fast nie abgeben.

Tatsächlich zeigt sich, dass Alleinerziehende in fast jeder Hinsicht die Verlierer sind. Sie erinnern sich noch, dass Männer und Frauen fast dieselbe Lebenszufriedenheit haben, nämlich jeweils etwa 7,4 von 10 Punkten? Doch während Mütter mit Partner einen noch höheren Wert von 7,8 haben, sind alleinerziehende Mütter mit nur 7,1 Punkten bedeutend unzufriedener. Auch Väter mit Partnerin haben eine sehr hohe Zufriedenheit von 7,8; alleinerziehende Väter haben jedoch nur 7 Punkte. Die Forschung zeigt eindeutig: Beziehungen machen Menschen zufriedener. Doch nicht nur, weil ihnen die Beziehung fehlt, sind Alleinerziehende unzufriedener. Auch wenn ich den Beziehungsstatus als Einflussvariable herausrechne, sind alleinerziehende Frauen noch 0,3 und alleinerziehende Männer 0,2 Punkte unzufriedener mit ihrem Leben. Vielleicht waren Alleinerziehende schon immer unzufrieden? Das kann nicht sein. Es geht nämlich auch die Zufriedenheit derselben Person zurück, sobald sie alleinerziehend wird, bei einem typischen Mann um 0,4, bei einer Frau um 0,3 Punkte.

Warum sind Alleinerziehende so viel unzufriedener? Die Antwort ist einfach: Weil in ihrem Leben tatsächlich fast alles schlechter läuft. Sie erinnern sich vielleicht, dass Frauen eine etwa 19 Prozent höhere Chance haben, besorgter um ihre Altersversorgung zu sein? Demgegenüber haben alleinerziehende Mütter eine ungefähr 70 Prozent höhere Chance, sich mehr Sorgen um ihre Altersversorgung zu machen. Und auch alleinerziehende Männer machen sich fast 40 Prozent mehr Sorgen um ihre Altersversorgung, wobei der Effekt bei ihnen nicht statistisch signifikant wird, weil es so wenige alleinerziehende Männer gibt. Alleinerziehend zu sein, egal ob als Mann oder als Frau, erhöht die Sorgen um die eigene Altersversorgung somit viel stärker als das Geschlecht.

Vielleicht erinnern Sie sich auch noch, dass Männer und Frauen ihr Einkommen ungefähr gleich gerecht finden? Alleinerziehende Frauen haben dagegen eine etwa 56 Prozent, alleinerziehende Männer sogar eine um 174 Prozent erhöhte Chance, ihr Einkommen ungerechter zu finden. Nicht Frauen finden ihr Einkommen also ungerechter als Männer, sondern Alleinerziehende finden ihr Einkommen ungerechter als Männer oder Frauen mit Partner.

Vielleicht erinnern Sie sich, dass Frauen es für genauso einfach hielten, jederzeit einen passenden Job zu finden wie Männer? Alleinerziehende Frauen haben allerdings eine 2,5-fach höhere Chance, es als schwerer anzusehen, einen guten Job zu finden; alleinerziehende Väter haben sogar eine mehr als 4-fach erhöhte Chance, keinen besseren Job zu finden. Das sind riesige Unterschiede im Gegensatz zu denen, die wir zwischen Männern und Frauen gesehen haben. Immer wieder zeigt sich also: Nicht Frauen (oder Männern) geht es schlechter, sondern Alleinerziehenden – unabhängig von deren Geschlecht.

Und die viel schwierigere Jobsituation Alleinerziehender erklärt sich nicht durch deren mangelnde Motivation. Vielleicht erinnern

Sie sich, dass Frauen beruflichen Erfolg als weniger wichtig einstuften? Zuletzt hatten Frauen eine etwa 30 Prozent niedrigere Chance, beruflichen Erfolg für wichtiger zu halten. Doch alleinerziehende Frauen halten beruflichen Erfolg nicht für unwichtiger, sondern mit einer fast 60 Prozent höheren Chance für *wichtiger*. Trotzdem stecken sie in schlechteren Jobs. Denn während Frauen auf der Berufsprestigeskala zuletzt sogar 2 Punkte mehr als Männer hatten (auf einer Skala von 30 bis 216 nicht viel), haben alleinerziehende Frauen Jobs mit 8 Prestigepunkten weniger und alleinerziehende Männer Jobs mit 11 Punkten weniger. Wieder: nicht das Geschlecht erklärt, ob man einen guten Job hat, sondern ob man alleinerziehend ist.

Während Männer und Frauen auch ungefähr gleich zufrieden mit ihrem Lebensstandard sind, sind alleinerziehende Frauen mit ihrem Lebensstandard extreme 1,3 von 10 Punkten unzufriedener; auch alleinerziehende Männer sind mit ihrem Lebensstandard 1,2 von 10 Punkten unzufriedener. Alleinerziehende haben auch allen Grund, unzufriedener mit ihrem Lebensstandard zu sein. Denn während sowohl verheiratete Väter als auch Mütter gleichermaßen ein verfügbares Lebenseinkommen von rund 700 000 Euro haben, sind es bei alleinerziehenden Müttern nur 520 000 Euro, obwohl ihr Verdienst fast so hoch ist wie der verheirateter Mütter. Alleinerziehende Mütter profitieren jedoch anders als verheiratete Mütter nicht zusätzlich vom Einkommen ihres Partners.[332]

Es wird noch schlimmer. Sie erinnern sich, dass Männer und Frauen genauso zufrieden mit ihrer Freizeit sind? Alleinerziehende Frauen sind allerdings 0,4 und alleinerziehende Männer 0,3 von 10 Punkten unzufriedener damit. Ich war selber überrascht, es in solcher Eindeutigkeit zu sehen: Fast nie sind Frauen gegenüber Männern benachteiligt (oder umgekehrt). Doch alleinerziehende Mütter und Väter sind gegenüber Müttern und Vätern in Partnerschaften massiv benachteiligt, und das in fast jeder Hinsicht.

Wenn Menschen sich an alles gewöhnen würden, müsste es auch Alleinerziehenden gut gehen. Doch das tut es nicht, überhaupt nicht.

Insofern ist Geschlecht zwar keine besonders relevante Kategorie, um zu verstehen, wer ein gutes Leben hat. Männern und Frauen geht es schließlich in fast jeder Hinsicht gleich gut. Doch Alleinerziehende haben ein viel schlechteres Leben. Das gilt für alleinerziehende Männer zwar genauso wie für alleinerziehende Frauen. Doch viel mehr Frauen sind alleinerziehend, zuletzt waren 80 Prozent aller Alleinerziehenden weiblich. Auf jeden alleinerziehenden Mann kommen also etwa vier alleinerziehende Frauen.

Was könnte man tun? Wenn das Leben von Frauen in quasi jeder Hinsicht so gut ist wie das von Männern, das Leben Alleinerziehender jedoch in quasi jeder Hinsicht viel schlechter, liegt es nahe, eher Alleinerziehenden zu helfen statt Frauen generell. Wir haben immer wieder gesehen, wie die Diagnosen des illiberalen Feminismus an den realen Befindlichkeiten von Frauen vorbeigehen. Doch in diesem Fall treffen Feministinnen wie Alexandra Zykunov ins Schwarze, wenn sie vorschlagen, »unser Steuersystem so zu verändern, dass Alleinerziehende nicht mehr genauso stark besteuert werden wie Singles ohne Kinder«.[333] Teilt man dieses Ziel, könnte das schon vorgeschlagene Familiensplitting hilfreich sein. Denn damit würden Eltern weniger besteuert, gerade als Alleinerziehende, statt kinderlose Paare mit hohem Einkommen zu privilegieren. Genauso kann es helfen, Geringverdienern wie schon vorgeschlagen mehr Netto vom Brutto zu lassen. Denn auch hier wird es sich eher um Alleinerziehende handeln. Und was Eltern hilft, beispielsweise die besten Kitas der Welt, würde alleinerziehenden Frauen (und Männern) besonders helfen, schließlich müssen sie ihre Kinder alleine betreut bekommen, statt es sich mit dem Partner aufteilen zu können. Wenn man also eine Gruppe sucht, der man wirklich helfen sollte, bieten Alleinerziehende sich an. Denn deren Leben ist angesichts aller relevanten Daten tatsächlich schwerer.

Den bereinigten Gender Pay Gap auf null bringen

Was ist ein gutes Ziel all dieser Maßnahmen? Dass Männer und Frauen gleich viel verdienen? Eher nicht. Denn zwei Drittel des Gender Pay Gaps erklären sich dadurch, dass Frauen eher Jobs machen, die sie in Kontakt mit Menschen statt mit hohem Einkommen bringen. Man kann es auch umgekehrt formulieren: Männer machen öfter, womit man mehr verdient, und verzichten dafür stärker auf soziale Kontakte. Diese Wahl hat jeder und sollte auch jeder haben, schließlich garantiert das Grundgesetz die Berufsfreiheit. Deswegen könnte ein gutes Ziel sein, zwar nicht den unbereinigten, aber den bereinigten Gender Pay Gap auf null zu bringen. Problematisch wäre dann nicht mehr, dass Frauen mehr oder weniger verdienen, weil sie andere Jobs machen. Problematisch wäre jedoch immer noch, dass Männer und Frauen im selben Beruf mit derselben Berufserfahrung und Ausbildung weniger verdienen. Dieser Unterschied beträgt derzeit etwa 6 Prozent.[334] Allerdings könnten diese 6 Prozent sich sowohl durch verbleibende Diskriminierung erklären als auch durch noch nicht in Rechnung gestellte Unterschiede, beispielsweise dass Frauen im selben Job mit derselben Berufserfahrung seltener nach einer Lohnerhöhung fragen oder weniger Überstunden machen. So oder so, egal ob man den verbliebenen Gender Pay Gap durch Diskriminierung erklären kann, die man abstellen muss, oder ob es sich dabei um etwas anderes handelt, gibt es keinen Grund zu ruhen, bis Lohnunterschiede zwischen Männern und Frauen zu 100 Prozent erklärt sind, so dass der bereinigte Gender Pay Gap bei 0 Prozent liegt.

Das Schöne daran ist, dass dieses Ziel, den bereinigten Gender Pay Gap auf null zu senken, mit Maßnahmen erreicht werden kann, die Männer und Frauen nicht in dieselbe Schablone pressen. Denn es geht ja nicht darum, Frauen eine andere Arbeit nahezulegen, um sie mit Männern gleichzustellen oder umgekehrt, sondern um das Recht von Männern und Frauen, für gleiche Arbeit gleich bezahlt zu werden. Und dieser Unterschied sollte sowieso eine größere Rolle spielen.

Gleichberechtigung statt Gleichstellung verfolgen – oder ehrlich sein

In der ein oder anderen Form zeigte sich ein Punkt nun immer wieder: Selbst wenn es selten offen gesagt und häufig verschwiegen wird, bedeutet Gleichstellung nun mal, Menschen in die gleiche Stellung zu bringen. Dafür muss man Menschen jedoch möglicherweise so lange dort hindrängen, wo sie selbst nicht hinwollen, bis zwar alle gleichgestellt, aber möglicherweise auch alle unzufrieden sind. Denn wie wir gesehen haben, wollen Menschen oft gar nicht gleichgestellt sein. Frauen sind eben nicht besonders zufrieden, wenn sie das Leben von Männern haben, und umgekehrt. Gleichberechtigung ist hingegen ein vollkommen unproblematisches Ziel. Mit gleichen Rechten können schließlich alle immer noch leben, wie sie wollen. Wer also Gleichstellung will, soll sich offen dazu bekennen, Männer und Frauen in die gleiche Stellung bringen zu wollen, selbst wenn sie das gar nicht wollen. Doch was nicht geht, ist, unter dem allgemein akzeptierten Deckmantel der Gleichberechtigung in Wirklichkeit eine Gleichstellung zu fordern, die man selbst zwar gut findet, für die man jedoch keine allgemeine Unterstützung findet.[335]

Für einen Feminismus mit guter Laune

Sie haben gesehen, wie Feministinnen das Leben von Frauen immer wieder schlechter darstellen, als es empirisch messbar ist. Warum können Feministinnen nicht auch mal gute Laune haben und sich über Fortschritte freuen? Sie würden vielleicht antworten, dass die Situation von Frauen immer noch derart furchtbar ist, dass gute Laune vollkommen unangebracht ist. Wir haben jedoch gesehen, dass selbst vier von fünf Frauen sich mit diesem Opferfeminismus nicht mehr identifizieren möchten. Und wem sogar die eigenen Unterstützerinnen weglaufen, der kann unmöglich alles richtig machen.

Eine Idee könnte deswegen sein, dass der Feminismus sich die Homosexuellenbewegung zum Vorbild nimmt. Auch um die Rechte

Homosexueller ist es weltweit wahrlich nicht überall gut bestellt. Das hindert Millionen Schwule und Lesben jedoch nicht daran, am Christopher Street Day mit einer gigantischen Party auf sich und ihre Anliegen aufmerksam zu machen. In Köln steigt diese Party direkt neben meiner Wohnung, und ich kann nur sagen: Das ist ein super Event! Zumindest, solange man sich daran gewöhnen kann, alle paar Minuten angegraben zu werden. Aber wenn man sich als Mann auf einer Schwulenparty darüber beschwert, ist man vielleicht auch einfach fehl am Platz. Warum aber gibt es keine ebenso lustigen Feminismus-Partys? Weil die Welt dafür zu ernst und die Lage von Frauen zu schlimm ist? Das könnten Homosexuelle eben genauso argumentieren. Doch deren witzige und überbordende Partys haben ihren Anliegen viel Sympathie eingebracht und auch dem verbohrtesten Konservativen gezeigt, das an gleichgeschlechtlicher Zuneigung nichts Schlimmes ist. Nicht umsonst heißt gay auf Englisch sowohl homosexuell als auch fröhlich. Damit gelang es Schwulen und Lesben, ihre sexuelle Vorliebe von etwas, das vormals als krankhaft angesehen wurde, zu etwas umzudefinieren, das heute als positiv angesehen wird. Wie wäre es, wenn der Feminismus probiert, eine ähnlich lebensbejahende Bewegung zu werden, statt weiterhin sogar diejenigen zu Opfern zu erklären, die sich selbst nicht so fühlen?

Moralische und empirische Fragen trennen

Es trieb mich in den Wahnsinn. Irgendwann mussten wir unseren Studiengang von »Sozialwissenschaften« in »Soziologie« umbenennen. Denn vor ihrem Studium recherchierten Studierende so wenig, was »Sozialwissenschaften« überhaupt sind, dass sie rein vom Namen her vermuteten, sie würden dort »sozial sein« lernen. Sie dachten also, im Studium zu erfahren, wie sie anderen helfen können. Irgendwie sympathisch. Doch einige Semester später führte es zuverlässig zu Tränen, wie als eine Studentin in meiner Sprechstunde schluchzte, sie habe immer davon geträumt, später ein Kinderheim zu leiten.

Doch im Studium hatte sie nichts gelernt, was sie diesem Ziel näherbrachte. Stattdessen musste sie sich mit international vergleichender Arbeitsmarktpolitik und Multilevelregressionen ordinal skalierter Daten (fragen Sie nicht) auseinandersetzen. Und erst jetzt, als es zu spät war, merkte sie, dass sich das nicht mehr ändern würde, sie also nie lernen würde, was sie wissen wollte. Ein anderer smarter Student wollte an der Uni lernen, wie er eine politische Bewegung gründen kann. Kein einziger Kurs brachte ihm das konkret bei.

Und das ist auch gut so. Universitäten sind nicht dazu da, die Gesellschaft zu verändern oder Moralvorstellungen zu verbreiten. Sie sollen einzig und allein die Wahrheit herausfinden. Für die Sozialwissenschaften bedeutet das, die Gesellschaft exakt zu beschreiben, statt den eigenen Vorstellungen anzupassen.[336] Revolutionär oder reaktionär kann man in seiner Freizeit sein. Als Wissenschaftler ist beides unangebracht. Denn wer als Wissenschaftler die Gesellschaft verändern will, verwechselt Aussagen darüber, wie die Welt ist, mit Aussagen darüber, wie die Welt sein sollte, die jedoch nicht wissenschaftlich sein können, weil es keine Grundlage gibt, um seine Gerechtigkeitsvorstellungen für richtiger als andere zu erklären. So kann Georg Lefti Left sagen, soziale Gerechtigkeit bedeutet für ihn, dass alle gleich viel haben. Juli Freiheitsluft kann dem entgegnen, für sie bedeute soziale Gerechtigkeit aber, dass jeder behalten kann, was er sich auf dem Markt verdient hat, Leistung muss sich schließlich lohnen. Wer Recht hat, kann man nicht wissenschaftlich beantworten, sondern dazu lediglich unterschiedliche Meinungen haben.

Mein letzter Vorschlag ist deswegen ein Metavorschlag, also ein Vorschlag, wie wir über Vorschläge diskutieren sollten: Uns wäre geholfen, wenn wir Diskussionen über den realen Zustand der Welt von Diskussionen trennen, wie die Welt sein sollte. Mit anderen Worten: Fakten und Moral trennen. Warum das wichtig ist, verstand ich, als ich am Max-Planck-Institut für Gesellschaftsforschung meine Doktorarbeit darüber schrieb, wie Unternehmen moralische Argumente nutzen, um Produktionsverlagerungen in Niedriglohnländer zu rechtfertigen. Dabei zeigte sich, dass Arbeitgeber und Arbeitnehmer versuchen, ihre eigenen Partikularinteressen immer auch als moralisch richtig darzustellen und die Interessen der anderen Seite als unmoralisch abzuwerten. Denn klar, Moral ist, was wir jeweils für moralisch richtig halten. Doch moralische Argumente werden eben auch strategisch genutzt, um andere mundtot zu machen, indem man ihnen vorwirft, unmoralisch zu sein. Sich selbst als besonders moralisch darzustellen, ist insofern auch eine Waffe, um eigene Interessen gegen andere durchzusetzen.[337] Doch weil es nur Meinungen statt empirisch richtige Antworten auf die Frage gibt, was moralisch richtig und falsch ist, gibt es auch keine Möglichkeit zu entscheiden, wer in solchen Diskussionen Recht hat. Deswegen sollten Wissenschaftler sich mit moralischen Wertungen zurückhalten. Denn ebenso wenig wie alle anderen haben sie das Recht, ihre Meinung als moralisch richtiger darzustellen.

Doch selbst Feministinnen meinen, dass diese Einstellung unter ihresgleichen wenig Anklang findet. Sie kritisieren, dass der »akademische Feminismus sich einer aktivistischen Agenda unterworfen« habe.[338] Das macht Wissenschaftler illiberal, weil sie deswegen probieren, anderen ihre eigenen Wertvorstellungen überzustülpen. So schreibt Jutta Allmendinger, sie wolle eine »geschlechtergerechte« Gesellschaft. »Gerecht« hört sich immer erst mal gut an. Niemand ist schließlich gegen »Gerechtigkeit«. Doch was Jutta Allmendinger für geschlechtergerecht hält, kann sich davon unterscheiden, was andere für gerecht halten.[339] Wenn sie beispielsweise meint, »gerecht« sei, »Männer müssen viel mehr Familienarbeit leisten«[340], werden ihr manche zustimmen; doch die 20 Prozent Frauen, die laut Catherine Hakim lieber wollen, dass ihre Männer Geld verdienen, werden genau dies nicht für gerecht halten. Sie wollen schließlich gerade nicht, dass Männer mehr Familienarbeit leisten, sondern stattdessen (für sie) Geld verdienen. Wer sagt, er sei für »Gerechtigkeit«, sagt damit insofern eigentlich nur, dass er findet, die Gesellschaft sollte sich so verändern, wie er es persönlich für richtig hält. Der Ruf nach

Gerechtigkeit wird dadurch oft nur zu einem mehr oder minder verdeckten Versuch, andere von den eigenen Vorstellungen zu überzeugen.

Und dazu bekennen sich die Gender Studies ja auch. So schreibt Michelle M. Lazar[341], Wissenschaft könne »keine neutrale Haltung einnehmen«; Barbara Thiessen[342] meint, sie müsse »gesellschaftliche Bedingungen [...] transformieren«. Doch dies bedeutet, »ein System von Weltanschauungen, Grundeinstellungen und Wertungen« zu verbreiten. Warum habe ich das in Anführungszeichen gesetzt? Weil es ein Zitat ist. So definiert der Duden Ideologie.[343]

Die Probleme dieser moralischen Argumentation haben die beiden Philosophen Justin Tosi und Brandon Warmke unter dem Konzept des *moral grandstanding* zusammengefasst.[344] Sie beginnen ebenfalls mit dem allseits akzeptierten Argument, dass man moralische Fragen nicht entscheiden kann und deswegen auch nicht derjenige gewinnen kann, der möglicherweise Recht hat, sondern der seine Gegner zum Schweigen bringt. Doch die wenigsten wollen sich zum Schweigen bringen lassen. Und da es kein Richtig oder Falsch gibt, bleibt nur noch ein Hochschaukeln. Jeder versucht, sich als moralisch respektabler zu präsentieren, und muss deswegen immer noch eine Schippe drauflegen. Dieses sogenannte moralische Wettrüsten zwingt alle Beteiligten, immer extremere Positionen einzunehmen, bis man beispielsweise gezwungen ist, selbst dort Probleme zu sehen, wo die Betroffenen sie selbst nicht sehen.

Ein weiteres Problem moralischer Diskussionen ist, dass sie mit Empörung und starken Emotionen einhergehen. Empörung und Emotionen sind jedoch das Gegenteil eines rationalen Diskurses, den Habermas als »kommunikatives Handeln« bezeichnet, weil Menschen darin versuchen, die andere Seite zu verstehen statt zu übertrumpfen.[345] Sie kennen das an sich selbst. Meist muss sich erst einmal die eigene Empörung gelegt haben, bis man versteht, wieso auch eine andere Meinung richtig sein könnte. Weil moralisches Auftrumpfen das gar nicht erst versucht, argumentieren Tosi und

Warmke, dass es den öffentlichen Diskurs zerstört, und setzen es deswegen mit, nun ja, *bullshitting* gleich.[346]

Noch etwas hat moralisches Auftrumpfen mit *bullshitting* gemeinsam. Denn merkt man, dass sein Gegenüber nicht die Realität korrekt beschreibt, sondern sich selbst als moralisch überlegen präsentiert, wird man zynisch. Deswegen bringt moralisches Auftrumpfen nicht nur Zynismus hervor, sondern auch Empörungserschöpfung. Denn wenn immer mehr als unmoralisch präsentiert wird, ist keine Aufmerksamkeit mehr übrig, wenn etwas wirklich Schlimmes passiert. Mit anderen Worten: Gilt alles als moralisch problematisch, ist nichts mehr moralisch problematisch.

Da moralisches Auftrumpfen selbstdarstellerisch ist, vermuten die beiden Philosophen zudem, dass es narzisstische Selbstverliebtheit ausdrückt. Was sich erst einmal nach einer fiesen Unterstellung anhört, haben Experimente tatsächlich gezeigt. Denn wer sich öffentlich als besonders moralisch präsentiert, hat keine geringere Wahrscheinlichkeit zu schummeln, sobald niemand zuschaut.[347] Nach Gerechtigkeit zu rufen, scheint deswegen erst einmal super. Doch dahinter verbergen sich oft eigene Interessen, mangelnde sachliche Argumente, der Drang, eigene subjektive Meinungen gegen andere durchzusetzen, und Selbstdarstellung.

Doch was ist die Alternative zu moralischem Auftrumpfen? Die Alternative ist die altmodische Idee der sogenannten Werturteilsfreiheit. Diese geht auf Max Weber zurück, neben Marx und Durkheim einer der drei wichtigsten Soziologen.[348] Werturteilsfreiheit bedeutet, dass Wissenschaftler etwas darüber aussagen können, wie die Welt ist, jedoch nicht darüber, wie sie sein sollte.

Ein weit verbreitetes Vorurteil ist, dass ohne Werturteile keine gesellschaftskritische Forschung möglich ist. Doch das stimmt nicht. So erforschen Lena Hipp vom Wissenschaftszentrum Berlin und Katrin Auspurg von der LMU München mit sogenannten Vignettenstudien, was Menschen wollen. Vignettenstudien legen Versuchspersonen Szenarien vor und fragen, wie viel sie beispielsweise arbeiten würden, wenn sie eine perfekte Kinderbetreuung oder längeres Elterngeld bekämen. Daniela Grunow und Markus Gangl aus Frankfurt zeigen, wie Männer und Frauen entscheiden, wenn sie mehr oder weniger stark daran glauben, dass Männer und Frauen sich unterscheiden. Es gibt so viel großartige deutsche und internationale Geschlechterforschung, dass man sie seitenlang aufzählen könnte. Doch das ist eben keine illiberale Genderforschung, sondern werturteilsfreie empirische Wissenschaft. Denn sie erzählt Menschen nicht, wie sie zu leben haben, sondern untersucht, wie Menschen selbst leben möchten. Natürlich sollte Geschlechterforschung deswegen auch nicht abgeschafft werden, sondern man sollte sie mit den werturteilsfreien Methoden und wissenschaftlichen Gütekriterien betreiben, die auch in anderen Wissenschaftsdisziplinen anerkannt sind.

Demgegenüber zwingt eine moralische Argumentation, die eigenen Werturteile schlussendlich über die Realität zu stellen. So meint die Münchener Soziologin Imke Schmincke[349], jeder sei sexistisch, der Diskriminierung leugne. Wir haben schon besprochen, dass ein Artikel im European Sociological Review bei tausenden von Bewerbungen keine Diskriminierung von Frauen nachweisen konnte. Nimmt man die Argumentation von Imke Schmincke ernst, wären die Autorinnen und Autoren des Artikels sexistisch. Schließlich leugnet ihre Argumentation durchaus Diskriminierung. Solch absurde Fälle von »Gender Studies gegen die Realität« entstehen, wenn jeder als Sexist gebrandmarkt wird, der empirische Daten veröffentlicht, welche den Moralvorstellungen dieser Disziplin widersprechen.

Vielleicht geht jede Bewegung, die vom Grundsatz her Recht hat, so lange in die richtige Richtung, bis sie irgendwann zu weit gegangen ist. Denken Sie an die Französische Revolution. Die hat nach dem Absetzen des Königs so lange nach Revolutionsgegnern gefahndet, bis jeder unter der Guillotine landen konnte. Denken Sie an den Kommunismus. Der wollte die Ausbeutung der Arbeiterklasse beenden und fahndete deswegen nach Revolutionsgegnern, bis jeder im

Straflager enden konnte. Vielleicht ist es mit den Gender Studies ebenso. Sie hatten Recht, bis sie in Richtung Illiberalismus über ihr berechtigtes Ziel hinausschossen. Denn ungleiche Rechte von Männern und Frauen zu kritisieren, war ja durchaus richtig. Und wo Gleichberechtigung fehlt, ist es immer noch richtig. Doch die früher vielleicht oft messbar richtige Sichtweise, Frauen seien per se Opfer und Männer per se Unterdrücker, ist zu einem moralisch verteidigten Dogma geworden, das deswegen auch dort überlebt, wo Daten mittlerweile etwas anderes sagen.

Wenn wir die Diskussion um Gleichberechtigung aber weiterhin als eine moralische führen, wird jede Seite ihren moralischen Standpunkt nur endlos wiederholen, um sich selbst zu bestätigen und von der anderen Seite abzugrenzen. Auf Englisch nennt man das einen *dialogue of the deaf*, also einen »Dialog der Gehörlosen«. Jeder redet, niemand hört zu, weil man Andere genauso wenig von der Richtigkeit der eigenen Moral überzeugen kann wie davon, dass Rot schöner ist als Grün.

Dabei ist in den Gesellschaftswissenschaften zumindest zahlenmäßig eines der beiden Lager im Vorteil. In einer Umfrage an der Uni Frankfurt bezeichneten sich mehr als 10-mal so viele Sozialwissenschaftenstudierende als »links« wie als »konservativ«.[350] Und im Studium werden die dazu passenden Moralvorstellungen gefestigt. Eine empirische Untersuchung zeigte, dass insbesondere Geistes-, Kultur- und Sozialwissenschaftsstudenten fanden, dass »die moralischen Grundsätze, die sie in ihrem Studium gelernt haben, die wahre moralische Wahrheit darstellen (moralischer Absolutismus)«. Studierende bekommen an Universitäten demnach einen »moralischen Puritanismus« beigebracht, wonach ihre – und nur ihre – moralische Sichtweise richtig ist. Dies mache »Individuen politisch weniger tolerant, führt dazu, dass sie gegenteilige Ansichten als weniger legitim betrachten und eher zu extremen Haltungen neigen«. Bei Studierenden technischer und wirtschaftswissenschaftlicher Fächer ist so ein Effekt nicht messbar, er kann also nicht daher kommen, dass man im

Studium generell schlauer wird. Vielmehr werden anscheinend speziell Geisteswissenschaftler dazu erzogen, bestimmte Moralvorstellungen zu verabsolutieren und entsprechend Abweichungen davon nicht mehr zu tolerieren. Der Effekt einer entsprechenden Universitätsausbildung auf Moralvorstellungen ist messbar ungefähr so stark wie der von Religiosität.[351]

Wieso man demgegenüber auch Meinungen, die man selbst für falsch hält, zumindest in Betracht ziehen sollte, hat niemand besser ausgedrückt als der wichtigste Frauenrechtler des 19. Jahrhunderts, John Stuart Mill:

> »Das besondere Übel der Unterdrückung der Meinungsäußerung besteht jedoch darin, dass sie das Menschengeschlecht beraubt; die Nachwelt ebenso wie die jetzige Generation; diejenigen, die von der Meinung abweichen, noch mehr als diejenigen, die sie vertreten. Wenn die Meinung richtig ist, wird ihnen die Möglichkeit genommen, den Irrtum gegen die Wahrheit einzutauschen; wenn sie falsch ist, verlieren sie, was fast ein ebenso großer Vorteil ist, die klarere Wahrnehmung und den lebendigeren Eindruck der Wahrheit, der durch den Zusammenstoß mit dem Irrtum entsteht.«[352]

Zieht man also nicht auch Ideen in Betracht, die man erst einmal für falsch hält, beraubt man sich der Möglichkeit, die Wahrheit über diese Ideen herauszufinden, weil dann kein »Zusammenstoß mit dem Irrtum« mehr möglich ist (ich liebe diese Formulierung). Etwas von Anfang an als moralisch falsch, als »indiskutabel« darzustellen, bedeutet deswegen, Fragen über Gleichberechtigung, Feminismus und Gleichstellung nicht mehr als Diskussionen über die empirische Frage zu führen, ob Männer und Frauen leben, wie sie möchten und wie es ihnen gut geht, sondern als Frage darüber, was wir jeweils persönlich für ein wünschenswertes Leben halten. Ich denke, das ist nicht gut. Denn mein eigenes Werturteil lautet, dass Männer und Frauen das Leben haben sollten, das sie haben möchten und mit dem sie zufrieden sind, statt dass irgendwer das Recht hätte, selbst darüber zu entscheiden, welches Leben für alle anderen richtig ist. Das beinhaltet zwar auch eine moralische Wertung, nämlich, dass es Frauen und Männern gut gehen soll. Doch hoffentlich ist das zumindest eine moralische Bewertung, die jeder und jede teilen kann. Und wenn nicht, liege ich eben falsch. Womit wir zum letzten Punkt kommen.

7

Wie man mich missverstehen kann: ein paar Klarstellungen

Sie haben es sicher schon gemerkt: Dieses Buch ist ein einziges großes Fettnäpfchen. Fast alles kann man falsch verstehen. Und das bei einem Thema, das viele schnell auf 180 bringt. Deswegen zum Schluss noch ein paar Klarstellungen. Fangen wir mit einem Klassiker an: Dem Fehlschluss, man würde behaupten, es gebe keine Diskriminierung, weil man behauptet, die Gleichberechtigung sei im Wesentlichen erreicht.

Diskriminierung gibt es (manchmal)

Hier also schwarz auf weiß: Menschen werden aufgrund ihres Geschlechts diskriminiert. Genau genommen waren es im SOEP 2019 zuletzt 2 Prozent der Frauen und 1 Prozent der Männer, die sich in den letzten 2 Jahren häufig als diskriminiert empfanden. Weitere 2 Prozent der Männer und 9 Prozent der Frauen fanden sich immerhin manchmal diskriminiert, noch einmal 6 Prozent der Männer und 14 Prozent der Frauen immerhin selten. Der Rest, also 91 Prozent der Männer und 75 Prozent der Frauen, fühlte sich in den letzten 2 Jahren nie diskriminiert.

Aktuelle Studien belegen, dass das Gefühl von Frauen, diskriminiert zu werden, nicht ganz aus der Luft gegriffen sein kann. So halten Deutsche es für gerecht, dass Frauen für dieselbe Arbeit etwa acht Prozent weniger Gehalt bekommen.[353] Fiktive Bewerbungen von Frauen auf Ausbildungsplätze werden selbst bei gleicher Leistung eine Schulnote schlechter bewertet.[354] Es gibt also Studien, welche die Benachteiligung von Frauen valide zeigen. Allerdings: Andere Studien zeigen Benachteiligung von Männern oder faire Behandlung für alle.[355] Es geht also nicht darum, dass Frauen nie diskriminiert werden. Stattdessen werden sie – wenn man der neuesten Studienlage glaubt – manchmal diskriminiert, manchmal werden Männer diskriminiert und manchmal niemand. Dabei erscheint mir denkbar, aber das kann ich nicht mit Daten belegen, dass in eher traditionellen Bereichen, wie Medizin, Jura oder alteingesessenen Wirtschaftszirkeln, die Diskriminierung von Frauen überwiegt. In Journalismus, Kultur und Universitäten könnten es dagegen Männer mittlerweile schwerer haben, weil dort progressivere Menschen sitzen könnten. Es gibt also Diskriminierung. Was es jedoch nicht mehr gibt, ist ein Grund anzunehmen, dass besonders Frauen davon betroffen sind.

Das zeigt übrigens auch der »Frauen sind wunderbar«-Effekt, der in der Psychologie tatsächlich so heißt. Darunter wird zusammengefasst, dass Frauen in unterschiedlichen Situationen positiver bewertet werden. Konfrontiert man Menschen beispielsweise mit dem Szenario, dass ein selbstfahrendes Auto einen Mann oder eine Frau überfahren muss, wird mit etwa 15 Prozent höherer Wahrscheinlichkeit der Mann geopfert.[356] Stirbt eine Frau durch ein Verkehrsdelikt, wird dieses mit 59 Prozent längeren Strafen belegt, als wenn ein Mann stirbt.[357] Die Strafe für dieselbe Tat fällt auch generell härter aus, wenn eine Frau das Opfer ist.[358] Begeht jedoch eine Frau dasselbe Verbrechen wie ein Mann, wird dies als weniger schlimm eingestuft und auch milder bestraft.[359] Weibliche Aggression wird als akzeptabler angesehen als männliche.[360] Gegenüber männlichen Vergewaltigungsopfern sind Polizisten negativer eingestellt als gegenüber weiblichen.[361] In einer identischen Situation sind Menschen eher bereit, Frauen zu helfen als Männern.[362] Dieselbe Leistung wird wohlwollender bewertet, wenn eine Frau sie erbringt.[363] Geschichten, die

Frauen positiv darstellen, werden eher geglaubt als Geschichten, die Männer positiv darstellen.[364] Maßnahmen, um Frauen in Männerberufe zu bringen, werden eher befürwortet als Maßnahmen, um Männer in Frauenberufe zu bringen.[365] Hinter jeder dieser Aussage steht eine wissenschaftliche Studie. Dass Frauen in vielen Situationen bevorzugt werden, ist insofern keine Meinung, sondern ein belegtes Phänomen, eben der »Frauen sind wunderbar«-Effekt.

Dementsprechend macht es keinen Sinn, Frauen als Gruppe einen gesonderten Opferstatus zu geben, außer man will Männern als Gruppe ebenfalls einen gesonderten Opferstatus geben. Doch wenn alle Opfer sind, ist es niemand mehr. Die Kategorie verliert dann ihren analytischen Wert. Deswegen macht es mehr Sinn, von spezifischen benachteiligten Frauen- und Männergruppen zu sprechen, beispielsweise Alleinerziehenden. Dort wäre eine gleichgestelltere Lebenszufriedenheit durchaus angebracht, wenn man dem Werturteil zustimmt, dass alle Menschen ein gutes Leben haben sollten. Und natürlich kann auch niemand ernsthaft behaupten, dass beispielsweise afghanische Frauen dieselben Rechte haben wie Männer. In weniger entwickelten Ländern sind deswegen Feminismus, der Ruf nach Emanzipation und Gleichberechtigung richtig.

Dagegen kann man in entwickelten Ländern erstens Benachteiligung nicht mehr pauschal unterstellen, weil sie zweitens genauso Männer wie Frauen treffen kann und drittens kaum noch erklärt, wieso Männer und Frauen unterschiedlich leben. Deswegen lautet der Titel dieses Buches nicht »Diskriminierung gibt es nicht«. Die Daten zeigen ja durchaus, dass einige Frauen und Männer sich aufgrund ihres Geschlechts diskriminiert fühlen. Sie zeigen aber auch, dass Frauen sich heute in entwickelten Ländern so frei fühlen wie Männer und verbleibende Unterschiede besser durch ihre eigenen freien und zufriedenheitssteigernden Entscheidungen erklärbar sind als durch Benachteiligung. Das ist das zentrale Argument, nicht dass niemals jemand diskriminiert wird.

Die zweite Klarstellung: Gewalt gegen Frauen gibt es. Sie ist furchtbar. Und hier gibt es nichts zu beschönigen. Feministinnen scheinen dem erst mal zuzustimmen. Sandra Konrad meint, »die häufige Erfahrung von sexuellen Übergriffen [sei] für viele Frauen heute immer noch ›ganz normal‹«.[366] Die Aktivistin und Fernsehmoderatorin Jameela Jamil schreibt über sich und andere Frauen, dass sie »immer auf der Hut sein müssen, stets bereit, im wahrsten Sinne des Wortes unser Leben zu verteidigen, und zwar jedes Mal, wenn wir nachts eine Straße entlanggehen, durch einen Park laufen, in ein Taxi steigen, einen Zug nehmen, etwas trinken gehen, zu unserem Auto schlendern, ein Date haben, mit einem Fremden in einem Fahrstuhl sind, alleine in einem Keller sind. Dass wir uns manchmal sogar in unserem eigenen Haus fürchten müssen, denn von Männern, egal ob fremden oder vertrauten, geht eine konstante Bedrohung unserer Sicherheit aus.«[367] Gabriele Griffin[368] meint gar, die Polizei kümmere sich nicht mehr um Vergewaltigungen, weil die vielen Mordfälle ihr keine Zeit mehr dafür lassen. Die feministische Kapitalismuskritikerin Nancy Fraser schreibt, das Rechtssystem nehme nur »arme und farbige Männer aus der Arbeiterklasse ins Visier [wohingegen] ihre angestellten Mittelschichtskollegen die Freiheit haben zu vergewaltigen und zu misshandeln.«[369] Wie kommt man darauf, dass sich die Polizei vor lauter Morden nicht mehr um Vergewaltigungen kümmert und diese für Angestellte sowieso straffrei sind? Welche Zahlen stehen hinter solch drastischen Aussagen?

Seit 2018 gaben in der pairfam-Umfrage 1 Prozent der Männer und 3 Prozent der Frauen an, in den letzten zwei Jahren Opfer eines sexuellen Übergriffs geworden zu sein. Ebenso meinten zuletzt 2 Prozent der Männer und 10 Prozent der Frauen, dies sei ihnen in ihrem Leben schon einmal widerfahren.[370] Laut polizeilicher Kriminalstatistik wurden Frauen innerhalb ihrer Partnerschaft doppelt so oft Opfer gefährlicher Körperverletzung, während Männer außerhalb von Partnerschaften viermal so häufig Opfer von Gewalt wurden. Doch jetzt kommt es: bei Vergewaltigung, sexueller Nötigung und sexuellen Übergriffen innerhalb von Partnerschaften sind Frauen sage und schreibe 50-fach, sowie außerhalb von Partnerschaften 12-fach überrepräsentiert. Innerhalb von Partnerschaften richten sich somit etwa 80 Prozent aller Gewaltdelikte gegen Frauen und von Formen sexueller Gewalt sind fast ausnahmslos sie betroffen.[371]

Hier gibt es nichts zu beschönigen. Jeder Fall ist einer zu viel. Deswegen ist eines verwunderlich: die Gender Studies bagatellisieren Gewalt. So beschreibt Beate Krais auch »Blicke, kleine Gesten, beiläufige Bemerkungen« als »Akte der Gewalt«.[372] Alexandra Zykunov bezieht sich auf eine Definition von Gewalt, die Menschen als Gewaltopfer ansieht, sobald sie ignoriert wurden, eine Frage von ihnen nicht beantwortet wurde, man ihnen gegenüber eifersüchtig war oder sie gefragt hat, warum sie Geld für etwas ausgegeben haben.[373]

All das ist nicht schön. Doch der Versuch, immer mehr Menschen als Gewaltopfer darzustellen, weitet das Gewaltkonzept aus, bis jene möglicherweise nicht mehr ernst genommen werden, die tatsächliche Gewalt erfahren mussten, wie Meike Lobo schreibt: »Mit dieser Hysterie ist der Feminismus wie das Kind, das ›Feuer!‹ schreit, obwohl es gar nicht brennt. Nachdem es die Leute zum x-ten Mal umsonst aufgeschreckt hat, glaubt ihm keiner mehr und als es wirklich brennt, winken alle nur verärgert ab. Die moderne Frauenbewegung gefährdet aktiv die Unterstützung für die Opfer männlicher Gewalt, indem sie immer nichtigere Anlässe zu gewaltsamen Akten erklärt, etwa *verbal violence* nach verunglückten Dates. Der gefährliche Missbrauch des Themas Gewalt führt nicht etwa zu mehr Solidarität mit Opfern, sondern ganz im Gegenteil zu mehr Skepsis gegenüber Berichten über Gewalterfahrungen.«[374]

Darauf zu bestehen, dass schon ein falscher Blick oder eine falsche Frage Gewalt sind, würde nach dieser Argumentation diejenigen schädigen, deren Körper beispielsweise tatsächlich manifest verletzt wurde. Doch weil es diese tatsächlichen Gewaltopfer gibt, muss man das Argument dieses Buches einschränken. Auf dem Arbeitsmarkt und im Privatleben geht es Frauen und Männern *im Durchschnitt* gleich gut. Das schließt nicht aus, dass Frauen wie Männern Furchtbares zustößt. Diese Gruppe muss klein sein, sonst würde sie die Durchschnittswerte ins Negative ziehen, wo sie nun mal nicht sind. Alle hier getroffenen Aussagen gelten deswegen jedoch lediglich für das Arbeits- und Privatleben von Frauen und Männern im Durchschnitt. Das soll das Leid Einzelner nicht in Abrede stellen. Es ist real.

Entsprechend kann kein Zweifel bestehen, dass Frauenhäuser und andere Institutionen wichtig sind, um Frauen vor Gewalt zu schützen. Ich sage also nicht, dass es jeder einzelnen Person aller circa 83 Millionen Deutschen jederzeit gut geht, sondern dass Männer und Frauen im Durchschnitt mit ihrem Leben zufrieden sind.

Unterschiede zwischen Männern und Frauen können klein sein

Die dritte Klarstellung lautet, dass es keine großen Unterschiede zwischen Männern und Frauen geben muss. Fast alle Unterschiede zwischen den Geschlechtern können im Mittel sogar klein sein, und trotzdem funktionieren alle Argumente dieses Buches. Aber von vorne: In jeder Kultur der Welt unterscheiden sich Persönlichkeit, Eigenschaften und Wünsche von Männern und Frauen; doch mit wenigen Ausnahmen nicht besonders stark. Beispielsweise zeigen Armin Falk und Johannes Hermle zwar, dass Männer weltweit egoistischer sind. Doch der Unterschied beträgt nur etwa 10 Prozent einer Standardabweichung. Eine Standardabweichung ist der typische Unterschied zwischen zwei zufällig herausgewählten Personen. Greift man also aus der Bevölkerung zwei Menschen heraus, unterscheiden diese sich im Mittel 10-mal stärker als der Durchschnitt aller Frauen vom Durchschnitt aller Männer. Nach demselben Maßstab vertrauen Frauen 6 Prozent stärker, vergelten positive Handlungen

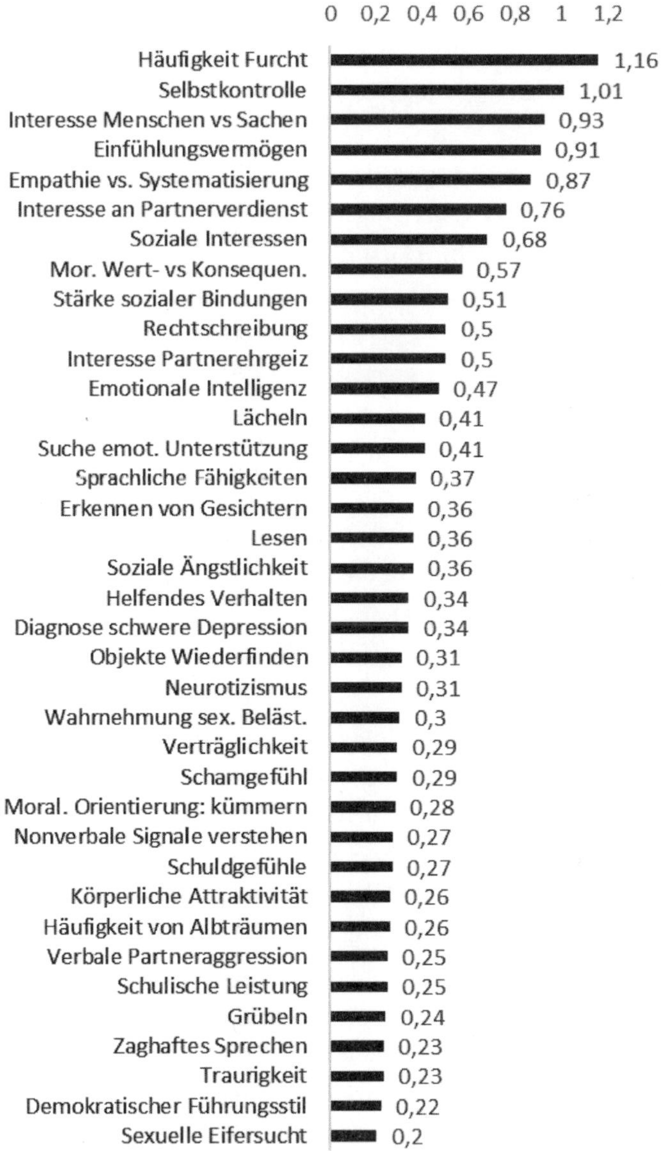

Abbildung 13: Was ist für Frauen typischer? Standardisierte Effektstärken

6 Prozent und negative Handlungen 13 Prozent stärker und gehen 17 Prozent weniger Risiko ein.[375] Ein Überblick über die vorhandene Literatur bezeichnet solche Geschlechterunterschiede als »klein bis moderat«.[376]

Ein anderer Überblicksartikel betont, dass gängige Vorurteile über Männer und Frauen zwar recht genau die tatsächlich messbaren Unterschiede widerspiegeln. Doch diese messbaren Unterschiede betragen im Mittel nur 26 Prozent einer Standardabweichung.[377] Der Durchschnitt aller Frauen unterscheidet sich also vom Durchschnitt aller Männer nur etwa ein Viertel so stark, wie zwei zufällig herausgepickte Menschen sich unterscheiden. Oder umgekehrt: zwei zufällig herausgepickte Menschen unterscheiden sich ungefähr viermal so stark wie der Durchschnitt aller Männer vom Durchschnitt der Frauen. Es kommt allerdings sehr darauf an, welches Merkmal man sich anschaut. Wenn Sie schon mal wissen wollten, was typischer für Frauen ist, können Sie die Ergebnisse einer großen Metaanalyse nutzen. Die hat 2019 alle verfügbaren Studien zu dem Thema ausgewertet. Abbildung 13 zeigt Unterschiede, die mindestens 20 Prozent einer standardisierten Effektstärke betragen.

Am stärksten unterscheiden sich Frauen durch ihr häufigeres Furchtempfinden. Der Unterschied von 1,16 standardisierten Effektstärken bedeutet, dass der Durchschnitt aller Frauen sich darin etwas mehr vom Durchschnitt der Männer unterscheidet als zwei zufällig aus der Bevölkerung herausgepickte Personen. Wenn Sie wissen, dass jemand sich oft fürchtet, und Sie tippen darauf, dass es eine Frau ist, liegen sie deswegen in 79 Prozent aller Fälle richtig.[378] Ebenso haben Frauen eine Standardabweichung mehr Selbstkontrolle. Wissen Sie also, dass jemand viel Selbstkontrolle hat, und tippen darauf, dass es sich um eine Frau handelt, liegen Sie in 76 Prozent aller Fälle richtig. Frauen haben auch mehr Interesse an Menschen statt Sachen (75 Prozent korrekte Klassifizierung), mehr Einfühlungsvermögen (74 Prozent); sie sind empathischer (73 Prozent), suchen öfter nach einem gutverdienenden Partner (71 Prozent), haben mehr soziale

Interessen (69 Prozent), denken bei ihrem Handeln eher an moralische Normen statt Konsequenzen (66 Prozent) und haben stärkere soziale Bindungen (64 Prozent). Die restlichen Unterschiede sind nicht größer als ein halber Standardeffekt. Sie liegen deswegen maximal zu 64 Prozent richtig, wenn Sie tippen, dass eine Person mit dieser Eigenschaft eine Frau ist. Ganz unten, bei einer standardisierten Effektstärke von 0,2, können Sie mit einer 56-prozentigen Chance das Geschlecht einer Person richtig tippen, wenn Sie die Eigenschaft kennen. Diese Eigenschaften gehen also kaum noch mit dem Geschlecht einer Person einher. Abbildung 14 zeigt Ihnen als nächstes, was unter Männern stärker ausgeprägt ist.

Der größte Unterschied ist, dass Männer viel mehr Tötungsdelikte und Vergewaltigungen begehen. Wissen Sie, dass jemand solch eine furchtbare Tat begangen hat, können Sie zu etwa 95 Prozent sicher sein: Es war ein Mann. Wissen Sie, dass jemand gewalttätige Computerspiele mag und tippen darauf, dass es ein Mann ist, liegen Sie immer noch in 84 Prozent aller Fälle richtig. Jemand interessiert sich eher für Sachen statt Menschen? Zu 84 Prozent ein Mann. Jemand ist gut im Systematisieren statt empathisch? Mit 80 Prozent Wahrscheinlichkeit ein Mann. Ein Gewaltverbrechen wurde begangen? Tippen Sie auf einen Mann, liegen Sie zu 78 Prozent richtig. Jemand interessiert sich für Technik? Jemand hat gar seinen Partner getötet? Immer noch mehr als drei Viertel Wahrscheinlichkeit, dass es ein Mann ist. Auch wenn jemand Objekte mental gut rotieren kann, ist es mit 68 Prozent Wahrscheinlichkeit ein Mann. Die daraufhin folgenden Effektstärken von Pornografie-Konsum, Sexualtrieb, sexueller Aggression, Interesse an hoher Attraktivität des Partners und Selbstbefriedigung erlauben noch mit etwa zwei Drittel Wahrscheinlichkeit, Männer zu identifizieren. Alle weiteren Effekte werden dann schwächer. Aber schauen Sie selbst, wo die größten Unterschiede zwischen Männern und Frauen liegen. Eine ungefähre Vorstellung, was die oben gezeigten Standardabweichungen bedeuten, haben Sie ja jetzt.

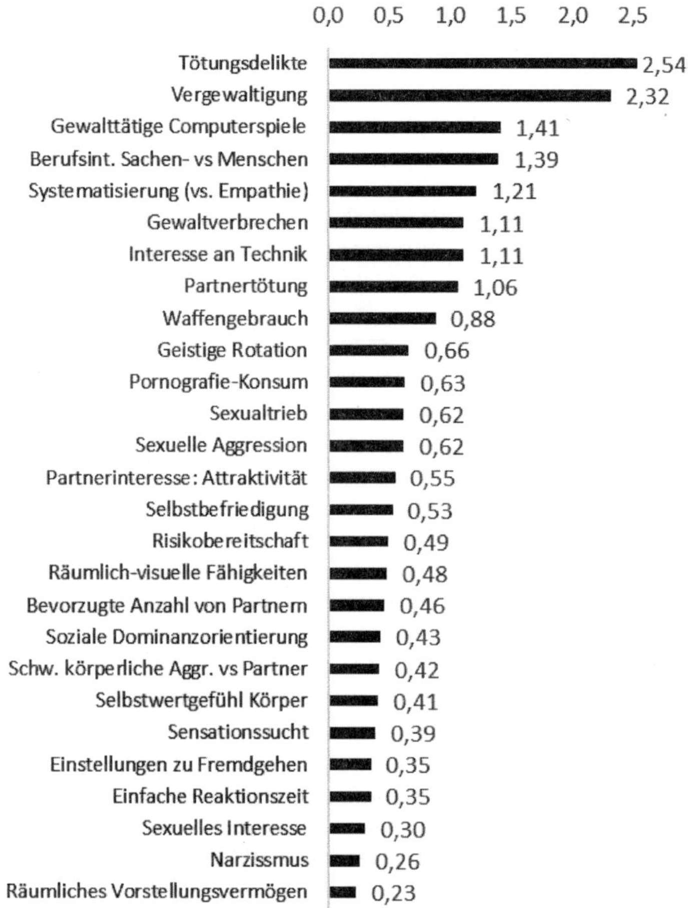

Abbildung 14: Was ist für Männer typischer? Standardisierte Effektstärken

Wichtig ist jedoch ebenso, wo Männer und Frauen sich kaum unterschieden. Denken Sie daran: Unterschiede von weniger als 0,2 Standardabweichungen habe ich nicht gezeigt, eben weil es dann kaum etwas zu sehen gibt. Doch auch solch geringe Unterschiede gibt es: bei leistungsorientiertem Lernen, Selbstwertgefühl, abstraktem Denken, Gesprächigkeit, Mathematikfähigkeiten, allgemeinem Arbeitsgedächtnis, Konkurrenzdenken, genereller Impulsivität, Allgemeinwissen, negativen und positiven Emotionen, Belohnungssensibilität, Wut, beruflichem Stress, ängstlichem oder vermeidendem Bindungsstil, Kooperationsbereitschaft, Zeiteinschätzung, Berührungen, Wortschatz, Intimität in Beziehungen und Erwartungen an Freundschaft. Bei vielem, wo wir große Unterschiede zwischen Männern und Frauen unterstellen, sind die tatsächlichen Unterschiede also gar nicht so groß. Übrigens: Faktoren, hinter denen komplizierte Konzepte stehen oder die sich mit anderen überschneiden, habe ich weggelassen. Wenn Sie alle Unterschiede interessieren, schauen Sie doch einfach in den Literaturüberblick, den ich selbst genutzt habe.[379]

Die Frage ist nun, ob diese Fähigkeits- und Interessenunterschiede, die ja nicht immer extrem sind, das unterschiedliche Leben von Männern und Frauen erklären. So haben auch in Deutschland junge Frauen ein 26 Prozent höheres Interesse an künstlerischen und 50 Prozent höheres Interesse an sozialen Tätigkeiten. Dagegen interessieren Männer sich 36 Prozent stärker für praktische und 12 Prozent stärker für analytische Aufgaben.[380] Viele Unterschiede sind also auch hier nicht riesig.

Doch riesige Unterschiede anzunehmen, ist auch nicht nötig. Denn kleine Ausgangsunterschiede passen zu den Ergebnisunterschieden. So passt ein Gender Pay Gap von 18 Prozent zu Interessenunterschieden von 18 Prozent. Auch die Präferenztheorie geht ja nicht davon aus, dass alle Männer arbeiten und alle Frauen zuhause bleiben wollen. Vielmehr unterscheidet sie lediglich die prozentuelle Verteilung auf die verschiedenen Kategorien. So sind nicht nur etwa 60 Prozent der Männer karriereorientiert, sondern auch etwa 20 Prozent der Frauen.[381]

Doch wenn viele Unterschiede klein sind, wieso stellen Männer dann 19 von 20 Gefängnisinsassen und 17 von 20 Dax-Vorständen?[382] Möglicherweise aufgrund einer statistischen Grundregel: Auch kleine Mittelwertunterschiede führen in den Extremen zu riesigen Unterschieden. So sind Männer im Durchschnitt körperlich nur wenig größer. Doch unter den 2 Prozent größten Menschen findet man kaum noch Frauen. Genauso hat Wendy Johnson mit zwei Kollegen gezeigt, dass Männer sowohl bei IQs um 140 als auch um 60 jeweils doppelt überrepräsentiert sind.[383] Männer sind also doppelt so oft richtig schlau, aber auch doppelt so oft richtig dumm. Frauen sind hingegen öfter in der Mitte.

Diese seit Darwin bestehende Beobachtung zeigt sich immer wieder in bevölkerungsweiten IQ-Tests. Heißt das, Unterschiede zwischen Männern und Frauen könnten sogar biologisch sein? Dazu habe ich ehrlich gesagt keine große Meinung. Denn für die Argumentation dieses Buches ist es schlichtweg egal.

Biologisch oder kulturell? Mir egal

Die vierte Klarstellung lautet, dass alle Argumente dieses Buches auch funktionieren, ohne biologische Unterschiede zwischen Männern und Frauen zu unterstellen. Es stimmt allerdings, dass was Sie bisher gelesen haben, zumindest kompatibel mit der Idee biologischer Unterschiede zwischen Männern und Frauen ist. Diese Sichtweise wird Essenzialismus genannt. Sie nimmt nämlich einen essenziellen Unterschied zwischen Männern und Frauen an. Essenzialismus mögen die Gender Studies gar nicht. Wie erklären sie dann die Unterschiede zwischen Männern und Frauen? Es ist kompliziert …

So meint Judith Butler: »Was ein Geschlecht ist, ist es immer nur relativ zu den konstruierten Relationen, in denen es bestimmt wird.«[384] Solch obskure Formulierungen gehen zurück auf den postmodernen französischen Philosophen Jacques Derrida. Der meinte, dass jede sprachliche Bezeichnung immer nur auf weitere Sprache verweist und damit keine festlegbare Bedeutung in der Realität hat. Wenn wir etwas unterscheiden, tun wir das also immer nur, weil wir damit sprachlich irgendwann angefangen haben, nicht weil es tatsächliche Unterschiede zwischen den Kategorien gibt, denen die sprachliche

Einteilung lediglich folgt. Sprache beschreibt demnach nicht die Realität; Sprache erschafft die Realität.

Birgit Sauer wendet dies auf Männer und Frauen an, wenn sie meint: »Zweigeschlechtlichkeit, auch in ihrer Körperlichkeit, werde vielmehr erst im Rahmen einer diskursiven heterosexuellen Matrix hervorgebracht.«[385] Ich denke bei einer »diskursiven heterosexuellen Matrix« erst mal an einen Kinofilm mit Actionszenen in Zeitlupe. Doch was die Gender-Studies-Professorinnen damit meinen, wird klar, wenn man Nina Degele[386] zuhört: »Geschlechterdifferenz erweist sich »als ›Effekt‹ des modernen bürgerlichen Geschlechterdiskurses sowie als ›Erfindung‹ medizinischer, biologischer, psychiatrischer, philosophischer und politischer Diskurse.« Alle Unterschiede sind also nur herbeigeredet, reale Unterschiede gibt es nicht. Da ist nur folgerichtig, dass die vielleicht wichtigsten deutschen Gender-Studies-Professorinnen die Behauptung ablehnen, dass »die Welt der Geschlechter ist, wie sie ist, also unabhängig von ihrer Beobachtung schlicht existiert«.[387]

Würden wir nur unsere Sprache umbauen und aufhören, Menschen sprachlich in Männer und Frauen einzuteilen, würden wir deswegen schon bald keine körperlichen Unterschiede mehr zwischen ihnen wahrnehmen, so die Annahme; schließlich erschafft Sprache angeblich erst unsere Realität, statt sie zu beschreiben.[388] Dass Sprache für alles verantwortlich gemacht wird, bringt eine außerordentliche sprachliche Empfindlichkeit mit sich. So meint Judith Butler, auch nur zu behaupten, es gebe Frauen, sei schon eine »gewalttätige Beschreibung der Realität«. Denn es spricht aus, was man doch eigentlich überwinden will.[389] Die Feministin Monique Wittig lehnt die Bezeichnung »Frau« ebenso ab, »da diese nur die hierarchische Beziehung zum Mann stabilisiere und festige«.[390] Und Luce Irigaray meint, wer auch nur die Frage stelle, ob jemand eine Frau sei, sei längst von einem »männlich-phallischen Weltbild« assimiliert.[391] Die Genderprofessorin Villa-Braslavsky meint entsprechend über den Begriff »weiblich«, sie könne nicht »wissen, was das heißt«.[392]

Doch selbst innerhalb der Disziplin ist ein Problem mit dieser Argumentation entstanden. Weil nun nämlich jeder behauptet, nicht mehr zu wissen, was Frauen eigentlich sind, ist der Geschlechterforschung »in den letzten Jahren ihr Hauptbegriff Geschlecht verloren gegangen«.[393] Es wurde nun also so lange argumentiert, dass es Frauen nicht gibt, dass keiner mehr so recht erklären kann, worüber man eigentlich forscht.

Doch wenn alle Unterschiede immer nur herbeigeredet sind, wieso gibt es dann keine Gesellschaft, in der Frauen als gewalttätiger oder sexuell promiskuitiver herbeigeredet werden?[394] Wieso erklärt die Testosteronkonzentration, der Föten im Mutterbauch ausgesetzt waren, 7 bis 20 Prozent der mehr oder weniger hohen Wahrscheinlichkeit von späterem Autismus? Wieso zeigen ebenso Frauen, die früher mehr Testosteron ausgesetzt waren, später männlicheres Spielverhalten, mehr Raumorientierung und mehr Aggression?[395] Wieso werden Unterschiede zwischen Männern und Frauen zufälligerweise immer nur dort herbeigeredet, wo sie evolutionär zu erwarten sind, nie jedoch dort, wo sie keinen evolutionären Sinn haben?[396] Wieso spielen auch weibliche Rhesusaffenbabys dreimal öfter mit Spielsachen, die Lebewesen ähneln?[397] Wieso versuchen weibliche Makaken trotz identischer Erziehung öfter Nähe zu Menschen herzustellen?[398]

Das Handbuch Geschlechter- und Frauenforschung schreibt dazu: »Gene, Hormone, Physiologie, und Körper (was als ›Geschlechtsunterschiede‹ zusammengefasst wird) werden in der westlichen Gesellschaft als geschlechtsspezifisch konstruiert«.[399] Es sei bereits »die Annahme unmöglich, es gäbe eine Kultur und Geschichte vorausliegende Natur, die nicht ihrerseits auch Produkt einer Artikulation ist«.[400] Deswegen sei selbst »Anatomie ein soziales Konstrukt«[401] und entsprechend auch »der anatomische Geschlechtsunterschied sozial konstruiert«.[402]

Doch auch viele Feministinnen bezweifeln diese radikalkonstruktivistische Sichtweise, wonach wir uns selbst anatomische Unterschiede zwischen Männern und Frauen nur einreden. Ursula Müller kritisiert beispielsweise, dass »die reproduktive Fähigkeit von Frauen keine auf Konvention zurückzuführende Differenz« ist.[403] Aber immerhin: Erstens haben die radikalkonstruktivistischen Gender Studies die Geschichte auf ihrer Seite. Denn immer wieder hat sich gezeigt, dass was man für typisch männlich oder weiblich hielt, sich tatsächlich mit der Zeit und Gesellschaft veränderte. Zweitens stellt niemand in Frage, dass Verhalten auch anerzogen ist.

Weil ich diesem Streit aber nur zuschaue, statt dazu eine gefestigte Meinung zu haben (der internationale Vergleich scheint mir für genetische Unterschiede zu sprechen, der historische Vergleich für die These der sozialen Konstruktion), ist für die Argumentation dieses Buches schlichtweg egal, ob Männer und Frauen auch jenseits aller Kultur biologisch unterschiedlich sind. Denn ich will ja nur messen, ob Menschen leben können, wie sie es für richtig halten und wie es sie zufrieden macht. Wenn das so ist, freue ich mich. Wenn nicht, finde ich es schade. Ob das, was Männer und Frauen wollen, biologisch bedingt ist oder nicht, ist mir ziemlich gleichgültig. Denn ich finde es so oder so schön, wenn alle leben können, wie sie möchten, egal warum sie es möchten.

Man kann nicht etwas annehmen und gleichzeitig dessen Gegenteil

Die nächste Klarstellung ist, dass es mir weniger darum geht, ob einzelne Annahmen der Gender Studies richtig sind. Was mir vielmehr als Problem erscheint, ist, dass einige Annahmen anderen widersprechen. Deswegen können sie nicht alle stimmen.

Beispielsweise spinnen manche das Argument, dass das biologische Geschlecht keine biologische Grundlage hat, zu dem Argument weiter, dass dann wohl auch die sexuelle Orientierung keine biologische Grundlage hat, schließlich ist alles nur sozial konstruiert. So meint Nina Degele: »Wie auch Geschlecht sind Homo- und Heterosexualität keine ›natürlichen‹ Tatbestände, sondern moderne Erfindungen, also

Konstruktionen.«[404] Alice Schwarzer findet: »Die herrschende Heterosexualität ist eine kulturell erzwungene, eine Zwangsheterosexualität.«[405] Jeffrey Weeks argwöhnt gar, »Homosexualität und Heterosexualität [...] sind doch nur Fiktionen«[406] und Renate Kroll meint, die sexuelle Orientierung eines Menschen sei nicht »natürlich«, sondern historisch und gesellschaftlich veränderbar.[407]

Genau diese Idee, dass Homosexualität nicht »natürlich« ist, haben jedoch die Schwulen- und Lesbenbewegung lange – und schlussendlich erfolgreich – bekämpft. So galten nach dem 1872 im Reichsstrafgesetzbuch (später StGB) eingeführten §175 homosexuelle Handlungen als »widernatürlich«. Ebenso sahen 1949 nur vier Prozent aller Deutschen Homosexualität als natürlich an. Dass Homosexualität nicht natürlich sei, glaubt mittlerweile nicht mal jeder fünfte Deutsche.[408] Nun sind es also nicht mehr die meisten Menschen oder die Gesetzgebung, sondern – wie wir gerade gelesen haben – die modernen Gender Studies, die der sexuellen Orientierung die Natürlichkeit absprechen. Das widerspricht nicht nur den Zielen der Schwulen- und Lesbenbewegung, sondern auch naturwissenschaftlichen Studien, die durchaus zeigen, dass Homo- und Heterosexualität von rein biologischen Einflüssen abhängen, die jedem sozialen Einfluss vorgeschaltet sind. So kommt ein Überblicksartikel über die wissenschaftliche Literatur zu dem Schluss, dass »pränatale biologische Effekte [...] wahrscheinlich sehr stark die männliche sexuelle Orientierung beeinflussen« und »Biologie eine Rolle bei der sexuellen Orientierung von Frauen spielt«.[409] Vereinfacht gesagt: Wer sich genetisch ähnlicher ist, teilt auch häufiger dieselbe sexuelle Orientierung, unabhängig von der Erziehung. Ein weiterer Überblicksartikel hält aufgrund solcher Befunde fest, dass »die überwiegende Zahl der Erkenntnisse aus der Forschung zur sexuellen Orientierung stark darauf hindeutet, dass die sexuelle Orientierung des Menschen biologische Grundlagen hat«.[410] Natürlich warnen auch diese Studien davor, sexuelle Orientierung als rein biologisch determiniert zu sehen. Doch anders als wir oben gelesen haben, spricht nichts dafür, sexuelle Orientierung für ein historisch und gesellschaftlich manipulierbares soziales Konstrukt zu halten, für eine moderne Erfindung, etwas kulturell Erzwungenes, geschweige denn für eine Fiktion.

Man muss den Gender Studies aber auch zugutehalten, dass sie es sozusagen nicht böse meinen. Denn während man früher dachte, Homosexualität sei gesellschaftlich beeinflusst und schlecht, sagen sie, Homosexualität sei gesellschaftlich beeinflusst und gut (bei Heterosexualität sieht das schon etwas anders aus). Aber die Frage ist ja auch nicht, was gut oder schlecht ist, sondern was stimmt oder falsch ist. Und da befinden sich die Gender Studies in schlechter Gesellschaft, wenn sie behaupten, Homosexualität könne auch sozial bedingt sein, statt eine biologische Grundlagen zu haben. Doch wenn sie von biologischen Grundlagen für Homosexualität ausgehen, müssten sie ihre Grundlehre über den Haufen werfen, wonach alles immer nur gesellschaftlich konstruiert ist und keinesfalls biologisch bedingt sein darf.

Meike Lobo beklagt deswegen: der »große Einfluss etwa der Geschlechtshormone […] ist dem Feminismus nicht mehr als eine ärgerliche Marginalie, auf die er mit einem infantilen ›Aber trotzdem!‹ reagiert«.[411] Man kann allerdings nicht beides haben: Sagt man einerseits, Geschlecht sei nicht biologisch bedingt, sondern nur sozial konstruiert, muss man konsequenterweise auch sagen, Homosexualität habe keine biologische Grundlage und sei insofern nicht natürlich. Sieht man jedoch hinter Homosexualität eine biologische Grundlage, muss man auch biologische Unterschiede zwischen den Geschlechtern für möglich halten.

Ein zweiter Widerspruch ist, dass dieser extreme Konstruktivismus Frauen schadet, die man vor dem Zugriff von Männern schützen will. So wurde Fallon Fox als Mann geboren, definierte sich dann aber als Frau. Schauen Sie sich einmal Fotos von ihr an. Angesichts ihrer Körperstatur werden Sie möglicherweise eher an einen muskulösen Mann denken als an eine Frau. Da Fallon Fox jedoch mit den modernen Gender Studies argumentieren konnte, dass es Männer und Frauen gar nicht gibt, konnte sie auch von sich selbst sagen, eigentlich eine

Frau zu sein. Deswegen durfte sie gegen andere Frauen antreten in den Mixed Martial Arts, einer Vollkontakt-Kampfsportart, die fast alles erlaubt. In der ersten Runde brach sie ihrer Gegnerin Tamikka Brents den Augenhöhlenknochen und fügte ihr eine Gehirnerschütterung sowie eine Kopfwunde zu, die mit sieben chirurgischen Klammern getackert werden musste. Tamikka Brents meinte danach: »Ich habe schon gegen viele Frauen gekämpft und habe noch nie so viel Kraft in einem Kampf gespürt wie in dieser Nacht. Ich kann nicht sagen, ob es daran liegt, dass sie als Mann geboren wurde oder nicht, denn ich bin kein Arzt. Ich kann nur sagen, dass ich mich noch nie in meinem Leben so überwältigt gefühlt habe.«[412]

Die Philosophin Kathleen Stock[413] erkannte ebenfalls ein Problem darin, Geschlecht als sozial konstruiert anzusehen, bis jeder sich als Frau definieren und damit in Räume vordringen kann, die bisher Frauen Schutz vor Männern boten. Sie argumentierte, es wäre doch nicht so gut, wenn männliche Vergewaltiger äußern könnten, sich eigentlich als Frau zu fühlen, und deswegen in ein Frauengefängnis kommen. Daraufhin warfen 600 Philosophinnen und Philosophen ihr in einem offenen Brief vor, sie »unterdrücke Geschlechter«, weil sie Männer, die sich als Frauen bezeichnen, »von Orten wie Frauenumkleideräumen und Frauenhäusern ausschließen« wolle. An ihrem Universitätscampus wurden Plakate mit den Sprüchen »Kathleen Stock ist transphob!« und »Feuert Kathleen Stock!« angebracht. Nach ihrer ersten Panikattacke gab Stock ihre Professur nach 18 Jahren auf.[414]

Die Journalistin Caroline Criado-Perez geht ebenfalls von biologischen Unterschieden zwischen Männern und Frauen aus. Denn sie beklagte, dass vieles für Männerkörper gebaut ist. Das bringt Frauen im schlimmsten Fall um, beispielsweise weil Crashtests mit Männerdummies durchgeführt werden oder Herzinfarkte sich bei Frauen anders äußern und deswegen seltener diagnostiziert werden.[415] Wegen dieser Argumentation wurde Criado-Perez vorgeworfen, »nicht feministisch«, sondern »transphob« zu sein. Denn sie nehme »fundamentale biologische Unterschiede zwischen Männern und Frauen«

an und mache damit jenen Unterschied stark, den man doch überwinden müsse.[416] An den Argumenten gegen Criado-Perez erkennt man die anfangs vorgestellte radikalkonstruktivistische Sichtweise, wonach nicht etwa reale Unterschiede zwischen Männern und Frauen manchmal ein Problem sind, sondern ein Problem vielmehr erst entsteht, wenn man diese Unterschiede ausspricht. Sie erinnern sich: Sprache erschafft die Realität. Alles ist nur sozial konstruiert. Wir reden uns alle Unterschiede nur ein. Also darf man keine Unterschiede aussprechen.

Man kann aber nicht beides haben. Entweder vermutet man mit Judith Butler, dass sexuelles Begehren, Geschlecht und sogar körperliche Unterschiede keine biologische Grundlage haben, sondern nur »sozial konstruiert«, herbeigeredet werden. Dann muss man aber auch akzeptieren, dass Menschen mit männlich anmutenden Körpern sich als Frauen ausgeben können und man auf gesonderte körperliche Bedürfnisse von Frauen nicht mehr eingehen kann. Das soll nicht die Rechte tatsächlich transsexueller Menschen beschneiden. Doch auch ich könnte dann beispielsweise als gewöhnlicher Mann in eine Damensauna gehen, sobald ich verlautbare, mich als Frau zu fühlen. Wer mich rausschmeißen will, dem könnte ich sagen, dass anatomische Unterschiede doch nur sozial konstruiert sind, nur eingeredet.

Es geht mir also weniger darum zu sagen, dass eine Sichtweise richtig und die andere falsch ist. Dafür kenne ich mich in diesem Feld zu wenig aus. Mir geht es vielmehr darum, dass eine Theorie in sich widerspruchsfrei sein sollte.[417] Und solche Widersprüche gibt es in den Gender Studies einige, beispielsweise: Wahrheit ist immer relativ, weil nur gesellschaftlich konstruiert, doch *das* wissen wir genau. Toleranz für die Gender Studies ist wichtig, doch Ideen, die von unseren abweichen, sollten wir nicht tolerieren; Frauen wurden in der Vergangenheit ruhiggestellt, das war schlecht, jetzt sollten wir jene zum Schweigen bringen, die unsere Meinung nicht teilen; Diskriminierung ist schlecht, doch jetzt sollten Frauen bevorzugt werden;

Frauen werden in ihrer Erziehung nicht genug auf Führungsaufgaben vorbereitet, es gibt aber genug Frauen für Führungspositionen. Und mein Lieblingswiderspruch: Es gibt keine Unterschiede zwischen Männern und Frauen, außer wenn Frauen besser sind.[418] Bei diesen sich widersprechenden Aussagen geht es wie gesagt erst mal nicht darum, welche richtig ist. Vielmehr wäre die Kritik, dass man nicht A und gleichzeitig das Gegenteil von A annehmen kann.

Auch der Anti-Gender-Diskurs ist teils bescheuert und sogar gefährlich

Die letzte Klarstellung: Nur weil vieles im Feminismus unlogisch ist, ist noch lange nicht jede Kritik daran gerechtfertigt. Fangen wir mal so an: Der Feminismus hat vielleicht einfach das Problem jeder erfolgreichen Bewegung. Denn auf gewisse Weise will keine Bewegung ihr Ziel jemals wirklich erreichen. Dann müsste man sich schließlich auflösen. Vielleicht ist der illiberale Feminismus an diesem Punkt. Schließlich fühlen Frauen sich weder benachteiligt, noch sind sie es angesichts ihrer Lebenszufriedenheit, ihres Gerechtigkeitsempfindens und der Kontrolle, die sie über ihr Leben wahrnehmen. Der Feminismus könnte sich also auf die relativ bequeme Aufgabe zurückziehen, eine gute Situation nicht wieder schlechter werden zu lassen, so wie man die Feuerwehr noch braucht, wenn es nicht brennt. Stattdessen kritisieren selbst moderne Feministinnen, die Bewegung sei »zu einer niemals endenden Arbeitsbeschaffungsmaßnahme geworden, […] denn eine unabhängige, selbstbestimmte Frau hat die Bewegung nicht mehr nötig«.[419]

Trotzdem ist es heikel, die Gender Studies als Wissenschaft und den Feminismus als gesellschaftliche Bewegung zu kritisieren. Denn dabei ist man nicht immer in guter Gesellschaft. Zu Recht bemängeln Genderautorinnen, dass auch der Vatikan oder die AfD sie kritisieren, obschon beide nicht gerade zur Speerspitze wissenschaftlicher Erkenntnis gehören.[420] Und Biologen wie Ulrich Kutschera beschreiben die Gender Studies als »pseudowissenschaftliche Ersatzreligion gewisser weiblicher, meist homoerotisch veranlagter, kinderloser Personen, die mit ihrem biologischen Frau-Sein Probleme haben«. Es ist eine Sache, die quasi-religiösen Glaubenssätze dieser Disziplin zu kritisieren. Doch wem hilft es, Gender-Studies-Professorinnen nachzusagen, »mit ihrem biologischen Frau-Sein Probleme« zu haben oder »homoerotisch veranlagt« zu sein (als ob das schlimm wäre)? An anderer Stelle fragt Kutschera, ob »radikale Gender-Vertreterinnen besonders maskuline (vermännlichte) Frauen« seien.[421] Das sind sogenannte »ad personam«-Argumente, die sich nicht gegen das Argument einer Person richten, sondern gegen die Person selbst. Die Kritik an einem Argument an der Person hinter dem Argument festzumachen, ist jedoch fast immer falsch. Denn auch richtige Argumente können von blöden Personen und falsche Argumente von wohlmeinenden Menschen kommen. Wer ein Argument geäußert hat, sagt also streng genommen nie etwas darüber aus, ob dieses Argument richtig oder falsch ist. Deswegen haben die Gender Studies einen Punkt, wenn sie argumentieren, die Kritik an ihnen sei nicht immer fair.

Ein zweiter Punkt ist, dass viele Argumente gegen den Feminismus tatsächlich Argumente gegen Frauen sind. So schreibt Esther Vilar, »die Frau sei, im Gegensatz zum Mann, ein Mensch, der nicht arbeitet«. Das mag Anfang der 1970er Jahre noch eine halbwegs realistische Beschreibung gewesen sein; doch erstens nur, wenn man »Arbeit« mit »Erwerbsarbeit« gleichsetzt; zweitens zeigt es, wie man momentane Zustände damit verwechseln kann, wie Männer und Frauen schon immer waren und immer sein werden. Das ist im besten Fall ein korrigierbarer Fehler. Im schlimmsten Fall entstehen dabei jedoch Urteile wie dieses: »Frauen benützen ihre geistigen Anlagen nicht, sie ruinieren mutwillig ihren Denkapparat und gelangen nach einigen Jahren wenigen sporadischen Gehirntrainings in ein Stadium sekundärer, irreversibler Dummheit.«[422] Das ist nicht nur falsch, es trägt auch nichts zur Erkenntnis bei und ist einfach fies gegenüber Frauen.

Es gibt also auch schlechte, unfaire und fiese Argumente gegen Gender Studies und Feminismus – und einige dieser Kritiken sind eigentlich mehr oder minder versteckte Kritik an Frauen. Doch dass Kritik mitunter ungerechtfertigt ist, macht nicht automatisch jede Kritik ungerechtfertigt. Und damit komme ich zum letzten Punkt: Warum ich falschliegen könnte und das in Ordnung ist.

Warum ich falschliegen könnte und das in Ordnung ist

Ich weiß nicht, ob ich Recht habe. Vielleicht kann jemand belegen, dass ich bei der Analyse, Interpretation oder Bewertung der Daten einen Fehler gemacht habe. Vielleicht habe ich zu sehr von Zuständen auf verallgemeinerbare Zusammenhänge geschlossen. Vielleicht habe ich einen obskuren Aspekt der Gender Studies falsch verstanden. Deswegen kann ich Ihnen eines sagen: Beim Schreiben dieses Buches habe ich mich immer gefragt, ob ich einen Fehler begehe. Als Mensch bin ich schließlich nicht frei von Werturteilen. Und fast immer waren die Forderungen der Frauenbewegung richtig, während deren Kritiker Unrecht hatten.

Wer beispielsweise den Film *Suffragette* schaut, muss doch denken: »Hoffentlich kriegen die Frauen das Wahlrecht.« Hätte man allerdings Ende des 19. Jahrhunderts gefragt, ob Frauen sich genauso für Politik interessieren wie Männer, wäre das rein empirische Ergebnis wahrscheinlich gewesen, dass Frauen sich weniger für Politik interessieren. Es wäre jedoch idiotisch gewesen, ihnen deswegen das Wahlrecht zu verweigern. Denn es ist immer gefährlich, von einem Ist-Zustand (Frauen interessieren sich weniger für Politik) auf einen Soll-Zustand zu schließen (Frauen sollten nicht wählen). Einstellungen werden eben tatsächlich durch die Gesellschaft beeinflusst, in der sie gemessen werden. So interessierten Frauen sich Ende des 19. Jahrhunderts wahrscheinlich weniger für Politik, *weil* sie nicht wählen durften. Es musste erst das Wahlrecht kommen, damit Frauen sich stärker für Politik interessieren, und heute, das nur nebenbei, treffen eher die Männer fragwürdige Entscheidungen an der Wahlurne – aber das ist auch nur meine persönliche Meinung. Hier haben die Gender Studies mit ihrer These der »sozialen Konstruiertheit« insofern Recht. Entsprechend können auch viele der von mir gezeigten Ergebnisse von Werten abhängen, die sich gesellschaftlich verändern. So sind Frauen beispielsweise im Laufe der Zeit durchsetzungsfähiger und dominanter geworden.[423] Was Männer und Frauen wollen, ist also nicht in Stein gemeißelt.

Meine Kritik ist jedoch, dass der illiberale Feminismus aus diesen veränderlichen Präferenzen den Anspruch ableitet, Männer und Frauen selbst dann zu dem Leben hin umzuerziehen, welches er selbst für richtig hält, wenn die betroffenen Frauen und Männer anders leben möchten. Denn mit dieser Herangehensweise geht der illiberale Feminismus drei riskante Wetten ein. Erstens wettet er, dass jeder relevante Unterschied zwischen Männern und Frauen lediglich aufgrund gesellschaftlicher Strukturen besteht, die zweitens veränderbar sind, und drittens, dass diese Veränderung langfristig für alle besser ist, selbst wenn die Betroffenen sie ablehnen. Man ist sich also recht sicher, die Weisheit gepachtet zu haben; naturgemäß ein recht hoher Anspruch.

Wenn es allerdings stimmt, dass Menschen wirklich nicht wissen, was sie wollen, wie das Handbuch für Schlüsselkonzepte der Gender Studies[424] argumentiert, dann ist nur folgerichtig, ihnen nicht mehr zuzuhören, sondern vielmehr einzureden, wie sie zu leben haben. Doch wie gesagt: mir macht es Bauchschmerzen, wenn man über das Leben anderer Menschen bestimmen will, weil man meint, es besser zu wissen. Ich habe damit aber auch nur eine Theorie erstellt, die man die Theorie weiblicher Selbstbestimmung nennen könnte. Denn sie besagt, dass wir am Ende der Emanzipation angekommen sind, weil man das Leben von Frauen (und Männern) mittlerweile besser durch ihre eigenen Vorlieben als durch Benachteiligung oder Zwang erklären kann. Ich habe auch gezeigt, dass sowohl Frauen als auch Männer heute im Wesentlichen das Leben haben, das sie haben möchten. Dies kann man als Verharmlosung existierenden Leids ansehen, weil es den Fokus nicht auf jene legt, die immer noch nicht das Leben haben, das sie sich wünschen. Doch diesen Vorwurf kann man auch umdrehen: Warum ist es so verwerflich, zu zeigen, dass es Menschen oft gar nicht so schlecht geht? Warum sind wir stattdessen so heiß auf Leid, vor allem auf das Leid von Frauen? Ist es nicht verrückt, es für vollkommen unproblematisch zu halten, Frauen als chronische Opfer darzustellen, während wir es für geradezu verwerflich halten, dass es Frauen auch mal gut gehen könnte? Warum, und auf diese Frage suche ich schon seit drei Büchern eine Antwort, ist es so schwer für uns zu akzeptieren, dass Menschen auch zufrieden sein können?

Nun, ich wollte zumindest versuchen, es anhand der Daten zu zeigen. Doch wenn ich Unrecht habe, kann ich das wahrscheinlich mittlerweile schlechter erkennen als andere.[425] Deswegen kann es nicht darum gehen, ob ich selbst meinen Standpunkt für richtig halte. Vielmehr muss die Theorie weiblicher Selbstbestimmung daran gemessen werden, ob sie die Realität besser erklärt als die Theorie weiblicher Benachteiligung. Diese Debatte wollte ich überhaupt erst einmal ermöglichen. Mein Ziel ist aber nicht, die Welt zu verändern. Dafür sind Politiker zuständig und seit neuestem ja auch, wie man sagt, Aktivisten. Ich bin aber kein Aktivist. Ich bin nur Wissenschaftler. Wenn die Theorie weiblicher Selbstbestimmung also von einer anderen abgelöst wird, die besser zu den Daten passt, freue ich mich. Denn dann können wir die Realität besser erklären als mit meinem Ansatz. Vielleicht messen die Gender Studies von nun an mit empirischen Studien, dass Entscheidungen von Frauen (und Männern) sich doch nicht mit deren Vorlieben decken, sondern mit gesellschaftlicher Einflussnahme. Vielleicht zeigen sie, dass, was Menschen selbst wollen, doch schlechter für sie ist als das Leben, das Feministinnen für sie vorsehen. Dafür eignen sich beispielsweise Vignettenstudien, die Versuchspersonen unterschiedliche Szenarien präsentieren und ihre Meinung dazu abfragen.

Einstweilen kann ich deswegen nur vermuten, dass das Leben von Frauen und Männern besser dadurch erklärbar ist, wie beide leben wollen, als durch unsichtbare Machtstrukturen, die sie unterdrücken. Vielleicht habe ich damit Unrecht. Aber wenn Sie jetzt selbst nachvollziehen können, warum man das Leben von Menschen nicht nur als Folge von Zwang, sondern vielmehr auch als selbstbestimmt verstehen kann, so hat dieses Buch alles erreicht, was ich mir davon erhofft habe. Und damit verabschiede ich mich und hoffe, dass es Ihnen Spaß gemacht hat.

Dank

Ich muss mich bei vielen bedanken, die dieses Buch trotz meiner Dauerzweifel ermöglicht haben. Vielen Dank also an Karen Guddas, die mich zu einem neuen Sachbuch ermutigte, als alle noch in der Corona-Depression steckten; Annette Anton, die als Lektorin früh an das Buch glaubte und mich mit Hinweisen unterstützt hat, was Menschen außerhalb der Universitätsblase interessant finden; Uwe Neumahr von der Agence Hoffman, der meinem pedantischen Wissenschaftlergehirn klarmachte, dass ein gutes Exposé ein fertiges Exposé ist; Catrin, Lena, Meike und Sara für das Lesen allererster Versionen; Isabel, Katrin und Achim für das Lesen späterer; Studierenden in meinen Seminaren »Ist die Emanzipation jetzt fertig?«; »Wie weit ist die Gleichberechtigung schon vorangeschritten?« und »Hat der Feminismus die Frauen vergessen?« für viele konstruktive Tipps, um Kapitel weiterzuentwickeln oder wegzulassen; Lena, die alle Fußnoten und Zitate noch mal auf Korrektheit nachgeprüft hat; Philipp Hübl, der mir unermüdlich Artikel und Anregungen geschickt hat (Philipp, ich kann einfach nicht so schnell lesen wie du); Andreas Nielsen, für viele Tipps zum Feinschliff der Argumente; Paul Marx, der auf den Begriff gekommen ist, der das Buch prägt. Liesi, die sich am Ende noch mal alles durchgelesen hat, ohne das Erscheinen des Buches noch erleben zu können. Und Hanna, meine größte Kritikerin, die trotzdem meist noch ein Eis bei Breda mit mir gegessen hat. Nur die Erdbeersauce darf man ihr nicht klauen. Alle Verantwortung, Fehler, Verkürzungen, Einseitigkeiten, Auslassungen und Schwächen liegen allein in der Verantwortung des Autors.

Literatur

Adorno, Theodor W., 1972: *Gesammelte Schriften Bd. 8 Soziologische Schriften 1*. 1. Auflage. Frankfurt am Main: Suhrkamp.

Agger, Ben, 1991: Critical Theory, Poststructuralism, Postmodernism: Their Sociological Relevance. In: *Annual Review of Sociology* 17, 105–131.

Allmendinger, Jutta, 2021: *Es geht nur gemeinsam! Wie wir endlich Geschlechtergerechtigkeit erreichen*. 1. Auflage. Berlin: Ullstein.

Althoff, Martina, et al., 2017a: Einleitung. In: Martina Althoff et al. (Hrsg.), *Feministische Forschung zwischen Wissenschaftskritik, politischen Ansprüchen und methodologischen Orientierungen*. Wiesbaden: Springer VS, 1–10.

Althoff, Martina, et al., 2017b: Feministische Methodologie – kontroverse Bestimmungen. In: Martina Althoff et al. (Hrsg.), *Feministische Methodologien und Methoden. Traditionen, Konzepte, Erörterungen*. Wiesbaden: Springer VS, 59–63.

Althoff, Martina, et al., 2017c: *Feministische Methodologien und Methoden. Traditionen, Konzepte, Erörterungen*. 2. Auflage. Wiesbaden: Springer VS.

Archer, John, 2019: The Reality and Evolutionary Significance of Human Psychological Sex Differences. In: *Biological Reviews* 94, 1381–1415.

Arruzza, Cinzia/Tithi Bhattacharya/Nancy Fraser, 2019: *Feminism for the 99 Percent: A Manifesto*. London: Verso.

Ashby, Julie S./Ingrid Schoon, 2010: Career Success: The Role of Teenage Career Aspirations, Ambition Value and Gender in Predicting Adult Social Status and Earnings. In: *Journal of Vocational Behavior* 77, 350–360.

Askari, Sabrina F., et al., 2010: Men Want Equality, But Women Don't Expect It: Young Adults' Expectations for Participation in Household and Child Care Chores. In: *Psychology of Women Quarterly* 34, 243–252.

Åslund, Olof/Oskar Nordström Skans, 2012: Do Anonymous Job Application Procedures Level the Playing Field? In: *ILR Review* 65, 82–107.

Atari, Mohammad/Mark H. C. Lai/Morteza Dehghani, 2020: Sex Differences in Moral Judgements Across 67 Countries. In: *Proceedings of the Royal Society B: Biological Sciences* 287, 20201201.

Auspurg, Katrin/Thomas Hinz/Carsten Sauer, 2017: Why Should Women Get Less? Evidence on the Gender Pay Gap from Multifactorial Survey Experiments. In: *American Sociological Review* 82, 179–210.

Auyeung, Bonnie, et al., 2009: Fetal Testosterone and Autistic Traits. In: *British Journal of Psychology* 100, 1–22.

Awad, Edmond, et al., 2019: The Thorny Challenge of Making Moral Machines: Ethical Dilemmas with Self-Driving Cars. In: *NIM Marketing Intelligence Review* 11, 42–47.

Baert, Stijn, 2018: Hiring Discrimination: An Overview of (Almost) All Correspondence Experiments Since 2005. In: S. Michael Gaddis (Hrsg.), *Audit Studies: Behind the Scenes with Theory, Method, and Nuance*. Cham: Springer International Publishing, 63–77.

Bailey, Alison, 2017: Tracking Privilege-Preserving Epistemic Pushback in Feminist and Critical Race Philosophy Classes. In: *Hypatia* 32, 876–892.

Barad, Karen, 2017 [2012]: Agentieller Realismus. In: Martina Althoff et al. (Hrsg.), *Feministische Methodologien und Methoden. Traditionen, Konzepte, Erörterungen*. Wiesbaden: Springer VS, 56–59.

Baumeister, Roy F./Kathleen R. Catanese/Kathleen D. Vohs, 2001: Is There a Gender Difference in Strength of Sex Drive? Theoretical Views, Conceptual Distinctions, and a Review of Relevant Evidence. In: *Personality and Social Psychology Review* 5, 242–273.

Beaufaÿs, Sandra/Beate Krais, 2005: Doing Sciene – Doing Gender. Die Produktion von Wissenschaftlerinnen und die Reproduktion von Machtverhältnissen im wissenschaftlichen Feld. In: *Feministische Studien* 23, 82–99.

Beauvoir, Simone de, 1956 [1949]: *The Second Sex*. London: Cape.

Becker, Gary S., 1991 [1981]: *A Treatise on the Family*. Boston, MA: Harvard University Press.

Becker, Sascha O./Ana Fernandes/Doris Weichselbaumer, 2019: Discrimination in Hiring Based on Potential and Realized Fertility: Evidence From a Large-Scale Field Experiment. In: *Labour Economics* 59, 139–152.

Bell, Suzanne T., et al., 2010: Getting Specific About Demographic Diversity Variable and Team Performance Relationships: A Meta-Analysis. In: *Journal of Management* 37, 709–743.

Bertrand, Marianne/Emir Kamenica/Jessica Pan, 2015: Gender Identity and Relative Income Within Households. In: *The Quarterly Journal of Economics* 130, 571–614.

Beste, Jennifer, 2006: The Limits of Poststructuralism for Feminist Theology. In: *Journal of Feminist Studies in Religion* 22, 5–19.

Birkelund, Gunn Elisabeth, et al., 2021: Gender Discrimination in Hiring: Evidence from a Cross-National Harmonized Field Experiment. In: *European Sociological Review*.

Block, Katharina, et al., 2019: Do People Care if Men Don't Care About Caring? The Asymmetry in Support for Changing Gender Roles. In: *Journal of Experimental Social Psychology* 83, 112–131.

BMFSFJ, 2004: *Lebenssituation, Sicherheit und Gesundheit von Frauen in Deutschland*. Berlin: Bundesministerium für Familie, Senioren, Frauen und Jugend. <https://www.bmfsfj.de/blob/jump/84316/kurzfassung-gewalt-frauen-data.pdf>

BMFSFJ, 2021: *Kinder, Haushalt, Pflege – wer kümmert sich? Ein Dossier zur gesellschaftlichen Dimension einer privaten Frage*. Berlin: Bundesministerium für Familie, Senioren, Frauen und Jugend. <https://www.bmfsfj.de/blob/jump/160276/kinder-haushalt-pflege-wer-kuemmert-sich-dossier-sorgearbeit-deutsch-data.pdf>

Bogaert, Anthony F./Malvina N. Skorska, 2020: A Short Review of Biological Research on the Development of Sexual Orientation. In: *Hormones and Behavior* 119, 104659.

Bönke, Timm/Rick Glaubitz, 2022: *Wer gewinnt? Wer verliert? Die Absicherung von Lebenseinkommen durch Familie und Staat*. Gütersloh: Bertelsmann Stiftung. <https://www.bertelsmann-stiftung.de/fileadmin/files/BSt/Publikationen/GrauePublikationen/Studie_Lebenseinkommen.pdf>

Booth, Alison L./Jan C. van Ours, 2008: Job Satisfaction and Family Happiness: The Part-Time Work Puzzle. In: *The Economic Journal* 118, F77-F99.

Booth, Alison L./Jan C. van Ours, 2009: Hours of Work and Gender Identity: Does Part-time Work Make the Family Happier? In: *Economica* 76, 176–196.
Bradley, Keith R., 1989: *Slavery and Rebellion in the Roman World, 140 B.C.–70 B.C.* Bloomington, IN: Indiana University Press.
Brandt, Gesche, 2017: Elternzeit von Vätern als Verhandlungssache in Partnerschaften. In: *KZfSS Kölner Zeitschrift für Soziologie und Sozialpsychologie* 69, 593–622.
Breda, Thomas, et al., 2020: Gender Stereotypes Can Explain the Gender-Equality Paradox. In: *Proceedings of the National Academy of Sciences* 117, 31063–31069.
Broćić, Miloš/Andrew Miles, 2021: College and the »Culture War«: Assessing Higher Education's Influence on Moral Attitudes. In: *American Sociological Review* 86, 856–895.
Bundeskriminalamt, 2020: *Partnerschaftsgewalt. Kriminalstatistische Auswertung – Berichtsjahr 2019*. Wiesbaden. <https://www.bka.de/SharedDocs/Downloads/DE/Publikationen/JahresberichteUndLagebilder/Partnerschaftsgewalt/Partnerschaftsgewalt_2019.pdf>
Bünning, Mareike/Lena Hipp, 2021: How Can We Become More Equal? Public Policies and Parents' Work-Family Preferences in Germany. In: *Journal of European Social Policy*, 09589287211035701.
Burkart, Günter, 2017: Liebe: historische Formen und theoretische Zugänge. In: Beate Kortendiek/Birgit Riegraf/Katja Sabisch (Hrsg.), *Handbuch Interdisziplinäre Geschlechterforschung*. Wiesbaden: Springer.
Buss, David M., 2003: *The Evolution of Desire: Strategies of Human Mating*. Überarbeitete Auflage. New York: Basic Books.
Butler, Judith, 1995: *Körper von Gewicht. Die diskursiven Grenzen des Geschlechts*. Berlin: Berlin Verlag.
Butler, Judith, 1997: *The Psychic Life of Power: Theories in Subjection*. Stanford, CA: Stanford University Press.
Butler, Judith, 1999 [1990]: *Gender Trouble: Feminism and the Subversion of Identity*. New York: Routledge.
Campbell, Bradley, 2021: Social Justice and Sociological Theory. In: *Society* 58, 355–364.
Carey, Mark, et al., 2016: Glaciers, Gender, and Science: A Feminist Glaciology Framework for Global Environmental Change Research. In: *Progress in Human Geography* 40, 770–793.

Carlson, Daniel L., et al., 2016: The Gendered Division of Housework and Couples' Sexual Relationships: A Reexamination. In: *Journal of Marriage and Family* 78, 975–995.
Cech, Erin A., 2013: The Self-Expressive Edge of Occupational Sex Segregation. In: *American Journal of Sociology* 119, 747–789.
Ceci, Stephen J./Wendy M. Williams/Susan M. Barnett, 2009: Women's Underrepresentation in Science: Sociocultural and Biological Considerations. In: *Psychological Bulletin* 135, 218–261.
Charles, Maria/Karen Bradley, 2009: Indulging Our Gendered Selves? Sex Segregation by Field of Study in 44 Countries. In: *American Journal of Sociology* 114, 924–976.
Clark, Cory/Bo Winegard, 2020: *The Myth of Pervasive Misogyny*. Quilette. <https://quillette.com/2020/07/27/the-myth-of-pervasive-misogyny/>
Clegg, Stewart, 2001: Power in Society. In: Neil J. Smelser/Paul B. Baltes (Hrsg.), *International Encyclopedia of the Social & Behavioral Sciences*. Oxford: Pergamon, 11932–11936.
Cole, Geoff G., 2021: The Grievance Studies Affair; One Funeral at a Time: A Reply to Pluckrose, Lindsay, and Boghossian. In: *Sociological Methods & Research* 50, 1937–1945.
Connell, Raewyn, 2014: *Der gemachte Mann. Konstruktion und Krise von Männlichkeiten*, Geschlecht und Gesellschaft. 4. Auflage. Wiesbaden: VS.
Cordes, Mechthild, 2010: Gleichstellungspolitiken. In: Ruth Becker/Beate Kortendiek (Hrsg.), *Handbuch Frauen- und Geschlechterforschung: Theorie, Methoden, Empirie*. Wiesbaden: VS Verlag für Sozialwissenschaften, 924–932.
Correll, Shelley J./Stephen Benard/In Paik, 2007: Getting a Job: Is There a Motherhood Penalty? In: *American Journal of Sociology* 112, 1297–1339.
Cortés, Patricia/Jessica Pan, 2020: Children and the Remaining Gender Gaps in the Labor Market. In: *National Bureau of Economic Research Working Paper Series*, 27980.
Criado-Perez, Caroline, 2019: *Invisible Women: Data Bias in a World Designed for Men*. New York: Abrams Press.
Cuevas, Ángel, et al., 2021: *The Gender Gap in Preferences: Evidence from 45,397 Facebook Interests*. NBER. <http://www.nber.org/papers/w29451>

Curry, Theodore R./Gang Lee/S. Fernando Rodriguez, 2004: Does Victim Gender Increase Sentence Severity? Further Explorations of Gender Dynamics and Sentencing Outcomes. In: *Crime & Delinquency* 50, 319–343.

Davies, Michelle/Rhiannon Smith/Paul Rogers, 2009: Police Perceptions of Rape as Function of Victim Gender and Sexuality. In: *The Police Journal* 82, 4–12.

Davis, Kathy/Mary Evans/Judith Lorber, 2006: Introduction. In: Kathy Davis/Mary Evans/Judith Lorber (Hrsg.), *Handbook of Gender and Women's Studies*. London: Sage, 1–10.

Davis, Kingsley/Wilbert E. Moore, 1944: Some Principles of Stratification. In: *American Sociological Review* 10, 242–249.

Deaton, Angus, 2008: Income, Health, and Well-Being Around the World: Evidence From the Gallup World Poll. In: *Journal of Economic Perspectives* 22, 53–72.

Degele, Nina, 2008: *Gender Queer Studies*. Paderborn: Fink.

Distel, Maren, 2010: Dialogischer Unterricht – Neue Wege im Unterricht und in der Ausbildung von Lehrkräften. In: Dorothea Kröll (Hrsg.), *Gender und Mint. Schlussfolgerungen für Beruf, Unterricht und Studium*. Kassel: Kassel University Press, 91–107.

Dittmann, Ralf W./Marianne E. Kappes/Michael H. Kappes, 1992: Sexual Behavior in Adolescent and Adult Females With Congenital Adrenal Hyperplasia. In: *Psychoneuroendocrinology* 17, 153–170.

Dong, Mengchen/Jan-Willem van Prooijen/Paul A. M. van Lange, 2019: Self-Enhancement in Moral Hypocrisy: Moral Superiority and Moral Identity Are About Better Appearances. In: *PLoS ONE* 14, e0219382.

Durkheim, Émile, 1953 [1924]: The Determination of Moral Facts. In: Émile Durkheim (Hrsg.), *Sociology and Philosophy*. Glencoe, IL: The Free Press, 35–62.

Durkheim, Émile, 1976 [1895]: *Die Regeln der soziologischen Methode*. 4. Auflage. Neuwied: Luchterhand.

Durkheim, Émile, 1990 [1897]: *Der Selbstmord*. Frankfurt am Main: Suhrkamp.

Dworkin, Andrea, 2007 [1987]: *Intercourse: The Twentieth Anniversary Edition*. New York: Basic Books.

Eckert, Penelope, 1989: The Whole Woman: Sex and Gender Differences in Variation. In: *Language Variation and Change* 1, 245–267.

Elster, Jon, 1986: Three Challenges to Class. In: John Roemer (Hrsg.), *Analytical Marxism.* Cambridge: Cambridge University Press, 141–161.

Erola, Jani, et al., 2021: Socioeconomic Background and Gene-Environment Interplay in Social Stratification Across the Early Life Course. In: *European Sociological Review* 38, 1–17.

Eyerman, Ron, 1981: False Consciousness and Ideology in Marxist Theory. In: *Acta Sociologica* 24, 43–56.

Falk, Armin/Johannes Hermle, 2018: Relationship of Gender Differences in Preferences to Economic Development and Gender Equality. In: *Science* 362, eaas9899.

FeldmanHall, Oriel, et al., 2016: Moral Chivalry: Gender and Harm Sensitivity Predict Costly Altruism. In: *Social Psychological and Personality Science* 7, 542–551.

Finger, Claudia, et al., 2020: Gender Differences in the Choice of Field of Study and the Relevance of Income Information. Insights From a Field Experiment. In: *Research in Social Stratification and Mobility* 65, 100457.

Finley, M. I., 1959: Was Greek Civilization Based on Slave Labour? In: *Historia: Zeitschrift für Alte Geschichte* 8, 145–164.

Fitzenberger, Bernd/Katrin Sommerfeld/Susanne Steffes, 2013: Causal Effects on Employment After First Birth – A Dynamic Treatment Approach. In: *Labour Economics* 25, 49–62.

Fors Connolly, Filip/Mikael Goossen/Mikael Hjerm, 2020: Does Gender Equality Cause Gender Differences in Values? Reassessing the Gender-Equality-Personality Paradox. In: *Sex Roles* 83, 101–113.

Fourier, Charles, 1966 [1808]: *Theorie der vier Bewegungen und der allgemeinen Bestimmungen.* Frankfurt am Main: Europäische Verlagsanstalt.

Fritsch, Nina-Sophie, 2016: Geschlecht in universitären Kontexten: eine qualitative Studie über Wissenschaftlerinnen in Österreich. In: *Swiss Journal of Sociology* 42.

Furnham, Adrian/Tatsuro Hosoe/Thomas Li-Ping Tang, 2001: Male Hubris and Female Humility? A Crosscultural Study of Ratings of Self, Parental, and Sibling Multiple Intelligence in America, Britain, and Japan. In: *Intelligence* 30, 101–115.

Ganna, Andrea, et al., 2019: Large-Scale GWAS Reveals Insights Into the Genetic Architecture of Same-Sex Sexual Behavior. In: *Science* 365, eaat7693.

Garfinkel, Harold, 1967: *Studies in Ethnomethodology*. Englewood Cliffs, NJ: Prentice-Hall.

Geyer, F., 2001: Alienation, Sociology of. In: Neil J. Smelser/Paul B. Baltes (Hrsg.), *International Encyclopedia of the Social & Behavioral Sciences*. Oxford: Pergamon, 388–392.

Gildemeister, Regine, 2008: Doing Gender: Soziale Praktiken der Geschlechterunterscheidung. In: Ruth Becker/Beate Kortendiek (Hrsg.), *Handbuch Frauen- und Geschlechterforschung: Theorie, Methoden, Empirie*. Wiesbaden: VS Verlag für Sozialwissenschaften, 137–145.

Gill, Rosalind, 2016: Breaking the Silence: The Hidden Injuries of Neo-Liberal Academia. In: *Feministische Studien* 34, 39–55.

Gino, Francesca/Caroline Ashley Wilmuth/Alison Wood Brooks, 2015: Compared to Men, Women View Professional Advancement as Equally Attainable, but Less Desirable. In: *Proceedings of the National Academy of Sciences* 112, 12354.

Glaeser, Edward/Bruce Sacerdote, 2003: Sentencing in Homicide Cases and the Role of Vengeance. In: *The Journal of Legal Studies* 32, 363–382.

Goldin, Claudia/Cecilia Rouse, 2000: Orchestrating Impartiality: The Impact of »Blind« Auditions on Female Musicians. In: *The American Economic Review* 90, 715–741.

Gonalons-Pons, Pilar/Markus Gangl, 2021: Marriage and Masculinity: Male-Breadwinner Culture, Unemployment, and Separation Risk in 29 Countries. In: *American Sociological Review* 86, 465–502.

Granovetter, Mark, 1985: Economic Action and Social Structure. The Problem of Embeddedness. In: *American Journal of Sociology* 91, 481–510.

Griffin, Gabriele, 2019: Postpatriarchal Societies? In: Barbara Rendtorff/ Birgit Riegraf/Claudia Mahs (Hrsg.), *Struktur und Dynamik – Un/ Gleichzeitigkeiten im Geschlechterverhältnis*. Wiesbaden: Springer, 179–184.

Grissom, Robert J., 1994: Probability of the Superior Outcome of One Treatment Over Another. In: *Journal of Applied Psychology* 79, 314–316.

Grove, Wayne A./Andrew Hussey/Michael Jetter, 2011: The Gender Pay Gap Beyond Human Capital: Heterogeneity in Noncognitive Skills and in Labor Market Tastes. In: *Journal of Human Resources* 46, 827–874.

Grunow, Daniela/Marie Evertsson, 2016: Narratives on the Transition to Parenthood in Eight European Countries: The Importance of Gender Culture and Welfare Regime. In: Daniela Grunow/Marie Evertsson (Hrsg.), *Couples' Transitions to Parenthood. Analysing Gender and Work in Europe.* Cheltenham: Edward Elgar, 269–294.

Haas, Marita/Sabine Koeszegi, 2017: Spiel mit mir. Die Konstruktion von Geschlecht und Professionalität in Organisationen – eine Rahmenanalyse. In: *Forum Qualitative Sozialforschung* 18, Online-Journal ohne Seitenangaben.

Habermas, Jürgen, 1981: *Theorie des kommunikativen Handelns. Band I – Handlungsrationalität und gesellschaftliche Rationalisierung.* Frankfurt am Main: Suhrkamp.

Hakim, Catherine, 2000: *Work-Lifestyle Choices in the 21st Century. Preference Theory.* Oxford: Oxford University Press.

Hakim, Catherine, 2002: Lifestyle Preferences as Determinants of Women's Differentiated Labor Market Careers. In: *Work and Occupations* 29, 428–459.

Hakim, Catherine, 2007: Dancing With the Devil? Essentialism and Other Feminist Heresies. In: *The British Journal of Sociology* 58, 123–132.

Halpern, Diane F., 2005: How Time-flexible Work Policies Can Reduce Stress, Improve Health, and Save Money. In: *Stress and Health* 21, 157–168.

Haraway, Donna, 2017 [1995]: Situiertes Wissen. Die Wissenschaftsfrage im Feminismus und das Privileg einer partialen Perspektive. In: Martina Althoff et al. (Hrsg.), *Feministische Methodologien und Methoden. Traditionen, Konzepte, Erörterungen.* Wiesbaden: Springer VS, 53–55.

Hark, Sabine/Paula-Irene Villa, 2017: Eine Frage an und für unsere Zeit: Verstörende Gender Studies und symptomatische Missverständnisse. In: Sabine Hark/Paula-Irene Villa (Hrsg.), *Anti-Genderismus: Sexualität und Geschlecht als Schauplätze aktueller politischer Auseinandersetzungen.* transcript Verlag, 15–40.

Harriger, Jennifer A., et al., 2019: You Can Buy a Child a Curvy Barbie Doll, but You Can't Make Her Like It: Young Girls' Beliefs About Barbie Dolls With Diverse Shapes and Sizes. In: *Body Image* 30, 107–113.

Hartman, Rosanne L./Emily G. Barber, 2020: Women in the Workforce. In: *Gender in Management: An International Journal* 35, 92–118.

Haselton, Martie G./David M. Buss, 2000: Error Management Theory: A New Perspective on Biases in Cross-Sex Mind Reading. In: *Journal of Personality and Social Psychology* 78, 81–91.

Hassett, Janice M./Erin R. Siebert/Kim Wallen, 2008: Sex Differences in Rhesus Monkey Toy Preferences Parallel Those of Children. In: *Hormones and Behavior* 54, 359–364.

Hearn, Jeff/Michael S. Kimmel, 2006: Changing Studies on Men and Masculinities. In: Kathy Davis/Mary Evans/Judith Lorber (Hrsg.), *Handbook of Gender and Women's Studies*. London: Sage, xvi, 494.

Hicks, Stephen, 2004: *Explaining Postmodernism. Skepticism and Socialism from Rousseau to Foucault*. Tempe, AZ: Scholargy.

Hilbig, Benjamin E., 2009: Sad, Thus True: Negativity Bias in Judgments of Truth. In: *Journal of Experimental Social Psychology* 45, 983–986.

Hines, Melissa, 2011: Prenatal Endocrine Influences on Sexual Orientation and on Sexually Differentiated Childhood Behavior. In: *Frontiers in Neuroendocrinology* 32, 170–182.

Hipp, Lena, 2020: Do Hiring Practices Penalize Women and Benefit Men for Having Children? Experimental Evidence from Germany. In: *European Sociological Review* 36, 250–264.

Hochschild, Arlie Russell/Anne Machung, 1989: *The Second Shift: Working Families and the Revolution at Home*. New York: Viking.

Hoff Sommers, Christina, 1994: *Who Stole Feminism? How Women Have Betrayed Women*. New York: Simon & Schuster.

Holland-Cunz, Barbara, 2018: Was ihr zusteht. Kurze Geschichte des Feminismus. In: *Aus Politik und Zeitgeschichte* 68, 4–11.

Holst, Elke/Martin Friedrich, 2016: Hohe Führungspositionen: In der Finanzbranche haben Frauen im Vergleich zu Männern besonders geringe Chancen. In: *DIW Wochenbericht* 83, 827–838.

Holter, Øystein Gullvåg, 2014: »What's in it for Men?« Old Question, New Data. In: *Men and Masculinities* 17, 515–548.

Horkheimer, Max/Theodor W. Adorno, 1981 [1944]: *Gesammelte Schriften: Band 3: Dialektik der Aufklärung – Philosophische Fragmente*. Frankfurt am Main: Suhrkamp.

Hyde, Janet Shibley, 2005: The Gender Similarities Hypothesis. In: *American Psychologist* 60, 581–592.

IfD Allensbach, 2021: *Elternschaft heute. Eine Repräsentativbefragung von Eltern unter 18-jähriger Kinder*. <https://www.ifd-allensbach.de/fileadmin/IfD/sonstige_pdfs/8214_Elternschaft_heute.pdf>

Ipsos, 2019: *International Women's Day: Attitudes to Gender Equality Around the World.* <https://www.ipsos.com/sites/default/files/2019-03/international_womens_day_2019_1.pdf>
Irigaray, Luce, 1985: *This Sex Which Is Not One.* Ithaca, NY: Cornell University Press.
Jamil, Jameela, 2018: Sagt ihm. In: Scarlett Curtis (Hrsg.), *The future is female! Was Frauen über Feminismus denken.* München: Goldmann, 136–145.
Jampol, Lily/Vivian Zayas, 2016: The Dark Side of White Lies in the Workplace: Feedback to Women Is Upwardly Distorted. In: *Academy of Management Proceedings* 2016, 18003.
Johnson, Matthew D./Nancy L. Galambos/Jared R. Anderson, 2016: Skip the Dishes? Not So Fast! Sex and Housework Revisited. In: *Journal of Family Psychology* 30, 203–213.
Johnson, Wendy/Andrew Carothers/Ian J. Deary, 2008: Sex Differences in Variability in General Intelligence: A New Look at the Old Question. In: *Perspectives on Psychological Science* 3, 518–531.
Joshanloo, Mohsen/Veljko Jovanović, 2020: The Relationship Between Gender and Life Satisfaction: Analysis Across Demographic Groups and Global Regions. In: *Archives of Women's Mental Health* 23, 331–338.
King, Gary/Robert O. Keohane/Sidney Verba, 1994: *Designing Social Inquiry: Scientific Inference in Qualitative Research.* Princeton, NJ: Princeton University Press.
Klammer, Ute, 2017: Gleichstellungspolitik: wo Geschlechterforschung ihre praktische Umsetzung erfährt. In: Beate Kortendiek/Birgit Riegraf/Katja Sabisch (Hrsg.), *Handbuch Interdisziplinäre Geschlechterforschung.* Wiesbaden: Springer, 983–992.
Klawitter, Marieka, 2015: Meta-Analysis of the Effects of Sexual Orientation on Earnings. In: *Industrial Relations: A Journal of Economy and Society* 54, 4–32.
Konrad, Sandra, 2020: *Das beherrschte Geschlecht. Warum sie will, was er will.* München: Piper.
Koppetsch, Cornelia/Sarah Speck, 2015: *Wenn der Mann kein Ernährer mehr ist. Geschlechterkonflikte in Krisenzeiten.* Berlin: Suhrkamp.
Kornrich, Sabino/Julie Brines/Katrina Leupp, 2013: Egalitarianism, Housework, and Sexual Frequency in Marriage. In: *American Sociological Review* 78, 26–50.

Kposowa, Augustine, 2003: Divorce and Suicide Risk. In: *Journal of Epidemiology and Community Health* 57, 993.

Krais, Beate, 2017 [1993]: Geschlechterverhältnis und symbolische Gewalt. In: Martina Althoff et al. (Hrsg.), *Feministische Methodologien und Methoden. Traditionen, Konzepte, Erörterungen.* Wiesbaden: Springer VS, 417–423.

Krause, Annabelle/Ulf Rinne/Klaus F. Zimmermann, 2012: Anonymous Job Applications in Europe. In: *IZA Journal of European Labor Studies* 1, 5.

Kretzschmar, Albrecht/Gerhard Wenzke, 1973: Der Arbeiter im Zerrspiegel der bürgerlichen Soziologie. In: *Deutsche Zeitschrift für Philosophie* 21, 1452.

Kroll, Renate, 2002: *Metzler Lexikon. Gender Studies. Geschlechterforschung. Ansätze – Personen – Grundbegriffe*. Stuttgart: Metzler.

Kübler, Dorothea/Julia Schmid/Robert Stüber, 2018: *Gender Discrimination in Hiring Across Occupations: A Nationally-Representative Vignette Study.* <https://www.econstor.eu/bitstream/10419/213866/1/Full-text-article-Kuebler-et-al-Gender-discrimination-in.pdf>

Kühhirt, Michael/Volker Ludwig, 2012: Domestic Work and the Wage Penalty for Motherhood in West Germany. In: *Journal of Marriage and Family* 74, 186–200.

Kutschera, Ulrich, 2016: *Das Gender-Paradoxon. Mann und Frau als evolvierte Menschentypen*. Berlin: Lit.

Lazar, Michelle M., 2005: Politicizing Gender in Discourse: Feminist Critical Discourse Analysis as Political Perspective and Praxis. In: Michelle M. Lazar (Hrsg.), *Feminist Critical Discourse Analysis: Gender, Power and Ideology in Discourse.* London: Palgrave Macmillan UK, 1–28.

Leahy, Mary/James Doughney, 2006: Women, Work and Preference Formation: A Critique of Catherine Hakim's Preference Theory. In: *Journal of Law and Governance* 1, 37–48.

Leeds Revolutionary Feminist Group, 1981: *Love Your Enemy? The Debate Between Heterosexual Feminism and Political Lesbianism*. London: Onlywomen Press.

Lempp, Theresa, et al., 2018: The Relevance of Gender in a University: Access to the Field as a Methodological Challenge and Source of Information. In: *Forum Qualitative Sozialforschung/Forum: Qualitative Social Research* 19.

Lenz, Ilse, 2017: Feminismus: Denkweisen, Differenzen, Debatten. In: Beate Kortendiek/Birgit Riegraf/Katja Sabisch (Hrsg.), *Handbuch Interdisziplinäre Geschlechterforschung*. Wiesbaden: Springer, 231–241.

Levari, David E., et al., 2018: Prevalence-Induced Concept Change in Human Judgment. In: *Science* 360, 1465–1467.

Lieberman, Evan S 2005: Nested Analysis as a Mixed-Method Strategy for Comparative Research. In: *American Political Science Review* 99, 435–452.

Lim, Stephen S./Theo Vos/Abraham D. Flaxman, 2012: A Comparative Risk Assessment of Burden of Disease and Injury Attributable to 67 Risk Factors and Risk Factor Clusters in 21 Regions, 1990–2010: A Systematic Analysis for the Global Burden of Disease Study 2010. In: *The Lancet* 380, 2224–2260.

Lobo, Meike, 2016: *Die feministische Selbstdemontage*. <https://www.zeit.de/kultur/2016-03/feminismus-kritik-debatte-frauen/>

Lorber, Judith, 2006: Utopian Visions. In: Kathy Davis/Mary Evans/Judith Lorber (Hrsg.), *Handbook of Gender and Women's Studies*. London: Sage, 469–474.

Ludwig, Volker/Josef Brüderl, 2018: Is There a Male Marital Wage Premium? New Evidence from the United States. In: *American Sociological Review* 83, 744–770.

Lutter, Mark/Martin Schröder, 2016: Who Becomes a Tenured Professor, and Why? Panel Data Evidence from German Sociology, 1980–2013. In: *Research Policy* 45, 999–1013.

Lutter, Mark/Martin Schröder, 2020: Is There a Motherhood Penalty in Academia? The Gendered Effect of Children on Academic Publications in German Sociology. In: *European Sociological Review* 36, 442–459.

Mac Giolla, Erik/Petri J. Kajonius, 2019: Sex Differences in Personality Are Larger in Gender Equal Countries: Replicating and Extending a Surprising Finding. In: *International Journal of Psychology* 54, 705–711.

MacKinnon, Catharine A., 1982: Feminism, Marxism, Method, and the State: An Agenda for Theory. In: *Signs* 7, 515–544.

Madison, Guy/Therese Söderlund, 2018: Comparisons of Content and Scientific Quality Indicators Across Peer-Reviewed Journal Articles With More or Less Gender Perspective: Gender Studies Can Do Better. In: *Scientometrics* 115, 1161–1183.

Mahoney, James/Gary Goertz, 2006: A Tale of Two Cultures: Contrasting Quantitative and Qualitative Research. In: *Political Analysis* 14, 227–249.

Marcuse, Herbert, 1969: *An Essay on Liberation*. Boston, MA: Beacon Press.
Mari, Gabriele, 2019: Is There a Fatherhood Wage Premium? A Reassessment in Societies With Strong Male-Breadwinner Legacies. In: *Journal of Marriage and Family* 81, 1033–1052.
Mazzella, Ronald/Alan Feingold, 1994: The Effects of Physical Attractiveness, Race, Socioeconomic Status, and Gender of Defendants and Victims on Judgments of Mock Jurors: A Meta-Analysis. In: *Journal of Applied Social Psychology* 24, 1315–1338.
Merton, Robert K., 1973 [1942]: The Normative Structure of Science. In: Norman W. Storer (Hrsg.), *The Sociology of Science.* Chicago, IL: University of Chicago Press, 267–278.
Mies, Maria, 2017 [1978]: Methodische Postulate zur Frauenforschung – dargestellt am Beispiel der Gewalt gegen Frauen. In: Martina Althoff et al. (Hrsg.), *Feministische Methodologien und Methoden: Traditionen, Konzepte, Erörterungen.* Wiesbaden: Springer, 63–70.
Mies, Maria, 2017 [1987]: Frauenforschung oder feministische Forschung? Die Debatte um feministische Wissenschaft und Methodologie. In: Martina Althoff et al. (Hrsg.), *Feministische Methodologien und Methoden: Traditionen, Konzepte, Erörterungen.* Wiesbaden: Springer, 75–82.
Mill, John Stuart, 2001 [1859]: *On Liberty*. Kitchener: Batoche.
Müller, Ursula, 2013: *Dem Feminismus eine politische Heimat – der Linken die Hälfte der Welt: Die politische Verortung des Feminismus.* Wiesbaden: Springer.
Mustard, David B., 2001: Racial, Ethnic, and Gender Disparities in Sentencing: Evidence from the U.S. Federal Courts. In: *The Journal of Law and Economics* 44, 285–314.
Ngun, Tuck C./Eric Vilain, 2014: Chapter Eight – The Biological Basis of Human Sexual Orientation: Is There a Role for Epigenetics? In: Daisuke Yamamoto (Hrsg.), *Advances in Genetics.* Academic Press, 167–184.
Niederle, Muriel/Lise Vesterlund, 2007: Do Women Shy Away From Competition? Do Men Compete Too Much? In: *The Quarterly Journal of Economics* 122, 1067–1101.
Nussbaum, Martha C., 1999: *The Professor of Parody*. The New Republic. <https://newrepublic.com/article/150687/professor-parody>
Ochsenfeld, Fabian, 2012: Gläserne Decke oder goldener Käfig: Scheitert der Aufstieg von Frauen in erste Managementpositionen an

betrieblicher Diskriminierung oder an familiären Pflichten? In: *Kölner Zeitschrift für Soziologie und Sozialpsychologie* 64, 507–534.

Ochsenfeld, Fabian, 2016: Preferences, Constraints, and the Process of Sex Segregation in College Majors: A Choice Analysis. In: *Social Science Research* 56, 117–132.

Patai, Daphne/Noretta Koertge, 1994: *Professing Feminism: Cautionary Tales From the Strange World of Women's Studies*. New York: Basic Books.

Petersen, Trond, 2008: Discrimination. Conscious or Nonconscious? In: David B. Grusky/Manwai C. Ku/Szonja Szelényi (Hrsg.), *Social Stratification. Class, Race, and Gender in Sociological Perspective.* Boulder, CO: Westview Press, 780–785.

Pierce, Lamar/Michael S. Dahl/Jimmi Nielsen, 2013: In Sickness and in Wealth: Psychological and Sexual Costs of Income Comparison in Marriage. In: *Personality and Social Psychology Bulletin* 39, 359–374.

Pilcher, Jane/Imelda Whelehan, 2004: *Fifty Key Concepts in Gender Studies*. London: SAGE

Pluckrose, Helen/James Lindsay, 2020: *Cynical Theories: How Activist Scholarship Made Everything About Race, Gender, and Identity – and Why This Harms Everybody*. Durham: Pitchstone Publishing.

Raley, Sara/Suzanne M. Bianchi/Wendy Wang, 2012: When Do Fathers Care? Mothers' Economic Contribution and Fathers' Involvement in Child Care. In: *American Journal of Sociology* 117, 1422–1459.

Rawls, John, 1971: *A Theory of Justice*. Cambridge, MA: Harvard University Press.

Revers, Matthias/Richard Traunmüller, 2020: Is Free Speech in Danger on University Campus? Some Preliminary Evidence from a Most Likely Case. In: *KZfSS Kölner Zeitschrift für Soziologie und Sozialpsychologie* 72, 471–497.

Reynolds, Tania, et al., 2020: Man up and Take It: Gender Bias in Moral Typecasting. In: *Organizational Behavior and Human Decision Processes* 161, 120–141.

Roig, Emilia, 2021: *Why We Matter: Das Ende der Unterdrückung*. Berlin: Aufbau.

Rönicke, Katrin, 2020: *Emanzipation*. Stuttgart: Reclam.

Rosling, Hans/Anna Rosling Rönnlund/Ola Rosling, 2018: *Factfulness: Wie wir lernen, die Welt so zu sehen, wie sie wirklich ist*. Berlin: Ullstein.

Rozin, Paul/Edward B. Royzman, 2001: Negativity Bias, Negativity Dominance, and Contagion. In: *Personality and Social Psychology Review* 5, 296–320.

Rusch, Hannes/Joost M. Leunissen/Mark van Vugt, 2015: Historical and Experimental Evidence of Sexual Selection for War Heroism. In: *Evolution and Human Behavior* 36, 367–373.

Salland, Jan, 2018: Income Comparison, Gender Roles and Life Satisfaction. In: *Applied Economics Letters* 25, 1436–1439.

Sauer, Birgit, 2013: »Die hypnotische Macht der Herrschaft« – Feministische Perspektiven. In: Peter Imbusch (Hrsg.), *Macht und Herrschaft: Sozialwissenschaftliche Theorien und Konzeptionen.* Wiesbaden: Springer, 379–398.

Scheele, Alexandra/Katharina Bolte/Kristina Vogt, 2020: Also es gibt keine weitere Frau – Prozesse der Geschlechterdifferenzierung auf der Führungsebene. In: *AIS-Studien* 13, 12–25.

Schenk, Christian, 2008: Frauenförderung, Gender Mainstreaming und Diversity Management. Gleichstellungspolitische Praxen im Lichte der Geschlechterforschung. In: Nina Degele (Hrsg.), *Gender Queer Studies.* Paderborn: Fink, 149–165.

Schmincke, Imke, 2018: Frauenfeindlich, sexistisch, antifeministisch? Begriffe und Phänomene bis zum aktuellen Antigenderismus. In: *Aus Politik und Zeitgeschichte* 68, 28–33.

Schmitt, David P., et al., 2008: Why Can't a Man Be More Like a Woman? Sex Differences in Big Five Personality Traits Across 55 Cultures. In: *Journal of Personality and Social Psychology* 94, 168–182.

Schmitt, David P., et al., 2017: Personality and Gender Differences in Global Perspective. In: *International Journal of Psychology* 52, 45–56.

Schneid, Matthias, et al., 2015: The Influence of Cultural Context on the Relationship Between Gender Diversity and Team Performance: A Meta-Analysis. In: *The International Journal of Human Resource Management* 26, 733–756.

Schneider, Barbara, 2009: *Fleißige Frauen arbeiten, schlaue steigen auf.* Offenbach: Gabal.

Schößler, Franziska, 2008: *Einführung in die Gender Studies.* Berlin: Akademie Verlag.

Schröder, Martin, 2010: Ungewissheit als Grenze von Interessen-bargaining in industriellen Beziehungen. In: *Industrielle Beziehungen* 17, 261–283.

Schröder, Martin, 2011a: *Die Macht moralischer Argumente. Produktionsverlagerungen zwischen wirtschaftlichen Interessen und gesellschaftlicher Verantwortung.* Wiesbaden: VS Verlag für Sozialwissenschaften.
Schröder, Martin, 2011b: Vom Experiment zur Praxis: Wie moralische Argumente wirtschaftliche Selbstinteressen beeinflussen. In: *Kölner Zeitschrift für Soziologie und Sozialpsychologie* 63, 61–81.
Schröder, Martin, 2011c: Wer A sagt, muss auch B sagen. Wie anfängliche moralische Rechtfertigungen durch argumentativen Zwang wirtschaftliches Handeln beeinflussen. In: *Soziale Welt* 62, 333–349.
Schröder, Martin, 2013a: How Moral Arguments Influence Economic Decisions and Organizational Legitimacy – The Case of Offshoring Production. In: *Organization* 20, 551–576.
Schröder, Martin, 2013b: Should I Stay or Should I Go? How Moral Arguments Influence Decisions About Relocating Production. In: *Economic and Industrial Democracy* 34, 187–204.
Schröder, Martin, 2013c: Wie und wie stark beeinflussen moralische Argumente wirtschaftliches Handeln? In: *Berliner Journal für Soziologie* 23, 205–228.
Schröder, Martin, 2018a: *AfD-Unterstützer sind nicht abgehängt, sondern ausländerfeindlich.* SOEPpapers 975. Berlin: DIW. <https://www.diw.de/documents/publikationen/73/diw_01.c.595120.de/diw_sp0975.pdf>
Schröder, Martin, 2018b: Der Generationenmythos. In: *KZfSS Kölner Zeitschrift für Soziologie und Sozialpsychologie* 70, 469–494.
Schröder, Martin, 2018c: How Working Hours Influence the Life Satisfaction of Childless Men and Women, Fathers and Mothers in Germany. In: *Zeitschrift für Soziologie* 47, 65–82.
Schröder, Martin, 2018d: *Warum es uns noch nie so gut ging und wir trotzdem ständig von Krisen reden.* Salzburg: Benevento.
Schröder, Martin, 2019: Generationen gibt es, sie sind nur unsichtbar. In: *KZfSS Kölner Zeitschrift für Soziologie und Sozialpsychologie* 71, 471–480.
Schröder, Martin, 2020a: Men Lose Life Satisfaction with Fewer Hours in Employment: Mothers Do Not Profit from Longer Employment – Evidence from Eight Panels. In: *Social Indicators Research* 152, 317–334.
Schröder, Martin, 2020b: *Wann sind wir wirklich zufrieden? Überraschende Erkenntnisse zu Arbeit, Liebe, Kindern, Geld. Auf Basis der größten Langzeitstudie mit über 600 000 Befragungen.* München: C.Bertelsmann.

Schröder, Martin, 2021: *Wann sind wir wirklich zufrieden? Überraschende Erkenntnisse zu Arbeit, Liebe, Kindern, Geld. Mit neuen Daten und einem Kapitel zur Zufriedenheit in der Pandemie*. München: Penguin.

Schröder, Martin/Mark Lutter/Isabel M. Habicht, 2021: Publishing, Signaling, Social Capital, and Gender: Determinants of Becoming a Tenured Professor in German Political Science. In: *PLoS ONE* 16, e0243514.

Schröter, Susanne, 2000: »Essentialismus« und »Konstruktivismus« in der feministischen Forschung. In: *Peripherie* 77/78, 9–27.

Schwartz, Christine R./Pilar Gonalons-Pons, 2016: Trends in Relative Earnings and Marital Dissolution: Are Wives Who Outearn Their Husbands Still More Likely to Divorce? In: *RSF: The Russell Sage Foundation Journal of the Social Sciences* 2, 218–236.

Schwarz, Susanne/Alexander Coppock, 2021: What Have We Learned About Gender From Candidate Choice Experiments? A Meta-Analysis of Sixty-Seven Factorial Survey Experiments. In: *The Journal of Politics. Online First.*

Schwarzer, Alice, 2002 [1975]: *Der kleine Unterschied und seine großen Folgen. Frauen über sich. Beginn einer Befreiung*. Frankfurt am Main: Fischer

Schwarzer, Alice, 2020: *Lebenswerk*. Köln: Kiepenheuer.

Secorsky, K. H./G. Wenzke, 1973: Horst Kern/Michael Schumann: Industriearbeit und Arbeiterbewusstsein (Book Review). In: *Deutsche Zeitschrift für Philosophie* 21, 769.

Simpson, Elizabeth A., et al., 2016: Experience-Independent Sex Differences in Newborn Macaques: Females Are More Social Than Males. In: *Scientific Reports* 6, 19669.

Skopek, Jan, 2012: *Partnerwahl im Internet: Eine quantitative Analyse von Strukturen und Prozessen der Online-Partnersuche*. Wiesbaden: VS.

Söderlund, Therese/Guy Madison, 2017: Objectivity and Realms of Explanation in Academic Journal Articles Concerning Sex/Gender: A Comparison of Gender Studies and the Other Social Sciences. In: *Scientometrics* 112, 1093–1109.

Speck, Sarah, 2019: Paradoxien der Gleichheit: Widersprüchliche Verkehrungen in zeitgenössischen Geschlechterverhältnissen. In: Barbara Rendtorff/Birgit Riegraf/Claudia Mahs (Hrsg.), *Struktur und Dynamik – Un/Gleichzeitigkeiten im Geschlechterverhältnis*. Wiesbaden: Springer, 65–96.

Stanovich, Keith, 2021: *The Bias That Divides Us: The Science and Politics of Myside Thinking*. Cambridge, MA: MIT Press.
Stewart-Williams, Steve, 2002: Gender, the Perception of Aggression, and the Overestimation of Gender Bias. In: *Sex Roles* 46, 177–189.
Stewart-Williams, Steve, et al., 2021: Reactions to Male-Favouring Versus Female-Favouring Sex Differences: A Pre-registered Experiment and Southeast Asian Replication. In: *British Journal of Psychology* 112, 389–411.
Stock, Kathleen, 2021: *Material Girls: Why Reality Matters for Feminism*. London: Fleet.
Stoet, Gijsbert/David C. Geary, 2018: The Gender-Equality Paradox in Science, Technology, Engineering, and Mathematics Education. In: *Psychological Science* 29, 581–593.
Stoet, Gijsbert/David C. Geary, 2022: Sex Differences in Adolescents' Occupational Aspirations: Variations Across Time and Place. In: *PLoS ONE* 17, e0261438.
Strauss, Anselm L./Juliet Corbin, 1990: *Basics of Qualitative Research. Grounded Theory Procedures and Techniques*. Newbury Park, CA: Sage.
Strübing, Jörg, 2002: Just Do It? Zum Konzept der Herstellung und Sicherung von Qualität in grounded theory-basierten Forschungsarbeiten. In: *Kölner Zeitschrift für Soziologie und Sozialpsychologie* 54, 318–342.
Susen, Simon, 2015: Emancipation. In: Michael T. Gibbons et al. (Hrsg.), *The Encyclopedia of Political Thought*. Chichester: Wiley Blackwell, 1024–1038.
Thiessen, Barbara, 2008: Feminismus: Differenzen und Kontroversen. In: Ruth Becker/Beate Kortendiek (Hrsg.), *Handbuch Frauen- und Geschlechterforschung: Theorie, Methoden, Empirie*. Wiesbaden: VS, 37–44.
Tosi, Justin/Brandon Warmke, 2016: Moral Grandstanding. In: *Philosophy & Public Affairs* 44, 197–217.
Trzcinski, Eileen/Elke Holst, 2012: Gender Differences in Subjective Well-Being In and Out of Management Positions. In: *Social Indicators Research* 107, 449–463.
Tversky, Amos/Daniel Kahneman, 1973: Availability: A Heuristic For Judging Frequency And Probability. In: *Cognitive Psychology* 5, 207–232.
Veenhoven, Ruut, 2008: Sociological Theories of Subjective Well-Being. In: Michael Eid/Randy Larsen (Hrsg.), *The Science Of Subjective Well-Being: A Tribute to Ed Diener*. New York: Guilford Publications, 44–61.

Vianello, Michelangelo, et al., 2013: Gender Differences in Implicit and Explicit Personality Traits. In: *Personality and Individual Differences* 55, 994–999.

Vilar, Esther, 2021 [1987]: *Der dressierte Mann.* München: dtv.

Vinken, Barbara, 2001: *Die deutsche Mutter: Der lange Schatten eines Mythos.* Frankfurt am Main: Fischer.

Vogt, Joseph, 1974: *Ancient Slavery and the Ideal of Man.* Oxford: Basil Blackwell.

Wald, Christina, 2007: Publikationen zur Zeitschrift für Germanistik. In: Ralf Klausnitzer/Carlos Spoerhase (Hrsg.), *Kontroversen in der Literaturtheorie – Literaturtheorie in der Kontroverse.* Bern: Lang, 427–442.

Walter, Kathryn V., et al., 2020: Sex Differences in Mate Preferences Across 45 Countries: A Large-Scale Replication. In: *Psychological Science* 31, 408–423.

Weber, Max, 1988 [1918]: Der Sinn der »Wertfreiheit« der soziologischen und ökonomischen Wissenschaften. In: Max Weber (Hrsg.), *Gesammelte Aufsätze zur Wissenschaftslehre.* Tübingen: J.C.B. Mohr, 489–540.

Weeks, Jeffrey, 2004: Homosexualität und Heterosexualität sind doch Fiktionen. In: *Z Sex Forsch* 17, 60–69.

Weidner, Jens, 2009: Vorwort. In: Barbara Schneider (Hrsg.), *Fleißige Frauen arbeiten, schlaue steigen auf.* Offenbach: Gabal.

Werlhoff, Claudia von, 2017 [1987]: Vom Boden des Fasses aus. In: Martina Althoff et al. (Hrsg.), *Feministische Methodologien und Methoden. Traditionen, Konzepte, Erörterungen.* Wiesbaden: Springer VS, 71–75.

Wetzel, Martin/Nina Schumann/Claudia Schmiedeberg, 2021: *New Weights for the Pairfam Anchor Data.* Technical Paper Nr. 17. <https://www.pairfam.de/fileadmin/user_upload/redakteur/publis/technical_papers/pairfam_Technical_Paper_17.pdf>

Williams, Wendy M./Stephen J. Ceci, 2015: National Hiring Experiments Reveal 2:1 Faculty Preference for Women on STEM Tenure Track. In: *Proceedings of the National Academy of Sciences* 112, 5360–5365.

Winter, Sebastian, 2019: Die konservative und die subversive Kraft des vergeschlechtlichten Leibes. In: Barbara Rendtorff/Birgit Riegraf/Claudia Mahs (Hrsg.), *Struktur und Dynamik – Un/Gleichzeitigkeiten im Geschlechterverhältnis.* Wiesbaden: Springer, 45–61.

Wood, Wendy/Alice H. Eagly, 2012: Biosocial Construction of Sex Differences and Similarities in Behavior. In: James M. Olson/Mark P. Zanna (Hrsg.), *Advances in Experimental Social Psychology.* San Diego, CA: Academic Press, 55–123.

Wrong, Dennis, 1961: The Oversocialized Conception of Man in Modern Sociology. In: *American Sociological Review* 26, 183–193.

Wyder, Marianne/Patrick Ward/Diego De Leo, 2009: Separation as a Suicide Risk Factor. In: *Journal of Affective Disorders* 116, 208–213.

Yu, Jeong Jin/Guy Madison, 2021: Gender Quotas and Company Financial Performance: A Systematic Review. In: *Economic Affairs* 41, 377–390.

Zafar, Basit, 2013: College Major Choice and the Gender Gap. In: *Journal of Human Resources* 48, 545–595.

Zakaria, Fareed, 1997: The Rise of Illiberal Democracy. In: *Foreign Affairs* 76, 22–43.

Zemp, Martina/Guy Bodenmann/Peter Zimmermann, 2019: Die Auswirkungen von außerfamiliärer Betreuung von Kleinkindern. In: *Außerfamiliäre Betreuung von Kleinkindern: Bindungstheoretische Hinweise für Therapeuten, Pädagogen und Pädiater.* Wiesbaden: Springer, 25–41.

Zietsch, Brendan P., et al., 2021: Genomic Evidence Consistent With Antagonistic Pleiotropy May Help Explain the Evolutionary Maintenance of Same-Sex Sexual Behaviour in Humans. In: *Nature Human Behaviour* 5, 1251–1258.

Zucco, Aline, 2019: *Große Gender Pay Gaps in einzelnen Berufen hängen stark mit der überproportionalen Entlohnung von langen Arbeitszeiten zusammen.* DIW Wochenbericht 10. <https://www.diw.de/documents/publikationen/73/diw_01.c.616015.de/19-10-1.pdf>

Zykunov, Alexandra, 2022: *Wir sind doch längst alle gleichberechtigt.* Berlin: Ullstein.

Anmerkungen

1 Rozin/Royzman 2001; Hilbig 2009
2 Haselton/Buss 2000: 81f., 90
3 Rosling/Rönnlund/Rosling 2018: 139f.
4 Siehe die Daten der OECD unter https://stat.link/6q543k
5 Vergleiche die Opferzahlen in Schröder 2018d: 151ff. mit Lim/Vos/Flaxman 2012: 2239
6 Tversky/Kahneman 1973
7 Levari et al. 2018
8 Vinken 2001: 1; Speck 2019: 69
9 Vgl. dazu die Daten vom Statistischen Bundesamt in Schröder 2018d: 56 sowie die aktuelleren Daten in https://www.destatis.de/DE/Themen/Arbeit/Verdienste/Verdienste-Verdienstunterschiede/_inhalt.html#sprg234956
10 Zakaria 1997: 22ff.
11 Schwarzer 2002 [1975]: 228
12 MacKinnon 1982: 535
13 Cordes 2010: 931, vgl. ebenfalls Schenk 2008: 150
14 https://medium.com/science-and-philosophy/evolving-feminism-interview-to-sally-haslanger-e412ca41465c
15 https://sz-magazin.sueddeutsche.de/frauen/thats-why-the-lady-is-a-tramp-77327
16 https://sz-magazin.sueddeutsche.de/frauen/feminismus-patriarchat-gleichberechtigung-91232!amp
17 https://sz-magazin.sueddeutsche.de/freie-radikale-die-ideenkolumne/wut-feminismus-88440
18 Konrad 2020: 332

19 https://www.dwds.de/wb/Emanzipation; Susen 2015: 1024, vgl. ebenfalls »Emanzipation« in Kroll 2002: 80ff.

20 Rönicke 2020: 1ff.

21 Lazar 2005: 16

22 Veenhoven 2008: 58

23 https://news.gallup.com/poll/122453/understanding-gallup-uses-cantril-scale.aspx

24 Schröder 2021

25 Zykunov 2022: 258

26 Schröder 2021: 167; Deaton 2008: 56

27 Mies 2017 [1987]: 80f.

28 Joshanloo/Jovanović 2020: 332, 336

29 Fourier 1966 [1808]: 188

30 https://wbl.worldbank.org/en/all-topics

31 Schröder 2018c

32 Vergleiche dazu die grafische Darstellung in Schröder 2020a: 325

33 Hakim 2000: 147; Booth/van Ours 2008; Booth/van Ours 2009; Schröder 2018c

34 Zykunov 2022: 88 und https://www.zeit.de/wirtschaft/2022-07/care-arbeit-frauen-finanzen-einkommen

35 Holter 2014: 521ff., 532

36 Grunow/Evertsson 2016: 271f.; vgl. ebenso Raley/Bianchi/Wang 2012: 1425

37 BMFSFJ 2021: 10, 51

38 Allmendinger 2021: 102

39 IfD Allensbach 2021: 66f.

40 Beauvoir 1956 [1949]: 269

41 Schwarzer 2002 [1975]: 229

42 Davis/Evans/Lorber 2006: 2

43 Butler 1997: 9

44 Bradley 1989: xiii; Vogt 1974: 89, 40; Finley 1959: 155; Elster 1986: 152

45 King/Keohane/Verba 1994: 109ff.

46 Hicks 2004: 87, 163f.

47 Agger 1991: 107f.; Eyerman 1981: 51; Clegg 2001: 11934; Campbell 2021: 358

48 Adorno 1972: 476

49 Horkheimer/Adorno 1981 [1944]: 155; Eyerman 1981: 55

50 Marcuse 1969: 6

51 Secorsky/Wenzke 1973: 773; Kretzschmar/Wenzke 1973: 1456f.; Agger 1991: 108; Pilcher/Whelehan 2004: 75
52 Zykunov 2022: 268
53 MacKinnon 1982: 537
54 Speck 2019: 71, 78, 88
55 Arruzza/Bhattacharya/Fraser 2019: 31
56 Lazar 2005: 6f.
57 Schößler 2008: 18
58 Geyer 2001: 390
59 Eine entsprechende Studie mit gemischten Ergebnissen ist beispielsweise Klawitter 2015.
60 Zykunov 2022: 69
61 Wrong 1961: 189
62 Garfinkel 1967: 68
63 Granovetter 1985: 486; Wrong 1961: 184
64 Campbell 2021: 359ff.
65 Hark/Villa 2017: 30
66 Falk/Hermle 2018
67 Wood/Eagly 2012
68 Mac Giolla/Kajonius 2019: 707
69 Vgl. auch Schmitt et al. 2008 für eine Studie, die den Impliziten Assoziationstest nutzt, um soziale Erwünschtheit bei Antworten weitgehend auszuschließen, und daraufhin fand, dass Frauen nur leicht neurotischer und verträglicher, Männer dafür nur etwas offener und extravertierter sind; vgl. ebenso Vianello et al. 2013: 997f.
70 Cuevas et al. 2021: 16
71 Atari/Lai/Dehghani 2020
72 Schmitt et al. 2017: 49; vgl. ebenso Mac Giolla/Kajonius 2019: 705. Ein Argument dagegen lautet, dass stärkere Geschlechterstereotype das Gender Equality Paradox erklären. Doch Untersuchungen wie Breda et al. 2020 zeigen lediglich, dass mit den realen Unterschieden auch die Geschlechterstereotype zunehmen. Dies ist jedoch ebenso mit dem Mechanismus beantwortbar, dass die Geschlechterstereotype den realen Unterschieden folgen, und kann den Effekt somit kausal nicht erklären.
73 Stoet/Geary 2018: 590
74 Schmitt et al. 2017: 49; Stoet/Geary 2022: 2, 7. Eine Unsicherheit bleibt allerdings. Fors Connolly/Goossen/Hjerm 2020 haben untersucht, ob mit ansteigender Gleichberechtigung innerhalb eines Landes

auch die Unterschiede innerhalb eines Landes größer werden. Dieser Zusammenhang findet sich nicht. Die Autoren untersuchen allerdings nur einen Zeitraum von 14 Jahren zwischen 2002 und 2016 und diesen nur für 32 Länder, so dass für eine Analyse über die Zeit eventuell die statistische Durchschlagskraft fehlt. Auch sie können mit ihren Daten jedoch bestätigen, dass Frauen und Männer dort unterschiedlicher sind, wo die Gleichberechtigung besonders fortgeschritten ist.

75 Charles/Bradley 2009: 944, 951ff., 956

76 Ceci/Williams/Barnett 2009: 221, 229, 233f, 246f., 251; für Deutschland vgl. ebenfalls Ochsenfeld 2016: 124

77 Stoet/Geary 2018: Online Annex Table S1, Spalte 3

78 Charles/Bradley 2009: 960ff.

79 Distel 2010: 91

80 Zykunov 2022: 174

81 Lobo 2016: ohne Seitenangabe

82 https://de.statista.com/infografik/9140/beliebteste-studiengaenge-in-deutschland/

83 https://www.destatis.de/DE/Themen/Gesellschaft-Umwelt/Bildung-Forschung-Kultur/Berufliche-Bildung/Tabellen/liste-azubi-rangliste.html

84 Ochsenfeld 2016: 130

85 Zafar 2013: 579, 585

86 Finger et al. 2020: 3, 9, 12f.

87 Holst/Friedrich 2016: 832; vgl. ebenso Zykunov 2022: 142

88 Gino/Wilmuth/Brooks 2015

89 https://www.presseportal.de/pm/39565/2428744

90 Cech 2013: 759ff., 778–783

91 Die Studie und die folgenden Ausführungen folgen Birkelund et al. 2021: 1, 10ff. und Table S2 im Online Annex.

92 Gildemeister 2008: 142

93 Birkelund et al. 2021: 12

94 Baert 2018: 67ff.

95 Hakim 2000: 14

96 Hakim 2000: 43ff., 82

97 Je nach Publikation von Hakim variieren die Zahlen immer etwas, vgl. bspw. Hakim 2002: 441; Hakim 2000: 6, 255f.

98 Grafik adaptiert aus: Hakim 2000: 6, 255

99 Hakim 2000: 169ff.

100 IfD Allensbach 2021: 72
101 Hakim 2000: 154ff.
102 Allmendinger 2021: 48
103 Hakim 2002: 431; vgl. ebenso Hakim 2000: 78
104 Beauvoir 1956 [1949]: 465
105 Leahy/Doughney 2006: 44
106 https://sz-magazin.sueddeutsche.de/freie-radikale/mental-load-teilen-teresa-buecker-89594
107 Zykunov 2022: 67
108 Wood/Eagly 2012: 66
109 Ashby/Schoon 2010: 354ff.
110 Hakim 2007
111 Lorber 2006: 472; vgl. für diese Kritik ebenso Söderlund/Madison 2017: 1105
112 Beauvoir 1956 [1949]: 503
113 Arruzza/Bhattacharya/Fraser 2019: 28
114 Trzcinski/Holst 2012: 459
115 Schröder 2020b: 209f.
116 Ich vereinfache hier. Denn genau genommen wurden Sorgen über die Altersversorgung auf einer Skala von 1–3 abgefragt. Die 19 Prozent ergeben sich aus einem *odds ratio* von 1,19. Frauen haben also genau genommen eine 19 Prozent höhere Chance, auf der Skala von 1–3 eine um einen Skalenpunkt erhöhte Sorge über ihre Altersversorgung anzugeben als Männer. Dies fasse ich vereinfacht als 19 Prozent höhere Sorge zusammen. Genauso verfahre ich auch im weiteren Buch, wenn ich *odds ratios* nutze.
117 https://www.destatis.de/DE/Themen/Arbeit/Arbeitsmarkt/Qualitaet-Arbeit/Dimension-1/toedliche-arbeitsunfaelle.html
118 Zykunov 2022: 206
119 Allmendinger 2021: 51
120 Ochsenfeld 2012: 525; Hartman/Barber 2020: 105
121 Genau genommen berechne ich auch hier eine ordinale logistische Regression, in der ich mittels *odds ratios* die Chance berechne, auf einer Viererskala des Items »Wichtigkeit: Erfolg im Beruf« höhere Werte bei den folgenden Antwortkategorien anzugeben: »1 Sehr wichtig«, »2 Wichtig«, »3 Weniger wichtig«, »4 Ganz unwichtig«. Die Effekte zeigen also die Chance, eine Antwortkategorie höher zu antworten, jeweils für das letzte verfügbare Jahr mit ausreichenden

Daten (hier bspw. 2016). Auf diese Art präsentiere ich im gesamten Buch Antworten auf ordinalskalierte Fragen mit wenigen Antwortmöglichkeiten als »höhere oder niedrigere Chance«. Dies gebe ich von nun an nicht mehr gesondert an.

122 Zucco 2019: 135

123 https://www.handelsblatt.com/unternehmen/beruf-und-buero/buero-special/equal-pay-day-der-gender-pay-gap-koennte-in-drei-jahren-geschichte-sein-/25651850.html

124 Zykunov 2022: 169

125 Klawitter 2015: 13

126 Grove/Hussey/Jetter 2011: 828; Cortés/Pan 2020: 2

127 Petersen 2008: 784

128 Degele 2008: 64

129 Lazar 2005: 7

130 https://de.statista.com/statistik/daten/studie/169430/umfrage/berufe-mit-hohem-maenneranteil/ https://www.dgb.de/die-niedrigsten-frauenanteile-in-ausbildungsberufen-und-studiengaengen

131 Wood/Eagly 2012: 63

132 §11(4) Hessisches Gleichberechtigungsgesetz

133 Merton 1973 [1942]: 270

134 Allmendinger 2021: 106

135 Griffin 2019: 181

136 Lutter/Schröder 2016; Schröder/Lutter/Habicht 2021

137 Lutter/Schröder 2020: 454; Schröder/Lutter/Habicht 2021

138 Birkelund et al. 2021

139 Schwarz/Coppock 2021 : 5, 19b

140 Williams/Ceci 2015: 5362, 5364f.

141 https://www.bmbf.de/foerderungen/bekanntmachung-1600.html Punkt N.1

142 Zykunov 2022: 32

143 Goldin/Rouse 2000

144 Schröder 2010; Schröder 2011a; Schröder 2011b; Schröder 2011c; Schröder 2013a; Schröder 2013b; Schröder 2013c

145 Althoff et al. 2017b: 60

146 Mies 2017 [1978]: 63

147 Mies 2017 [1978]: 64ff.

148 Mies 2017 [1978]: 66; siehe ähnlich Werlhoff 2017 [1987]: 71

149 Althoff et al. 2017a: 4

150 Degele 2008: 120
151 Schößler 2008: 17f.
152 Althoff et al. 2017c: 83ff.; Schröter 2000: 10
153 Degele 2008: 123, 127
154 Mahoney/Goertz 2006: 242; Lieberman 2005: 440
155 Schröder 2011b; Schröder 2011a; Schröder 2011c; Schröder 2013b; Schröder 2013a; Schröder 2013c
156 Beaufaÿs/Krais 2005: 90
157 Beaufaÿs/Krais 2005: 98
158 Patai/Koertge 1994: 3
159 Fritsch 2016: 61, 70ff.
160 Bailey 2017: 888
161 MacKinnon 1982: 536
162 Vergleiche dazu, was Durkheim soziologische Tatbestände nannte, in Durkheim 1976 [1895]: 105f. und seine Untersuchung der Gründe für Selbstmorde in Durkheim 1990 [1897]: 162ff.
163 Lempp et al. 2018: 11f.
164 Haas/Koeszegi 2017: Artikel ohne Seitenzahlen
165 Scheele/Bolte/Vogt 2020: 15, 19ff.
166 Haraway 2017 [1995]: 54f.
167 Strauss/Corbin 1990: 49
168 Strübing 2002: 330
169 Scheele/Bolte/Vogt 2020: 23
170 Madison/Söderlund 2018: 1174ff.
171 Beauvoir 1956 [1949]: 80
172 Für diese und folgende Berechnungen zu Partnerschaften fokussiere ich mich nur auf Menschen, die in Partnerschaften leben.
173 Die pairfam-Daten können nicht restlos repräsentativ sein, da nur bestimmte Geburtenkohorten in die Berechnung einfließen, nämlich die von 2001–2003, 1991–1993, 1981–1983, 1971–1973 Geborenen. Dies ist kein größeres Problem, weil man lediglich unterstellen muss, dass dazwischen Geborene interpoliert werden können, also bspw. die 1995 Geborenen Mittelwerte aus den Einstellungen der 1990 und 2000 Geborenen haben. Zudem nutze ich die Gewichtung der pairfam-Variable cd2weight, die Daten möglichst vieler Befragter nutzt und diese im Hinblick auf Geschlecht, Bundesland, Bildungsstand, Migrationshintergrund, Siedlungsstruktur, Familienstand und im Haushalt lebende Kinder an die generelle deutsche Bevölkerung anpasst und

insofern repräsentativ macht. Siehe dazu auch Wetzel/Schumann/Schmiedeberg 2021: 6.

174 Askari et al. 2010: 246

175 MacKinnon 1982: 521

176 Speck 2019: 76

177 Jeweils für Vollzeiterwerbstätige und an einem durchschnittlichen Wochentag ausgerechnet. 0,04 Prozent der täglichen Haushaltsarbeitszeit lag über 16 Stunden, diese habe ich gecapped.

178 https://www.zeit.de/zeit-magazin/leben/2021-04/gleichberechtigung-erziehung-elternratgeber-vaeter-muetter-kindererziehung-fachliteratur

179 IfD Allensbach 2021: 62f.

180 BMFSFJ 2021: 19, 41

181 Allmendinger 2021: 91

182 IfD Allensbach 2021: 63ff.; Askari et al. 2010: 246

183 Allmendinger 2021: 102

184 IfD Allensbach 2021: 64f.

185 IfD Allensbach 2021: 66

186 Koppetsch/Speck 2015: 17; Degele 2008: 74

187 Koppetsch/Speck 2015: 242

188 Koppetsch/Speck 2015: 244f.

189 Siehe mit gleichen Ergebnissen ebenso die Elite Partner Studies 2021.

190 BMFSFJ 2021: 6

191 Zykunov 2022: 23

192 Schwarzer 2002 [1975]: 264

193 https://www.deutschlandfunkkultur.de/mental-load-wie-gerechte-arbeitsteilung-in-der-familie.976.de.html?dram:article_id=471456

194 Zykunov 2022: 26f.

195 https://sz-magazin.sueddeutsche.de/freie-radikale/mental-load-teilen-teresa-buecker-89594

196 Arruzza/Bhattacharya/Fraser 2019: 25

197 Hakim 2000: 160

198 Bönke/Glaubitz 2022: 25

199 https://www.nielsen.com/ssa/en/insights/article/2020/wise-up-to-women/

200 Bönke/Glaubitz 2022: 4

201 Schwarzer 2002 [1975]: 275

202 Mies 2017 [1987]: 77

203 Zykunov 2022: 97

204 https://www.zeit.de/arbeit/2021-04/frauenstreik-erster-mai-arbeiterinnen-muetterarmut-carearbeit-gendergap-mutterschaft-elternzeit

205 BMFSFJ 2021: 39

206 Schwarzer 2002 [1975]: 15, 228

207 MacKinnon 1982: 516; Thiessen 2008: 42

208 Roig 2021: E-Book ohne Seitenangabe

209 Konrad 2020: 25

210 Burkart 2017: 1096

211 Kroll 2002: 192, 368

212 https://sz-magazin.sueddeutsche.de/freie-radikale/mental-load-teilen-teresa-buecker-89594

213 Eckert 1989: 253f.

214 Krais 2017 [1993]: 422

215 Kroll 2002: 352

216 Schwarzer 2002 [1975]: 17

217 Dworkin 2007 [1987]: 79

218 Leeds Revolutionary Feminist Group 1981: 5f.

219 Konrad 2020: 88

220 Leeds Revolutionary Feminist Group 1981: 9

221 Konrad 2020: 140

222 Holland-Cunz 2018: 11

223 Butler 1995: 9

224 Patai/Koertge 1994: xiv

225 Konrad 2020: 17; vgl. ebenfalls Sauer 2013: 390

226 Schößler 2008: 13

227 Schwarzer 2002 [1975]: 235

228 Leeds Revolutionary Feminist Group 1981: 5

229 Rusch/Leunissen/van Vugt 2015

230 Walter et al. 2020: 416

231 Wood/Eagly 2012: 95

232 Skopek 2012: 216f., 318

233 Becker 1991 [1981]

234 Ludwig/Brüderl 2018: 762f.; für Deutschland siehe: Mari 2019

235 Pierce/Dahl/Nielsen 2013: 366ff.

236 Bertrand/Kamenica/Pan 2015: 610f.

237 Bertrand/Kamenica/Pan 2015: 572ff., 601f., 610

238 Salland 2018: 1439

239 Gonalons-Pons/Gangl 2021: 483

240 Schwartz/Gonalons-Pons 2016: 232ff.

241 Schwarzer 2002 [1975]: 229

242 Beauvoir 1956 [1949]: 80

243 Hochschild/Machung 1989: 45

244 Baumeister/Catanese/Vohs 2001: 242f.

245 Meinen beide beispielsweise, dass es schlecht für kleine Kinder ist, wenn die Mutter arbeitet, so haben sie auf der Sexhäufigkeitsskala 3,77 statt nur 3,54 Punkte und auf der Sexzufriedenheitsskala 6,74 statt nur 6,53 Punkte. Sowohl Männer als auch Frauen haben deswegen eine um 34 Prozent erhöhte Chance, öfter Sex zu haben, wenn sie finden, dass es gut für kleine Kinder ist, wenn die Mutter sich um sie kümmert. Die Sexzufriedenheit von Männern mit dieser Einstellung ist ebenfalls um 0,17 Punkte höher, während die von Frauen sogar um 0,26 höher ist. Zudem haben Paare seltener Sex, wenn sie finden, dass Kinder leiden, wenn Väter sich auf die Arbeit konzentrieren. Bei Männern sinkt die Chance, öfter Sex zu haben, dadurch um 16 Prozent, bei Frauen sinkt die Chance auf mehr Sex mit dieser Einstellung nur um 4 Prozent und auch nicht signifikant. Die Zufriedenheit mit dem Sexleben nimmt bei beiden mit dieser Einstellung allerdings um etwa 0,26 Punkte ab, vgl. ähnlich Kornrich/Brines/Leupp 2013.

246 Carlson et al. 2016; Johnson/Galambos/Anderson 2016

247 BMFSFJ 2021: 48

248 Burkart 2017: 1096

249 Leeds Revolutionary Feminist Group 1981: 6

250 Konrad 2020

251 Kposowa 2003: 993; vgl. ebenfalls Wyder/Ward/De Leo 2009: 212. Wobei Frauen generell öfter versuchen, sich umzubringen, während es bei Männern öfter erfolgreich ist.

252 Müller 2013: 193

253 Hearn/Kimmel 2006: 61

254 Jamil 2018: 137

255 Arruzza/Bhattacharya/Fraser 2019: 27

256 Vgl. grundlegend Connell 2014

257 Schößler 2008: 10

258 Winter 2019: 57

259 Zykunov 2022: 214

260 Winter 2019: 55

261 Leeds Revolutionary Feminist Group 1981: 7

262 https://www.zeit.de/campus/2020-11/pauline-harmange-abneigung-maenner-frauen-gesellschaft-bedrohung-maennerhass-schriftstellerin/komplettansicht

263 https://www.washingtonpost.com/opinions/why-cant-we-hate-men/2018/06/08/f1a3a8e0-6451-11e8-a69c-b944de66d9e7_story.html

264 Pilcher/Whelehan 2004: 86

265 https://www.apa.org/about/policy/boys-men-practice-guidelines.pdf Seite 3

266 Schröder 2018b; Schröder 2019

267 Schröder 2018a

268 Vgl. als Hintergrundinformation https://areomagazine.com/2018/10/02/academic-grievance-studies-and-the-corruption-of-scholarship/ und die Schilderung in Pluckrose/Lindsay 2020. Siehe für alle Informationen die Projektzusammenfassung unter https://drive.google.com/file/d/1SBM1ROH3U_tAJLbhVVRU0m9lazisLLQF/view?usp=sharing

269 Cole 2021: 1940

270 Carey et al. 2016: 787

271 Gill 2016: 40

272 Barad 2017 [2012]: 56ff.

273 Madison/Söderlund 2018: 1165, 1175ff.; vgl. ebenso Söderlund/Madison 2017: 1103ff.

274 Seit wann das so ist, wird kontrovers diskutiert. Einige argumentieren, dass es der sogenannten »zweiten Welle« der Frauenbewegung – die erste endete mit dem Frauenwahlrecht – noch um Gleichberechtigung ging, während Gleichberechtigung in der dritten Welle des Feminismus gegenüber Gleichstellung zurücktritt (Degele 2008: 30f., 150f.). Siehe als Illustration für diese Haltung bspw. den Eintrag zu Gleichstellungspolitik auf der Webseite des Bundesministeriums für Familie, Senioren, Frauen und Jugend [abgerufen am 07.04.2021] mit dem Argument, »Die Gleichstellung von Frauen und Männern ist eine der zentralen Herausforderungen, um das Leben in unserem Land zukunftsfähig und gerecht zu gestalten. […] Ziel der Gleichstellungspolitik ist es deshalb, […] mehr Frauen in Führungspositionen zu bringen.« Es geht also nicht darum, dass Männer und Frauen machen, was sie wollen, sondern darum, dass sie dasselbe machen.

275 https://de.wikipedia.org/wiki/Gleichstellung#Rechtsnormen_in_Deutschland – Version vom 21.12.2021. Tatsächlich probieren einige Institutionen, Gleichstellung mit einem Verweis auf Gleichberechtigung abzuschwächen. So definiert das Europäische Institut für Gleichstellungsfragen (welches 2010 mit dem Auftrag gegründet wurde, die Geschlechtergleichstellung in der gesamten EU zu fördern) Gleichstellung damit, dass nicht »Frauen und Männer gleich werden, sondern dass die Rechte, Pflichten und Chancen von Frauen und Männern nicht davon abhängen, ob sie männlich oder weiblich geboren werden. Gleichstellung der Geschlechter bedeutet, dass die Interessen, Bedürfnisse und Prioritäten von Frauen wie von Männern unter Anerkennung der Vielfalt unterschiedlicher Gruppen von Frauen und Männern berücksichtigt werden« https://eige.europa.eu/de/taxonomy/term/1168 (Version vom 21.12.2021). Doch wenn man Gleichstellung als »gleiche Rechte« definiert, warum sagt man dann nicht »Gleichberechtigung«? Vergleiche dazu auch Klammer 2017: 984.

276 Allmendinger 2021: 105 vgl. ebenso Holland-Cunz 2018: 10

277 Lobo 2016: ohne Seitenzahl

278 Hier bezeichnen sich nur 20 Prozent der Frauen als Feministin und 8 Prozent der Männer https://yougov.de/news/2016/05/11/konnen-manner-feministen-sein/. Hier sind es 7 Prozent der Frauen und 3 Prozent der Männer https://www.statista.com/statistics/312300/germany-define-self-feminist-advocates-supports-equal-opportunities-women/ und hier sind es 8 Prozent der Befragten https://d25d2506sfb94s.cloudfront.net/cumulus_uploads/document/0b1c4ebn2j/InternalResults_Feminism_Feb18_Toplines_w.pdf; vgl. ähnlich Degele 2008: 10; Ipsos 2019: 9; Hakim 2000: 100.

279 https://media.glassdoor.com/pr/press/pdf/GD_Survey_GlobalGenderPayGap.pdf, Seite 5.

280 Butler 1999 [1990]: 5, xxxi, 10f.; vgl. ebenfalls Degele 2008: 105, 177

281 Pilcher/Whelehan 2004: 123

282 Nussbaum 1999: keine Seitenzahlen; vgl. ähnlich argumentierend Schröter 2000: 14; Wald 2007: 437; Müller 2013: 254; Beste 2006: 15; Patai/Koertge 1994: xv

283 https://www.emma.de/artikel/gender-studies-sargnaegel-des-feminismus-334569

284 Pilcher/Whelehan 2004: 129

285 Hoff Sommers 1994: 22; Lenz 2017: 236

286 Schwarzer 2020: 89

287 Hakim 2000: 176

288 Ochsenfeld 2012: 526

289 Correll/Stephen Benard/In Paik 2007: 1316ff.

290 Hipp 2020; Becker/Fernandes/Weichselbaumer 2019: 145; vgl. auch Kühhirt/Ludwig 2012

291 BMFSFJ 2021: 29; vgl. ebenso Fitzenberger/Sommerfeld/Steffes 2013

292 Zykunov 2022: 182

293 Hier schaue ich mir nur Frauen im Alter von 44 bis 50 an, also Frauen, deren Kinderpläne wohl weitgehend abgeschlossen sind. Grundlage sind alle pairfam-Wellen.

294 Allmendinger 2021: 82; Zykunov 2022: 191

295 Zemp/Bodenmann/Zimmermann 2019: 28

296 Erola et al. 2021: 12

297 Zykunov 2022: 94

298 Lorber 2006: 473

299 Zykunov 2022: 26f.

300 Harriger et al. 2019

301 Schwarzer 2020: 93; Zykunov 2022: 210

302 Halpern 2005: 163ff.

303 Cortés/Pan 2020: 32; BMFSFJ 2021: 31

304 Allmendinger 2021: 80

305 Zykunov 2022: 219

306 Bünning/Hipp 2021: 6

307 Brandt 2017: 596, 615

308 Bünning/Hipp 2021: 9f.

309 Brandt 2017: 609, 611

310 Allmendinger 2021: 103

311 Goldin/Rouse 2000; Åslund/Skans 2012: 93ff.; Krause/Rinne/Zimmermann 2012: 9ff., 2f.

312 Krause/Rinne/Zimmermann 2012: 7

313 https://www.daserste.de/unterhaltung/film/sternstunde-ihres-lebens/specials/21052014-sternstunde-ihres-lebens-frauenquote-zitate-100.html

314 Allmendinger 2021: 106f.

315 Weidner 2009: 6f.

316 Schneider 2009: 11f.
317 Niederle/Vesterlund 2007: 1080ff.
318 Furnham/Hosoe/Tang 2001: 112
319 Niederle/Vesterlund 2007: 1091f., 1096
320 Allmendinger 2021: 48
321 https://www.deutschlandfunk.de/ich-halte-die-frauenquote-fuer-sehr-notwendig-100.html
322 Ochsenfeld 2012: 527f.
323 https://www.deutschlandfunk.de/ich-halte-die-frauenquote-fuer-sehr-notwendig-100.html
324 Yu/Madison 2021: 386f.
325 Bell et al. 2010: 728f., 735
326 Schneid et al. 2015: 748, 751
327 In Lutter/Schröder 2016: 1005 wurden 2 von 203 Männern und 12 von 94 Frauen auf Gender-Studies-Professuren berufen. Dies bedeutet eine Berufungschance von 2/203=0,00985222 für Männer und von 12/94=0,12765957 für Frauen. Dadurch beträgt die relative Chance von Frauen, auf einen Gender-Studies-Lehrstuhl berufen zu werden, das 12,96-Fache (0,12765957/0,00985222) der Chance der Männer. Anders gesagt betrafen von 14 Berufungen auf Gender-Studies-Professuren nur 2 Männer, obwohl es mehr als doppelt so viele Männer gab. Die Zahlen müssten streng genommen die potenziellen Bewerberzahlen statt der tatsächlich genutzten Berufungen als Datengrundlage nehmen und können insofern nur einen Anhaltspunkt geben.
328 Patai/Koertge 1994: 5
329 Erola et al. 2021: 8
330 Davis/Moore 1944
331 Zykunov 2022: 42f.
332 Bönke/Glaubitz 2022: 4f., 8
333 Zykunov 2022: 136
334 https://www.destatis.de/DE/Presse/Pressemitteilungen/2020/12/PD20_484_621.html
335 So beklagt die feministische Social-Media-Influencerin und Buchautorin Alexandra Zykunov, Männer und Frauen seien nicht gleichberechtigt. Doch sie bringt keine Beispiele für unterschiedliche Rechte, sondern dafür, dass Männer und Frauen nicht immer dasselbe Leben haben (vgl. bspw. Zykunov 2022: 22f. oder ebenso Allmendinger 2021: 106f.).

336 Campbell 2021: 355

337 Schröder 2011a; Schröder 2011b; Schröder 2011c; Schröder 2013a; Schröder 2013b; Schröder 2013c

338 Patai/Koertge 1994: 6

339 Damit folge ich einem relativistischen Verständnis von Moral, wie man es beispielsweise bei Émile Durkheim findet. Moralisch oder gerecht ist demnach, was in einer bestimmten Gesellschaft und Gruppe als moralisch oder gerecht definiert wird. Siehe dazu bspw. Durkheim 1953 [1924]. Dies grenzt sich von einem Moralverständnis ab, in dem a priori festgelegt ist, was als moralisch gilt, bspw. Kants kategorischer Imperativ. Es ist auch etwas anderes als John Rawls (1971) Gerechtigkeitsverständnis, das von einer zumindest prinzipiellen Einigkeit über Gerechtigkeit ausgeht. Diese prinzipielle Einigkeit finde ich denkbar, jedoch nur hinter dem von Rawls vorgeschlagenen, in der Realität aber eben nicht vorhandenen Schleier der Unwissenheit.

340 Allmendinger 2021: 82

341 Lazar 2005: 5

342 Thiessen 2008: 38

343 https://www.duden.de/rechtschreibung/Ideologie

344 Tosi/Warmke 2016

345 Habermas 1981: 385

346 Tosi/Warmke 2016: 209

347 Dong/van Prooijen/van Lange 2019

348 Weber 1988 [1918]: 489ff.

349 Schmincke 2018: 30

350 Revers/Traunmüller 2020: 483

351 Broćić/Miles 2021: 873ff.

352 Mill 2001 [1859]: 19

353 Auspurg/Hinz/Sauer 2017: 195

354 Kübler/Schmid/Stüber 2018: 15f.

355 Cortés/Pan 2020: 13f.; Baert 2018: 68; Birkelund et al. 2021

356 Awad et al. 2019: 45

357 Glaeser/Sacerdote 2003

358 Curry/Lee/Rodriguez 2004

359 Mustard 2001; Mazzella/Feingold 1994; Reynolds et al. 2020

360 Stewart-Williams 2002

361 Davies/Smith/Rogers 2009

362 FeldmannHall et al. 2016
363 Jampol/Zayas 2016
364 Stewart-Williams et al. 2021
365 Block et al. 2019; vgl. für eine Zusammenfassung der Literatur Clark/ Winegard 2020
366 Konrad 2020: 15
367 Jamil 2018: 141
368 Griffin 2019: 181
369 Arruzza/Bhattacharya/Fraser 2019: 29
370 Das deckt sich ungefähr mit Daten des Bundesministeriums für Familie, Senioren, Frauen und Jugend, welche 13 Prozent weibliche Opfer nennen (BMFSFJ 2004: 7).
371 Bundeskriminalamt 2020: 4, 19
372 Krais 2017 [1993]: 421
373 Vergleiche die Definition von Gewalt, die in Zykunov 2022: 130ff. genutzt wird, und die dahinterstehenden Daten in https://www.bmfsfj.de/resource/blob/93968/f832e76ee67a623b4d0cdfd3ea952897/gewalt-paarbeziehung-langfassung-data.pdf – Seite 62f.
374 Lobo 2016: ohne Seitenzahl
375 Falk/Hermle 2018: 2
376 Schmitt et al. 2017: 47
377 Wood/Eagly 2012: 91f.
378 Vergleiche Grissom 1994 und Rechner wie https://rpsychologist.com/cohend/
379 Vergleiche für alle Effektstärken die Tabellen in Archer 2019: 1386ff., vergleiche für die Zusammenfassung Seite 1406.
380 Ochsenfeld 2016: 126, selbst berechnet aus den Interessenwerten von Männern relativ zu denen von Frauen.
381 Hakim 2000: 6, 255
382 Freiheitsstrafen: https://de.statista.com/statistik/daten/studie/158317/umfrage/gefangene-und-verwahrte-in-deutschland-nach-art-des-vollzugs/; DAX-Vorstände: https://de.statista.com/statistik/daten/studie/409010/umfrage/frauenanteil-in-dax-vorstaenden/
383 Johnson/Carothers/Deary 2008: 526
384 Butler 1999 [1990]: 15
385 Sauer 2013: 391; vgl. ebenso Thiessen 2008: 41
386 Degele 2008: 61f.
387 Hark/Villa 2017: 19f.

388 Butler 1999 [1990]: 33; Beste 2006: 6; Schößler 2008: 10f.

389 Butler 1999 [1990]: xxiii

390 Kroll 2002: 406

391 Irigaray 1985: 120

392 https://www.zeit.de/2022/14/geschlechterforschung-frau-mann-biologie-gender

393 Degele 2008: 10

394 Buss 2003: 277; Zietsch et al. 2021: 1254; Hyde 2005: 584ff.; Baumeister/Catanese/Vohs 2001: 264

395 Ngun/Vilain 2014: 176; Schmitt et al. 2017: 46; Auyeung et al. 2009: 7ff.

396 Archer 2019: 1385, 1404

397 Hassett/Siebert/Wallen 2008 : 362f., wobei hier im Übrigen die Männchen und nicht die Weibchen unflexibel sind. Weibchen spielen also mit allem, Männchen nicht.

398 Simpson et al. 2016

399 Lorber 2006: 471

400 Hark/Villa 2017: 32

401 Schößler 2008: 10f.

402 Degele 2008: 81, 105

403 Müller 2013: 269

404 Degele 2008: 84

405 Schwarzer 2002 [1975]: 258

406 Weeks 2004: 65

407 Kroll 2002: 176

408 https://www.bpb.de/themen/deutschlandarchiv/275113/gleichberechtigte-mitmenschen/

409 Naturwissenschaftliche Studien sind ziemlich eindeutig, dass beispielsweise Frauen mit adrenogenitalem Syndrom, die unter einem stärkeren Einfluss von männlichen Sexualhormonen standen, sich öfter einen weiblichen Sexualpartner wünschen, vgl. Hines 2011: 173; Dittmann/Kappes/Kappes 1992: 159; vgl. auch Bogaert/Skorska 2020: 4.

410 Ngun/Vilain 2014: 169, 176, 178; vgl. ebenso Ganna et al. 2019: 2f.; Zietsch et al. 2021: 1254

411 Lobo 2016: ohne Seitenzahl

412 https://en.wikipedia.org/wiki/Fallon_Fox

413 Stock 2021

414 https://sites.google.com/view/trans-phil-letter/ und https://www.deutschlandfunkkultur.de/der-fall-kathleen-stock-wieso-eine-britische-100.html

415 Criado-Perez 2019

416 https://medium.com/@Siltha1.0/caroline-criado-perez-is-a-terf-35c489e59ad9 und https://www.sueddeutsche.de/kultur/sachbuch-unsichtbare-frauen-1.4852138

417 King/Keohane/Verba 1994: 105ff.

418 Hicks 2004: 184

419 Lobo 2016: ohne Seitenzahl

420 Hark/Villa 2017: 17; vgl. ebenso Schmincke 2018: 32

421 Kutschera 2016: 52, 397

422 Vilar 2021 [1987]: 21f.

423 Wood/Eagly 2012: 94

424 Pilcher/Whelehan 2004: 112

425 Stanovich 2021

Register